Stillsitzen ist nicht ihr Ding ...

Kristine Lenschow, Jahrgang 1967, geboren und aufgewachsen in Mecklenburg, hat schon in ihrer frühen Kindheit ihre Mutter auf Wanderungen in den ostdeutschen Mittelgebirgen begleitet.

Nach ihrer Studienzeit in Berlin ist sie seit über 30 Jahren fest verwurzelt in Nordwestmecklenburg. Hier lebt sie in einem 40-Seelen-Dorf vor den Toren Grevesmühlens in einem alten Bauernhaus mit Rosengarten zusammen mit Mann, Hund und Katze.

Hauptberuflich tätig als Kämmerin einer Stadtverwaltung geht sie in ihrer freien Zeit am liebsten zu Fuß. Ausgerüstet mit Rucksack und Kamera ist sie unterwegs in den Alpen, im Rila-Gebirge und auf den schönsten Mittelmeer- und Atlantikinseln. In den letzten Jahren war sie auf Trekking-Touren von Hütte zu Hütte in den Alpen unterwegs, lief mit Mann und Hund auf den schönsten Weitwanderwegen innerhalb Deutschlands von Ort zu Ort und pilgerte auf dem portugiesischen Jakobsweg nach Santiago de Compostela.

Die einmalige Schönheit der Region direkt vor ihrer Haustür will sie nun mit diesem Wanderführer Einheimischen und Gästen näherbringen. In dem für Wanderer bislang kaum bekannten Gebiet hat sie mit Familie und Freunden jede Tour selbst erkundet und auf Wandertauglichkeit geprüft.

Impressum

Herausgeber:
cw Nordwest Media Verlagsgesellschaft mbH
Am Lustgarten 1 • 23936 Grevesmühlen
Tel./Fax: 03881/2339 • info@nwm-verlag.de • www.nwm-verlag.de

Autorin: Kristine Lenschow
3. überarbeitete Auflage 2025

Fotos: Kristine Lenschow

Haftungsausschluss: S. 165
Kartenvorlagen: ©www.openstreetmap.de

Gesamtherstellung:
cw Nordwest Media Verlag

ISBN: 978-3-946324-49-2

INHALTSVERZEICHNIS

VORWORT 5

Orientierungskarte der Wanderrouten 9

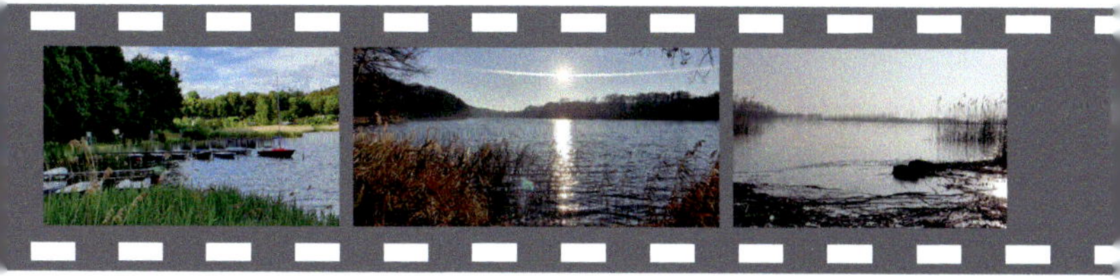

Rund, schmal, groß, klein oder ganz anders: Vielfältige Seenlandschaft 10

1. Um den Neuklostersee 11
2. Um den Neumühler See 15
3. Auf Drei-Seen-Tour bei Grevesmühlen 20
4. Auf der „Dalberger Acht“ 23
5. Um den Mechower See 27
6. Vom Schaalsee zum Neuenkirchener See 32
7. Um die Döpe zur Burg Dobin 37
8. Um den Pinnower See 40
9. Zwischen Schweriner und Pinnower See 43
10. Am Ostufer des Ratzeburger Sees 48
11. Um den Wedendorfer See 54
12. Am Dassower See 56
13. Um den Mühlenteich Wismar: Weltkulturerbe trifft Natur 60
14. Am Schweriner Außensee: Von Bad Kleinen zum Schloss Wiligrad 64
15. Am Schweriner Binnensee: Insel Kaninchenwerder und Franzosenweg 67
16. Am Lankower See und durch die Molzahner Rinne 71

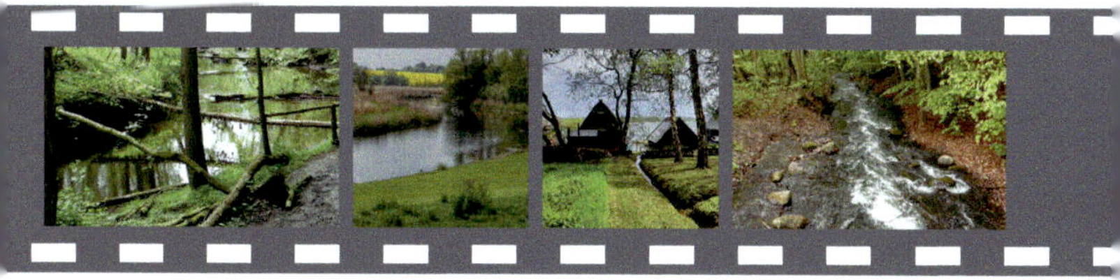

Nicht allzu groß aber wildromantisch:
Flüsse und Wasserläufe in Westmecklenburg **74**

17. Durch das Hellbachtal und die Neubukower Tannen 75
18. An der Warnow bei Gädebehn 78

19 An der Warnow bei Vorbeck und Karnin 82
20. Rund um Hanstorf 86
21. Im Naturschutzgebiet Stepenitztal-Maurine-Niederung 91
22. Im Radegasttal bei Rehna 94
23. Im Radegasttal bei Holdorf 97
24. Am historischen Wallensteingraben 100

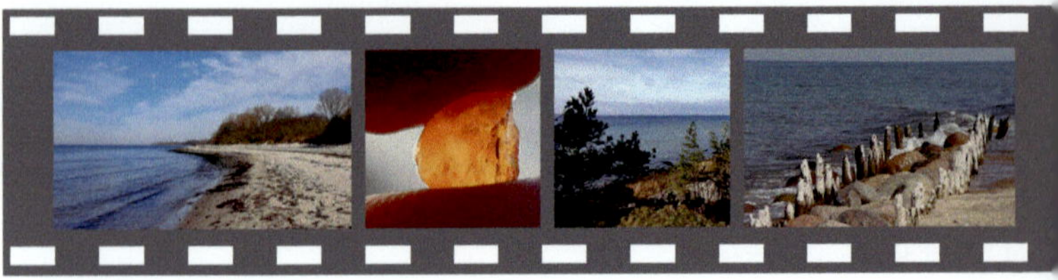

Typisch Westmecklenburg: Küstenwandern an der Ostsee **104**
25. Von Rosenhagen zum Priwall 105
26. Von Groß Schwansee nach Barendorf 109
27. Von Steinbeck nach Warnkenhagen 112
28. Von Boltenhagen nach Steinbeck 115
29. Boltenhagener Spaziergang 119
30. An der Wohlenberger Wiek 124
31. Von Zierow nach Hoben 128
32. Vom Salzhaff zum Leuchtturm Bastorf 132
33. Auf der Insel Poel: Rundtour Gollwitz 138
34. Auf der Insel Poel: Zum Faulen See 142

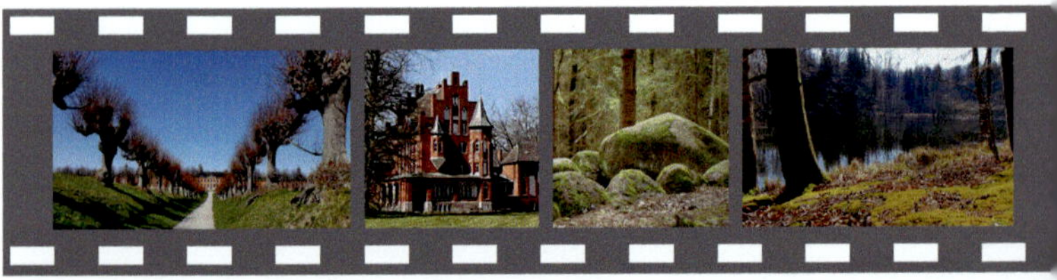

Kein Fluss, kein See, keine Küste oder von allem nur ein bisschen: Viel zu schön, um unerwähnt zu bleiben **146**
35. Auf der Stellshagener Runde 147
36. Kreuz und quer durch den Lenorenwald 151
37. Durch den Everstorfer Forst 155
38. Auf der Hohenkirchener Runde 159

Vorwort

Wasser! Wenn es von etwas viel gibt im nordwestlichen Mecklenburg, dann ist es Wasser. Fließend, stehend, plätschernd, tosend, salzig, brackig, moorig – hier gibt es von allem etwas. Ob an stillen Seen, an Bächen und Flüssen oder an der unglaublich abwechslungsreichen Ostseeküste: Fast immer wird der Wanderer mit einem Blick aufs Wasser belohnt. Und wer glaubt, er wandere im platten Land, wird schnell eines Besseren belehrt. Die eiszeitlich geprägte Landschaft bietet zwar keine großen Gipfelerlebnisse, aber auch die Ausblicke vom Kliff am Großklützhöved westlich von Boltenhagen weit über die Ostsee bis zur ostholsteinischen Küste oder vom Iserberg bei Grevesmühlen über den Klützer Winkel bis zur Ostsee wollen ‚erarbeitet' werden und sind letztendlich so wunderschön, dass man schnell alles um sich herum vergessen kann.

Wandern ist in Mecklenburg-Vorpommern immer noch ein Abenteuer. Es ist ein stilles Land, einmal abgesehen von der unmittelbaren Küste in den Sommermonaten oder den Routen im Einzugsbereich der Landeshauptstadt Schwerin. Es kann schon mal passieren, dass in den kleinen Dörfern den Wanderern verwundert hinterher geschaut wird. Haben die kein Fahrrad? Wurde im nordöstlichsten Bundesland in den vergangenen Jahren viel für den Ausbau eines Radwegenetzes getan, sind gut gepflegte und möglichst nicht geteerte Wanderwege immer noch die Ausnahme. Umso spannender war es, über viele Monate die Routen für dieses Wanderbuch zu erkunden. Sie führen manchmal in verschlafene Ecken des Landstrichs, die in keinem Reiseführer zu finden, und gerade deshalb schön und abenteuerlich zugleich sind. Manche Wege sind mein Mann und ich in drei, vier Varianten gegangen, um uns dann für die attraktivste zu entscheiden, oder die Tour dann am Ende doch völlig zu verwerfen. Nur die besten haben es in das Inhaltsverzeichnis geschafft. In die engere Auswahl sind nur Wanderungen gekommen, die weitestgehend auf unbefestigten Wegen entlangführen, landschaftlich reizvoll sind und mit kleinen oder größeren Höhepunkten aufwarten können. Was wir am Ende als sehenswert auserkoren haben, ist ohne Frage subjektiv. Wir freuen uns, wenn es Euch ebenso anspricht und Lust aufs Entdecken macht. Durch die land- und forstwirtschaftliche Prägung Westmecklenburgs kann es aber schon einmal vorkommen, dass ein Weg, den wir für gut befunden haben, zeitweise durch die großen Maschinen zerfahren ist. Festes Schuhwerk ist daher immer eine gute Empfehlung.
Zu Fuß haben wir Deutschland, die Alpen und auch die eine oder andere Insel im Mittelmeer oder im Atlantik erkundet. Pilger- und Weitwanderwege waren in den letzten Jahren unsere Passion. Dass auch dieses, für Wanderer noch weitgehend unentdeckte Fleckchen Erde es wert ist, erwandert zu werden, war uns

schon lange klar. Schließlich leben wir hier. Am Ende waren wir aber selbst überrascht, wie viele lohnenswerte Touren schließlich zusammengekommen sind.

Die hier beschriebene Wanderregion umfasst im Wesentlichen den Landkreis Nordwestmecklenburg, aber so genau haben wir es dann doch nicht genommen. Einzelne Abstecher in die Landkreise Rostock und Ludwigslust-Parchim, die Landeshauptstadt Schwerin und in das Bundesland Schleswig-Holstein waren einfach so naheliegend und verlockend, dass wir sie nicht vorenthalten möchten.

Noch eine Ausnahme von der Regel (bzw. vom Buchtitel) sei uns verziehen: Alle Touren haben irgendwie mit Seen, Flüssen oder der Küste zu tun. Fast alle. Am Ende gab es doch noch ein paar Wege, die entweder keiner dieser Kategorien eindeutig zuzuordnen sind oder schlichtweg ohne Wasser auskommen. Trotzdem finden wir, dass sie es wert sind, entdeckt zu werden.

Die Ausgangspunkte für die Wanderungen sind so gewählt, dass sie gut mit dem Auto zu erreichen und Parkmöglichkeiten vorhanden sind, da der Nahverkehr in dieser Region nicht wirklich gut ausgebaut ist. Deshalb haben wir bis auf die Touren 21 und 24 ausschließlich Rundtouren zusammengestellt, die wieder zum jeweiligen Ausgangspunkt (Touren 10 und 15 mit der Fahrgastschifffahrt) zurück führen. Wer dennoch mit den öffentlichen Verkehrsmitteln fahren möchte, sollte sich vorher gut informieren, da viele Busse nur an Schultagen verkehren. Einige Strecken werden auch über Anrufbusse bedient.

Für die einzelnen Touren gibt es Tipps zu Einkehrmöglichkeiten, soweit diese am Weg liegen. Die Fertigstellung des Wanderführers fiel allerdings in die Zeit der Corona-Pandemie. Inwieweit die aufgeführten Restaurants und Cafés diese schwierige Zeit überstanden haben, sollte daher sicherheitshalber vorab geprüft werden. Ausreichend Proviant und Wasser im Rucksack sind daher immer noch die sicherste Bank für eine entspannte Wanderung, denn Hunger macht bekanntlich böse.

Ein Tipp für Wanderer mit Fellnasen: Wir sind alle Wanderungen mit Hund gegangen. Das ist problemlos möglich, soweit die üblichen Regeln beachtet werden. Insbesondere zur Brut- und Setzzeit und in den Naturschutzgebieten ist der Hund an der Leine zu führen. Und auch, wenn es fast immer am Wasser entlang geht: Im Rucksack sollte stets genug Trinkwasser für den Hund dabei sein. Salziges Ostseewasser verursacht bei Hunden übrigens feinsten Durchfall. Ansonsten hatten wir den Eindruck, dass der Hund glücklich war. Ab und zu hat er sich auch mal gern ins Foto gedrängelt.

Alle Fotos sind natürlich von uns selbst. Alle Rechte liegen somit bei der Autorin. Die Karten wurden über alpenvereinaktiv.com/outdooractive erstellt und sind hier über die App abrufbar sowie in Kurzform beschrieben.
Für diesen Wanderführer wurden die Landkarten der öffentlich zugänglichen Openstreetmap entnommen.

Und nun: Ab nach Westmecklenburg! Viel Spaß beim Entdecken!

Kristine Lenschow

Legende:

Ⓐ *Restaurant*
Ⓢ *Start*
Ⓩ *Ziel (Bei Routen, die nicht am Ausgangsort enden)*
❶ *Besondere Orte (in Text und Karte)*
➤ *Richtungspfeil*
⛴ *Schiffsfahrt möglich*

Orientierungskarte
zur Lage der Wanderrouten im westlichen Mecklenburg

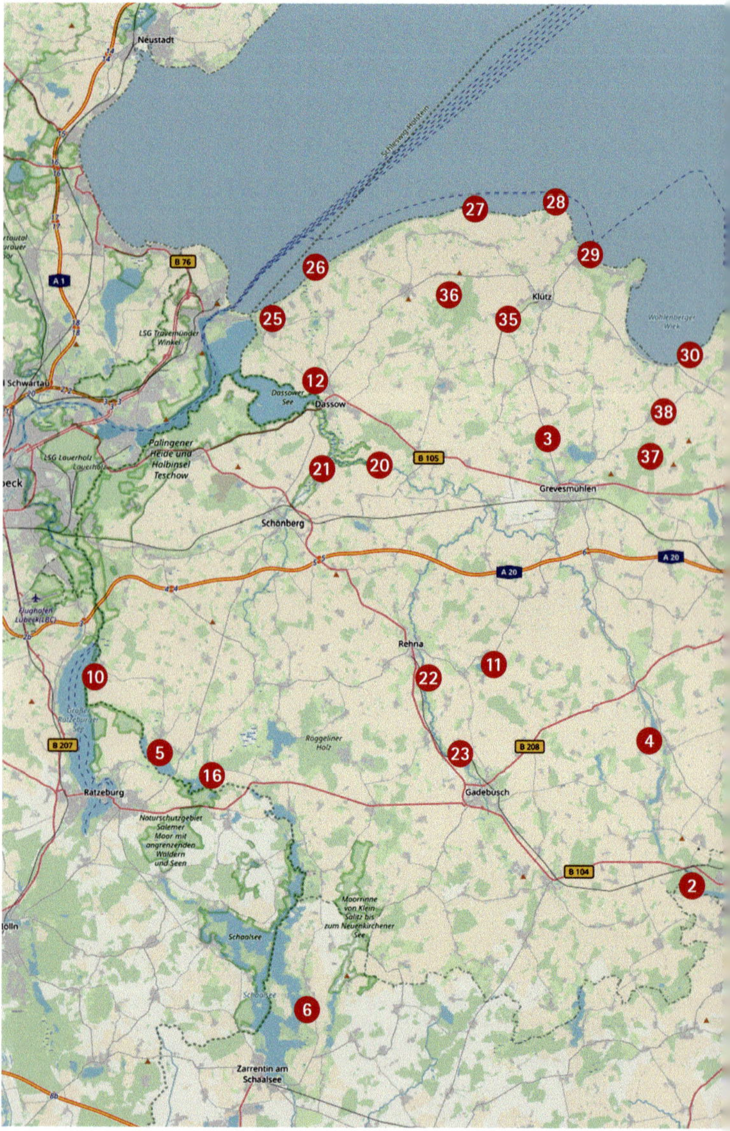

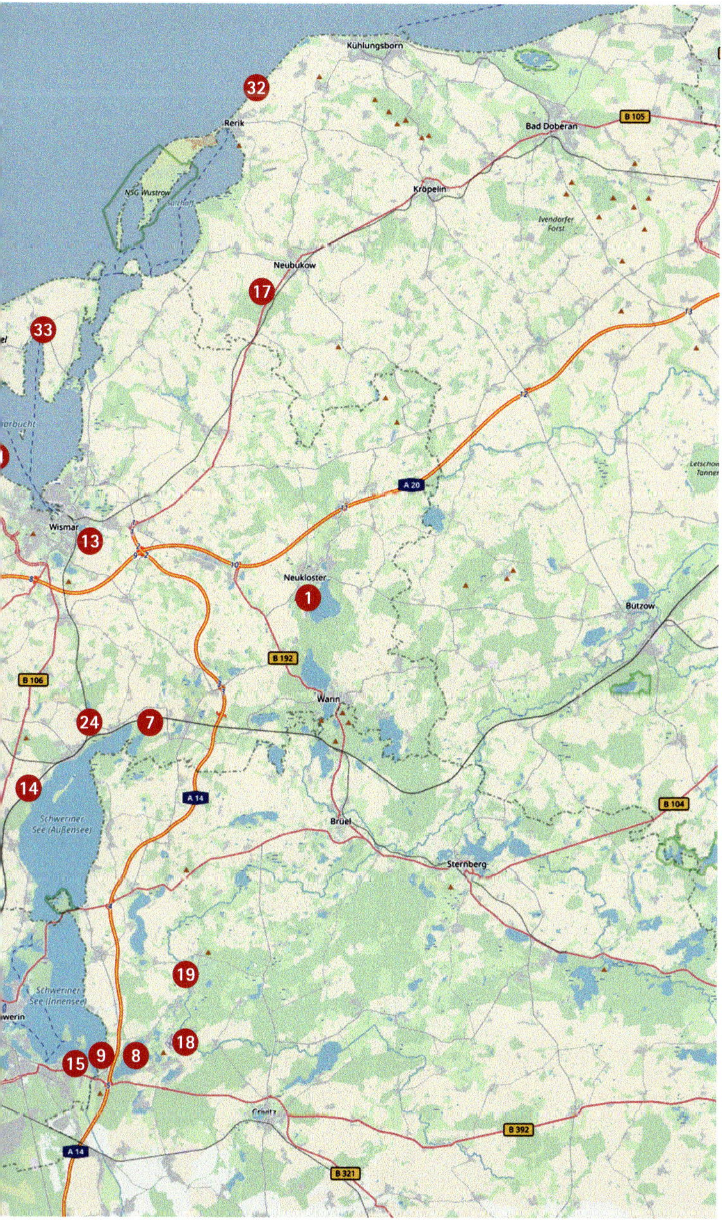

Kühlungsborn
32
Rerik
Bad Doberan
B 105
NSG Wustrow
Kröpelin
Ivendorfer Forst
Neubukow
17
33
A 20
Wismar
13
Neukloster
1
Bützow
B 192
B 106
Warin
24
7
14
A 14
Schweriner See (Außensee)
Brüel
B 104
Sternberg
19
Schweriner See (Innensee)
18
15
9
8
Crivitz
B 392
A 14
B 321

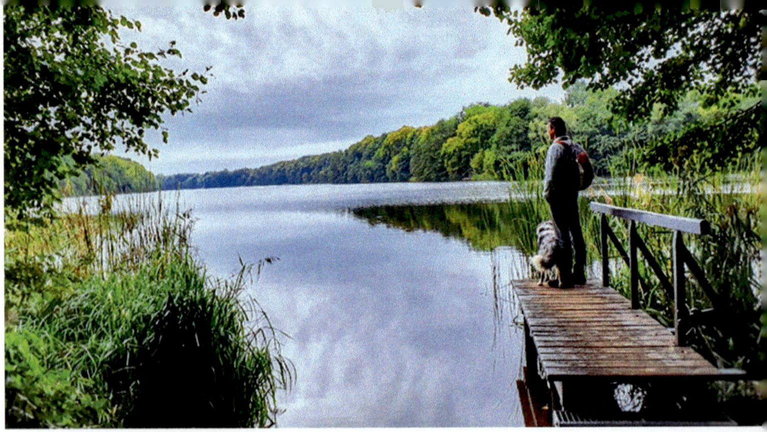

Rund, schmal, groß, klein oder ganz anders:
Vielfältige Seenlandschaft

Den Gletschern der letzten Eiszeit verdankt das westliche Mecklenburg seine vielgestaltige Seenlandschaft.
Die hier vorgestellten 15 Touren führen zu stillen Kleinoden wie dem Wedendorfer See, an geschichtsträchtige Orte wie den Mechower See oder zu touristischen Highlights, wie sie am Schweriner See zu finden sind. Allen gemeinsam ist ihre faszinierende Tier- und Pflanzenwelt, fast jede dieser Wanderungen tangiert mindestens ein Naturschutzgebiet.

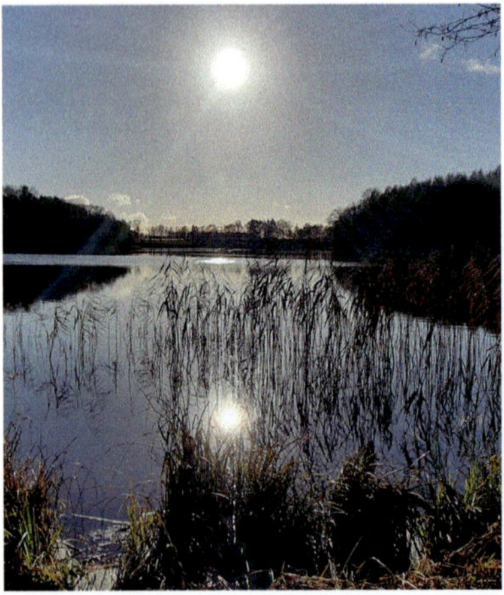

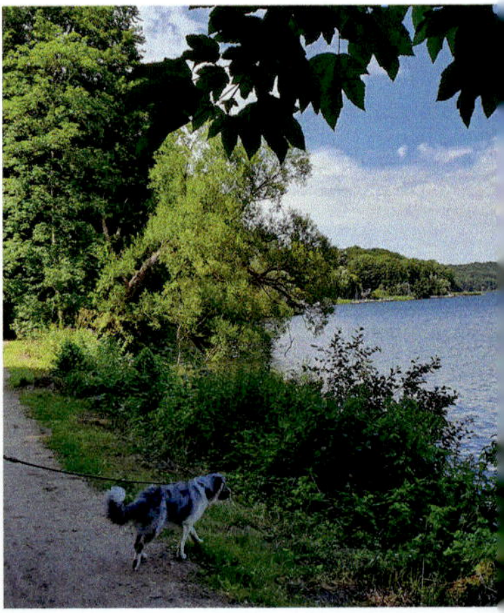

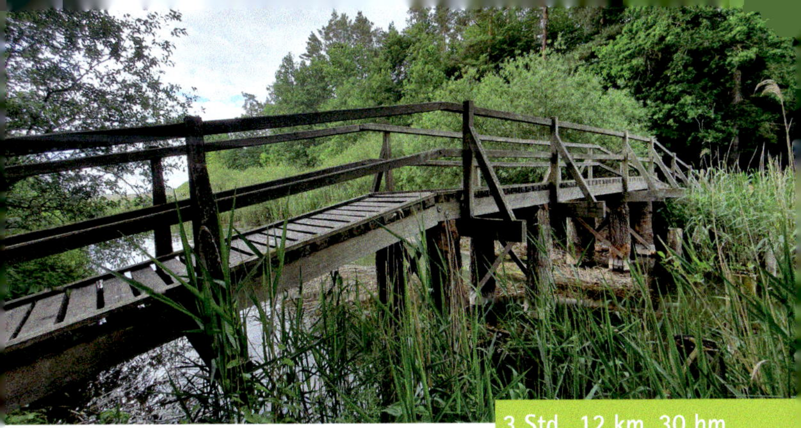

3 Std., 12 km, 30 hm

1. Um den Neuklostersee

Wie der Name schon sagt: Um einen See zum Kloster

Eine bewaldete Halbinsel mit Naturlehrpfad ragt wie ein Zipfel von Norden weit in den Neuklostersee hinein. Wer nicht das gesamte "U" laufen will, spart sich die 2,5 km um die Halbinsel und macht die Rundtour zum "O". Was er dabei aber verpasst, sind traumhafte Ausblicke über den nordwestlichsten See der Sternberger Seenlandschaft.

Die Wanderung ist auf jeden Fall ein Naturerlebnis und kann mit einem Besuch des auf der Route liegenden Klosters auch zum Kulturerlebnis werden. Die Klosterkirche des 1219 entstandenen Zisterzienserinnenklosters verfügt neben einer der größten Friese-Orgeln zudem mit dem spätromanischen Glasmalereizyklus

Ausgangspunkt: Neukloster, Parkplatz an der L14 am Ortsausgang Richtung Bützow hinter dem Seerestaurant
Gehzeiten: 3 Std., 12 km, 30 hm
Anforderungen: einfache Tour auf überwiegend unbefestigten Wegen, kurze moorige Abschnitte, festes Schuhwerk empfohlen

Einkehr:
Ⓐ Seehotel am Neuklostersee, Seestraße 1, 23992 Nakenstorf Tel.: 038422 4570,
Ⓑ Seerestaurant Schöne Aussicht, Bützower Straße 27, 23992 Neukloster, Tel.: 038422 20235),
Ⓒ Fischers Kiepe (am Rundweg), A.-Bebel-Allee 11, 23992 Neukloster, Tel.: 038422 584733

im Chor über die ältesten Glasmalereien Norddeutschlands. Die ehemalige Probstei aus der Zeit um 1400 mit dem prächtigen Stufengiebel ist das letzte erhaltene Klostergebäude.

Startpunkt **S** und Ziel der Tour ist der Parkplatz am östlichen Ortsausgang Neuklosters. Hier befindet sich eine große Wandertafel. Die gut markierte Route (grüner Punkt auf weißem Quadrat) führt im Uhrzeigersinn um den See. Wir folgen dem Wegweiser "Rundweg Neuklostersee", lassen die Badeanstalt rechts liegen, gehen über eine kleine Brücke und durch einen Erlenbruch, der bald in einen schönen Buchenwald übergeht.

Am Ende einer Wochenendhaussiedlung **1** biegt der Weg nach links und führt zwischen Wald und Wiesen hindurch. An einem Wegweiser rechts halten. Der folgende Abschnitt durch feuchte Wiesen kann vor allem nach Regenfällen etwas sumpfig sein. Kritische Stellen sind über kleine Brücken und Holzbohlen passierbar. Ein markanter umgestürzter Baum, der wieder senkrecht ausgetrieben hat, markiert den Beginn des Südufers. Im weiteren Verlauf bietet sich ein schöner Blick nach Norden über den See und auf die Stadt Neukloster. Nach ca. 40 Minuten ab Start überqueren wir die Holzbrücke über den Teppnitzbach **2**, der den Wariner See mit dem Neuklostersee verbindet. Der Weg führt in einem Bogen um einen Erlenbruch

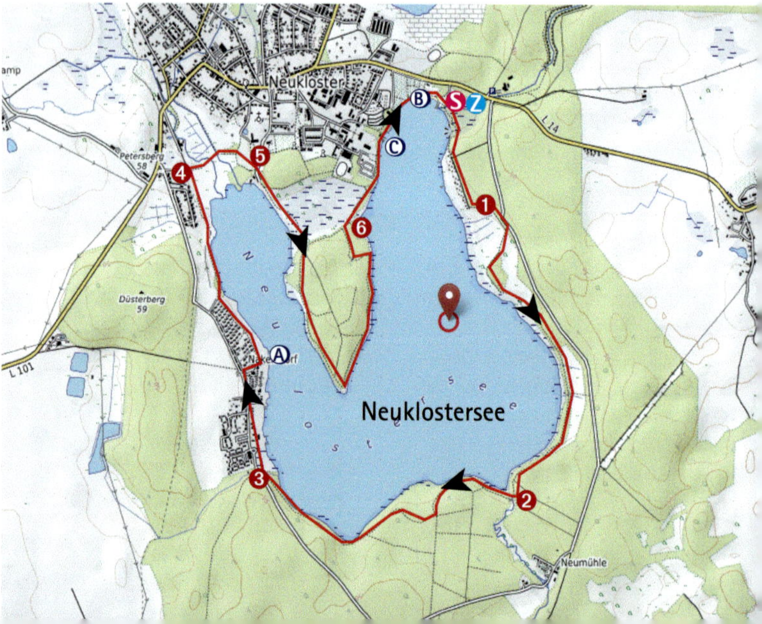

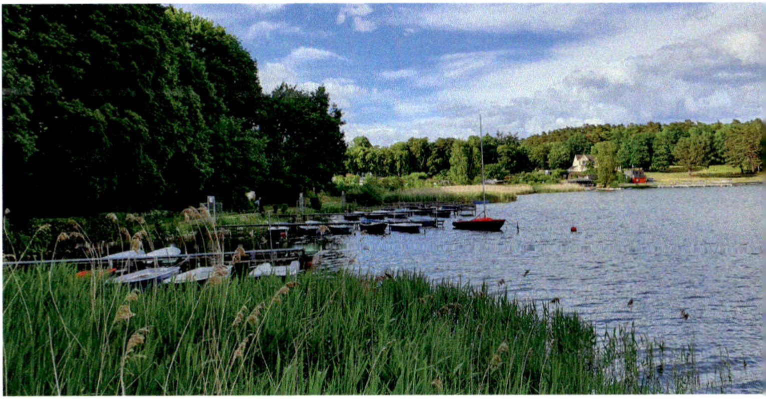

Idyllisch: Der Neuklostersee

herum, an einer Kreuzung am Wegweiser „Rundweg Neuklostersee" nach rechts gehen. Kurz darauf ist wieder das Seeufer erreicht und nach ca. einer Stunde der kleine Ort Nakenstorf.

An einem Parkplatz mit Wandertafel ❸ trifft der Weg auf die befestigte Straße, hier geht es nach rechts durch den Ort. Am Ortsausgang hinter den letzten Gärten rechts in einen Fahrweg einbiegen. Dieser endet an einer einzelnstehenden Tanne und geht in einen schmalen Pfad über, der zum See hinunter und durch lichten Wald in nördliche Richtung führt. Eine Wiese queren und hinter einer Brücke über einen kleinen Bach links halten.

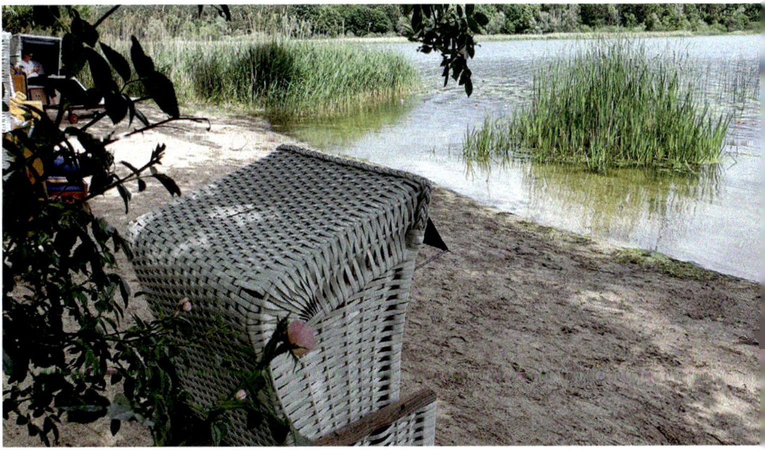

Immer eine Pause wert: Lauschige Ecken, um eine Rast einzulegen, gibt es viele.

Der Weg führt unterhalb eines alten Bahndamms bis zu einer Weggabelung ❹. Dort nach rechts abbiegen und über eine Wiese mit mehreren kleinen Brücken und an alten Kopfweiden entlanggehen. An einer Weggabelung unterhalb des beeindruckenden Klosterensembles ❺ (Abstecher für eine Besichtigung empfohlen) einem kleinen Wasserlauf nach rechts folgen, kurz hinter einer Holzbrücke wiederum nach rechts auf den breiten Weg und auf die Halbinsel, welche in den Neuklostersee hineinragt. Den Klettergarten links liegen lassen und an der nächsten Ausschilderung dem Wegweiser „Rundweg Halbinsel 3,4 km" folgen. Nach einer knappen halben Stunde ab Wegweiser, stets in Ufernähe bleibend, ist die Südspitze der Halbinsel mit wunderschönen Ausblicken über den See erreicht. Der Weg führt nun auf der östlichen Seite der Halbinsel nach Neukloster zurück.
Die Tafeln eines Naturlehrpfades bieten interessante Informationen über Geologie und Botanik. An einer Gabelung ❻ rechts halten und einen schilfigen Uferbereich des Sees queren. An einem Wegweiser treffen wir wieder auf den Hauptweg, diesem nach rechts direkt am Ufer entlang folgen. Hinter einem Wohnmobilpark und der Badeanstalt ist bald darauf der Ausgangspunkt der Wanderung erreicht.

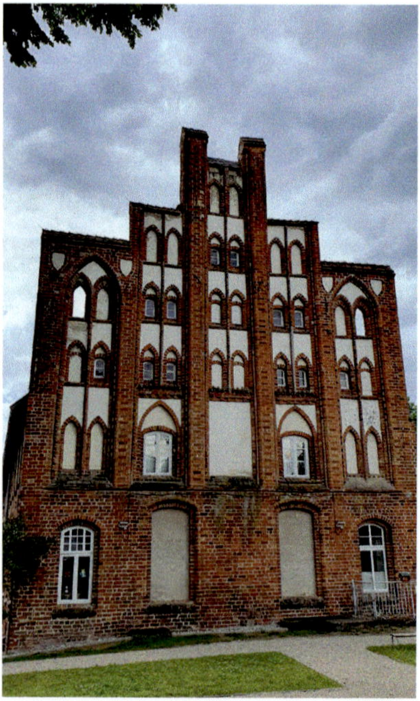

Ein Blick in die Vergangenheit: Die Wanderroute führt am Klosterensemble vorbei – Besichtigung unbedingt empfohlen!

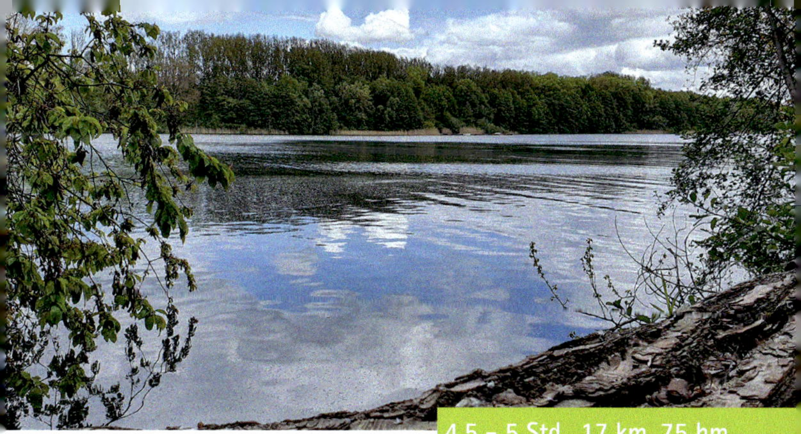

4,5 - 5 Std., 17 km, 75 hm

2. Um den Neumühler See

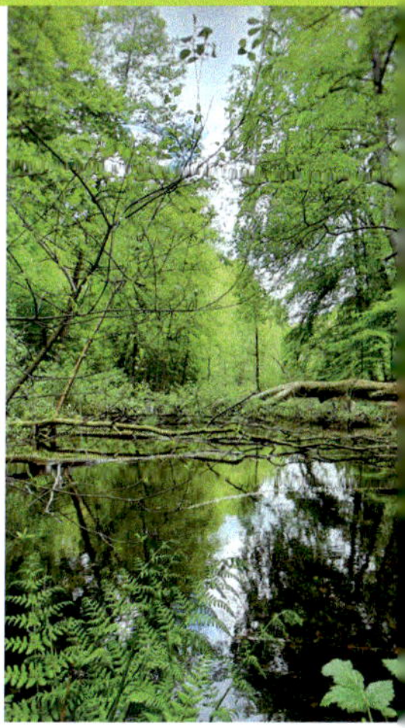

Auf und Ab um eine über 6 km lange Eiszeitrinne

Diese recht lange und für mecklenburger Verhältnisse konditionell schon etwas anspruchsvolle Rundtour überrascht, obwohl bereits überwiegend auf dem westlichen Stadtgebiet der Landeshauptstadt Schwerin gelegen, mit schönen Blicken über den langgestreckten, schmalen See, alten Bäumen und moderner Hofwirtschaft. Wer sich entsprechend leise verhält, kann mit etwas Glück auch die heimische Tierwelt beobachten. Bei unseren Touren sahen wir unter anderem Silberreiher, Bussarde, Tafel-, Reiher- und Schellenten. Auch der Fischotter ist hier zuhause.

Ausgangspunkt:
Schwerin-Friedrichsthal, Parkplatz am Supermarkt an der B104
Gehzeiten:
4,5 bis 5 Std., 17 km, 75 hm

Anforderungen:
relativ lange Tour mit überraschend viel Auf und Ab auf überwiegend unbefestigten Wegen
Einkehr:
Ⓐ *Griechisches Restaurant „Hermes" in Friedrichsthal, Lärchenallee 3, 19057 Schwerin, Tel.: 0385 4867090*

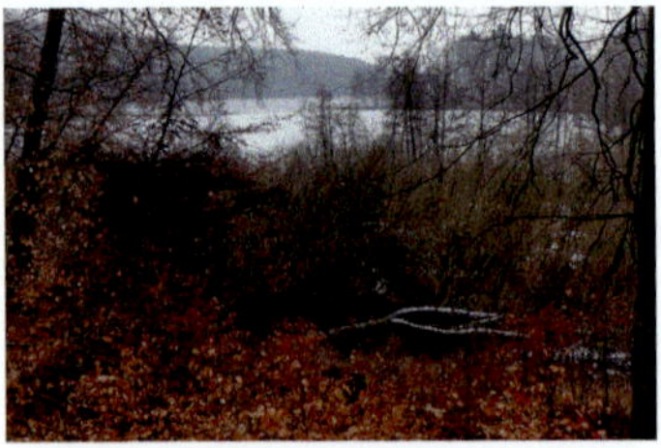 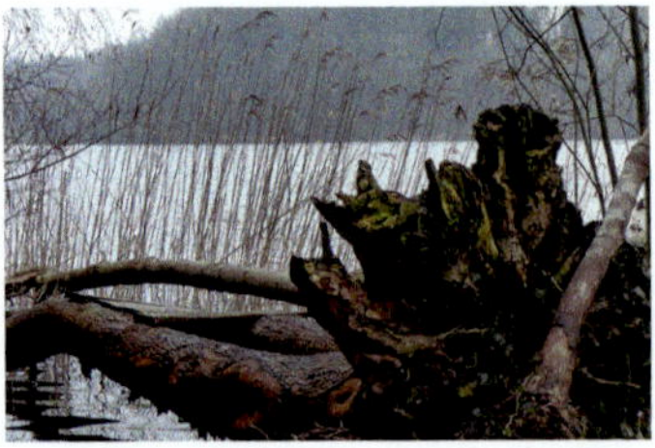

Startpunkt S der Tour ist der Parkplatz am Supermarkt in Friedrichsthal schräg gegenüber dem griechischen Restaurant. Wir queren die B104, gehen auf dem Fußweg nach links und biegen nach 50 m in den Touristenweg ein. Dieser führt geradeaus durch eine Eigenheimsiedlung und wechselt bald von einer Asphaltstraße in einen Schotterweg. Nach einer leichten Linksbiegung treffen wir auf den Rundweg um den See, der meist direkt am Ufer oder auch etwas oberhalb entlangführt. Wir folgen dem breiten Pfad nach rechts und gehen somit nordwestwärts. Der Weg führt durch den Wald in einem Bogen um eine kleine Bucht mit Bootsliegestellen und über einen kleinen Damm. Anschließend links

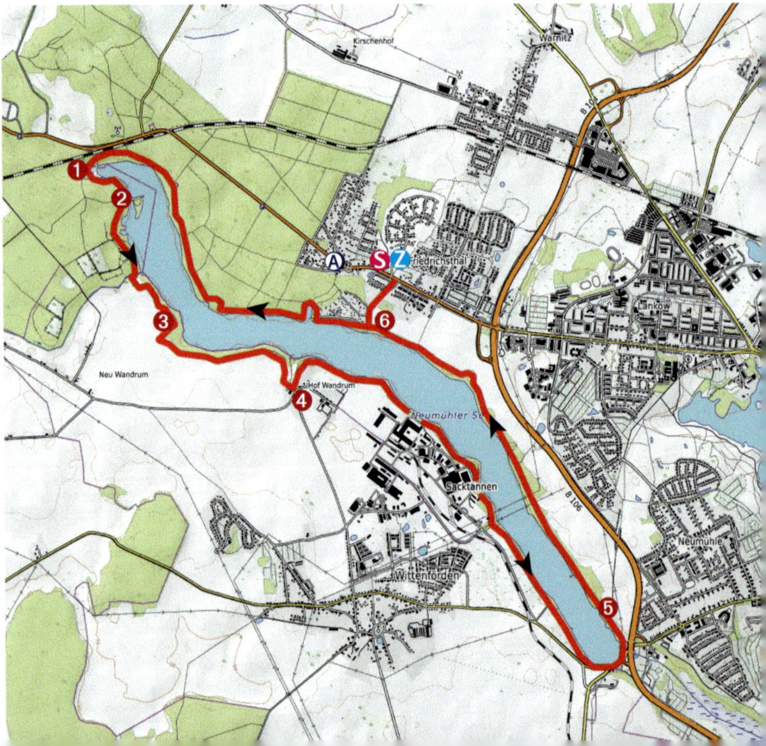

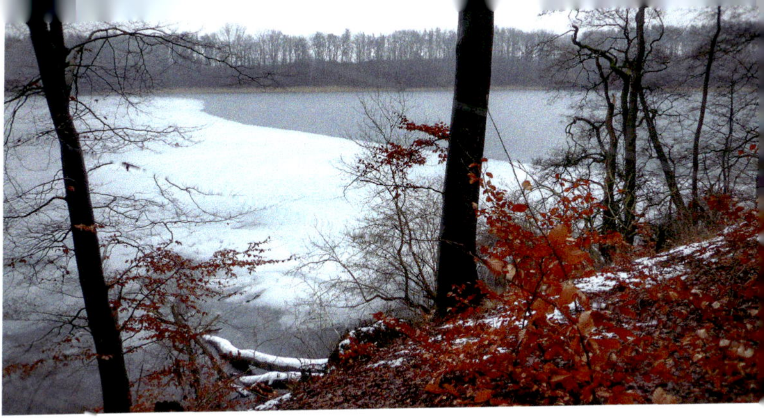

Der Neumühler See: Zu jeder Jahreszeit ein Wandererlebnis!

halten. Es geht an alten knorrigen Baumen vorbei, ab und an über Holzplanken. Wir tangieren kurz die Bahnstrecke Schwerin-Rehna und sehen oberhalb des Weges den Parkplatz Friedrichsthal an der Bundesstraße. Am nordwestlichen Ende des Sees führt ein verwitterter Holzsteg ❶ über einen sumpfigen Bachlauf. An einer Wegkreuzung mit einer beeindruckenden alten Buche links halten, nach ca. 1 Std. Gehzeit kommen wir an einer kleinen Halbinsel ❷ vorbei. Hier lohnt ein kurzer Abstecher für eine Rast mit schönem Seeblick. Der weitere Weg führt wiederum zu einer Senke. Wir folgen kurz dem kleinen Bach aufwärts, queren diesen (Pfeil!) ❸ nach wenigen Metern und gehen den Pfad über eine Feuchtwiese und anschließend steil hinauf, um nun ein gutes Stück oberhalb des Sees am Waldrand mit Blick auf Felder und Wiesen Richtung Hof Wandrum zu wandern. Kurz vor dem Hof verlässt der Weg vor einem Taleinschnitt den See

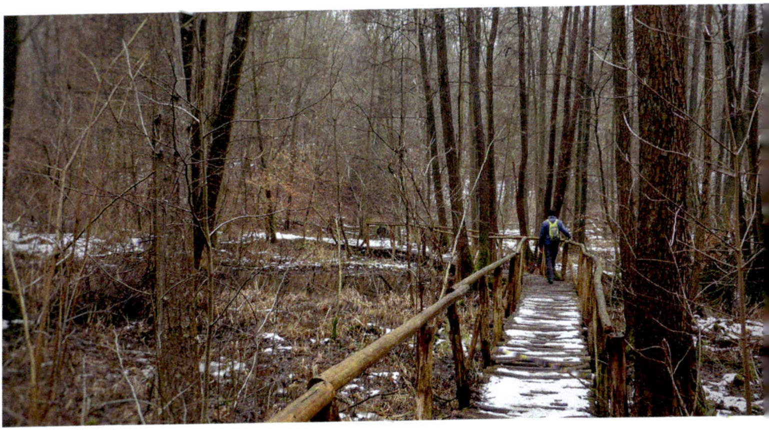

Gutes Schuhwerk empfohlen: Moorige Abschnitte sind befestigt worden.

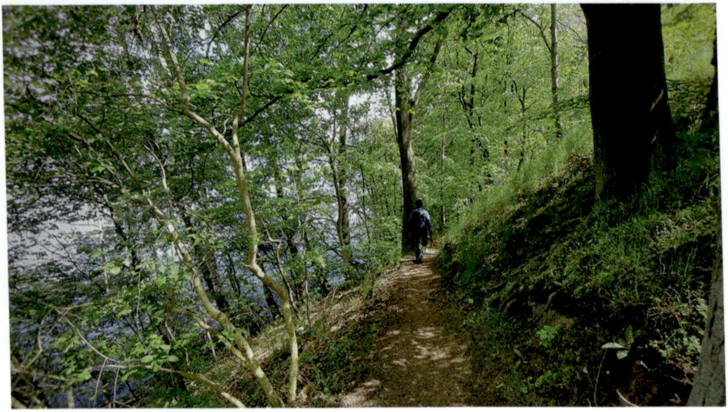

Verschnaufpausen empfohlen: Gebirgspfad mit Seeblick

und führt recht steil abwärts zum kleinen Weiler ❹, den wir nach gut 2 Std. Gehzeit erreichen. Wir gehen an den Gebäuden und einem Teich vorbei, biegen links ein und wandern an einem Schafzaun Richtung See. Der schmale Pfad biegt dann nach rechts, folgt in stetem Auf und Ab wieder der hier recht steilen Uferlinie und führt am Sackberg (60 m) vorbei. Ein Wegweiser „Südufer 3,8 km" versichert uns, auf dem richtigen Weg zu sein.

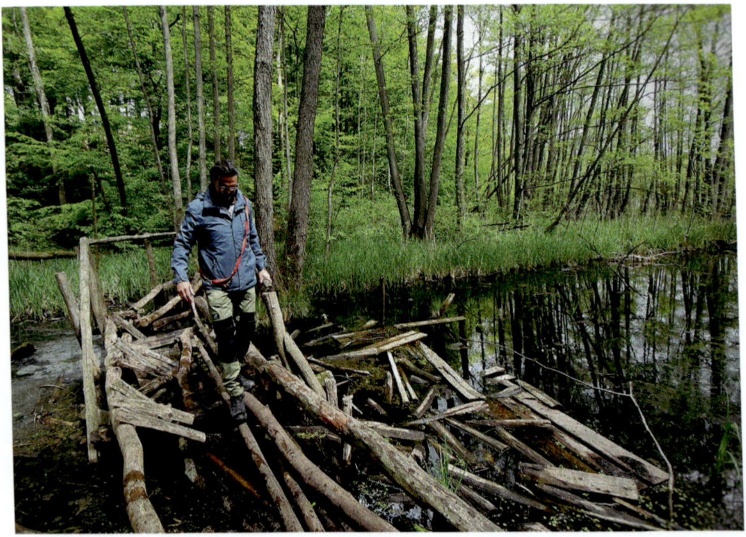

Kleines Abenteuer gefällig? Mit etwas Geschick kommt jeder hinüber.

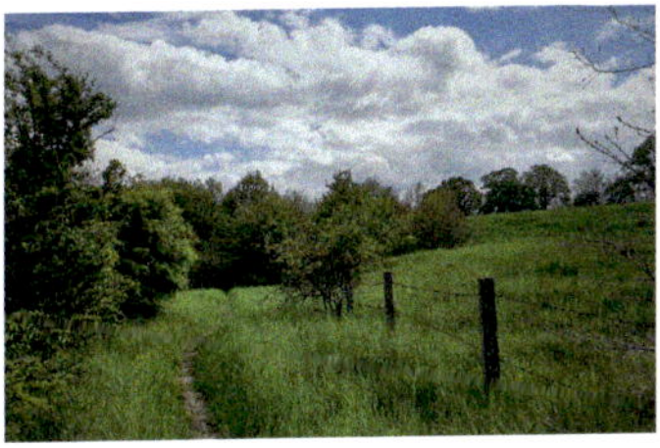

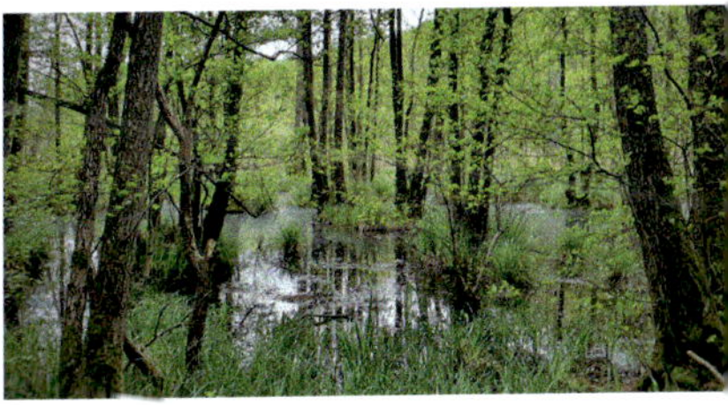

Abwechslung garantiert: Entlang an Weiden und moorigen Abschnitten ...

Wir wandern unterhalb des vom Weg aus kaum sichtbaren Gewerbegebietes „Sacktannen" und zwischen Apfelbäumen und Hecken am Wiesenrand entlang, bis wir nach ca. 3 ½ Std. an die Kreuzung B104/Neumühle gelangen, gehen ein kurzes Stück auf dem asphaltierten Rad- und Gehweg, biegen dann links in den Fahrweg ein und wählen an der nächsten Gabelung wiederum den linken Weg ❺ (Schranke). Dieser führt ein ganzes Stück direkt auf Seehöhe entlang, um uns bald darauf als schmaler Pfad mit zahlreichen An- und Abstiegen noch einmal zu fordern. Am Abzweig ❻ verabschieden wir uns vom Neumühler See, biegen in den Touristenweg ein und sind nach 10 min am Parkplatz.

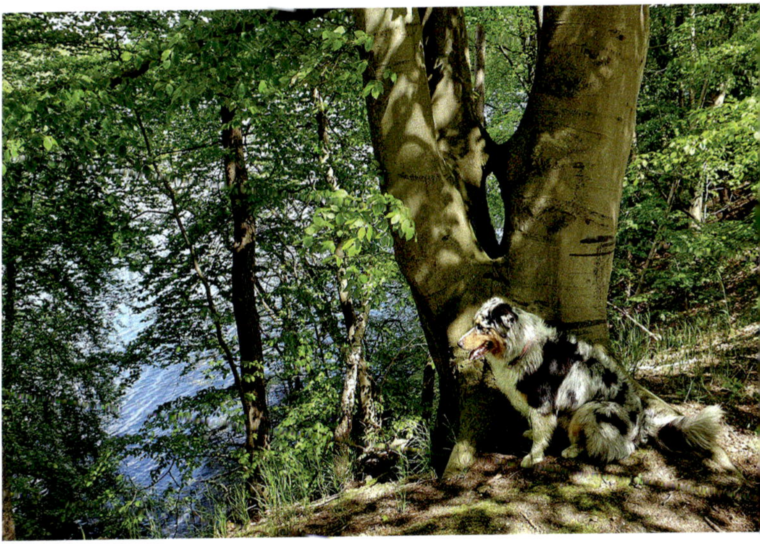

Nicht nur für Zweibeiner: Diese Route ist besonders für Hundebesitzer zu empfehlen.

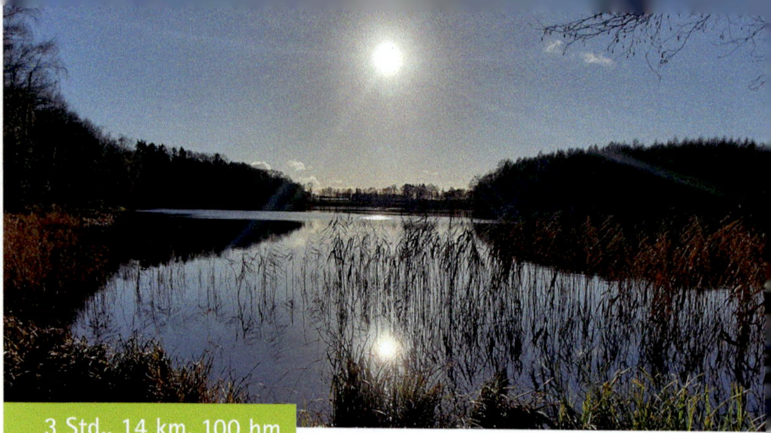

3 Std., 14 km, 100 hm

3. Auf Drei-Seen-Tour bei Grevesmühlen

Drei Seen, drei Dörfer, ein Berg und eine Stadt

Der weithin sichtbare Iserberg am westlichen Ende eines bewaldeten eiszeitlichen Rückens prägt die Landschaft um Grevesmühlen. Von der 100 m hohen Erhebung mit einer kleinen Aussichtsplattform bietet sich an schönen Tagen ein traumhafter Blick über die ihm zu Füßen liegenden Seen bis hin zur Ostsee. Viele Sagen ranken sich um die Stadt Grevesmühlen und Ploggensee, Santower und Vielbecker See. Schließlich liegt Grevesmühlen an der Märchen- und Sagenstraße M-V.

Startpunkt Ⓢ der Tour ist der unbefestigte Parkplatz am südwestlichen Ende des Ploggensees. Der schmalen Straße in östliche Richtung 300 m bis zum Wendeplatz am „Seeschlösschen" Ⓐ folgen und rechts am Restaurant auf schma-

Ausgangspunkt: *Parkplatz am Ploggensee neben der Landesstraße L 02 Richtung Wohlenberg/Hohenkirchen*
Gehzeiten: *3,5 Std., 14 km, 100 hm*
Anforderungen: *relativ lange Tour auf überwiegend unbefestigten Wegen, für mecklenburger Verhältnisse knackiger Anstieg zum Iserberg, im Sommer Bademöglichkeit im Freibad am Ploggensee*

Einkehr:
Ⓐ *Restaurant und Café Seeschlösschen, Am Ploggensee 7, 23936 Grevesmühlen, Tel.: 03881/716000*
Ⓑ *Hähncheneck, Santower Straße 65, 23936 Grevesmühlen, Tel.: 03881/710220*
Ⓒ *Hotel am See, Klützer Straße 17a, 23936 Grevesmühlen, Tel.: 03881/7270*

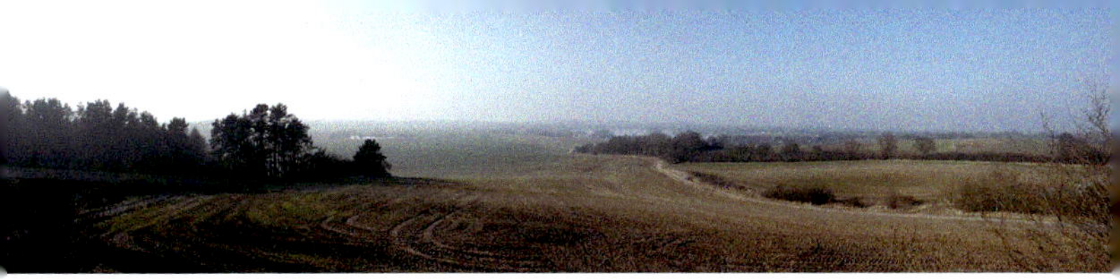

lem Pfad am Ufer des Ploggensees über eine Wiese. Am Waldrand trifft der Pfad auf einen von rechts oben herabführenden Weg, der weiter am Südufer des langgestreckten Sees und an dessen Sumpfgebiet verläuft. Nach gut 20 min dort, wo der Rundweg um den See links abbiegt ❶, weiter geradeaus gehen und an einem weiteren Abzweig links halten.

Es geht über Wiesen und dann Stufen zur kleinen Aussichtsplattform ❷ des Iserbergs hinauf. Nach insgesamt 40 Gehminuten und einer aussichtsreichen Pause rechts an der Aussichtsplattform weiter geradeaus hinauf, an der Gabelung rechts halten und an den ersten Häusern von Hamberge vorbei. In die Dorfstraße nach links einbiegen, dieser ca. 500 m bis zu einem großen Bauernhaus mit Initialen folgen und dahinter links in den Feldweg ❸. Dieser führt mit einigen Kurven einen Kilometer hinab zu einem schön gelegenen Forsthof ❹, der nach ca. 1 Std. erreicht wird. An diesem vorbei, die Landstraße queren und gegenüber 50 m weiter links in den Feldweg einbiegen.

Nach einem weiteren km ab Straße und insgesamt 1,5 Std. Gesamtgehzeit gehen wir am neuen Dorfgemeinschaftshaus von Warnow vorbei, kurz darauf kommen wir am Dorfplatz mit dem kleinen alten Spritzenhaus aus Backstein

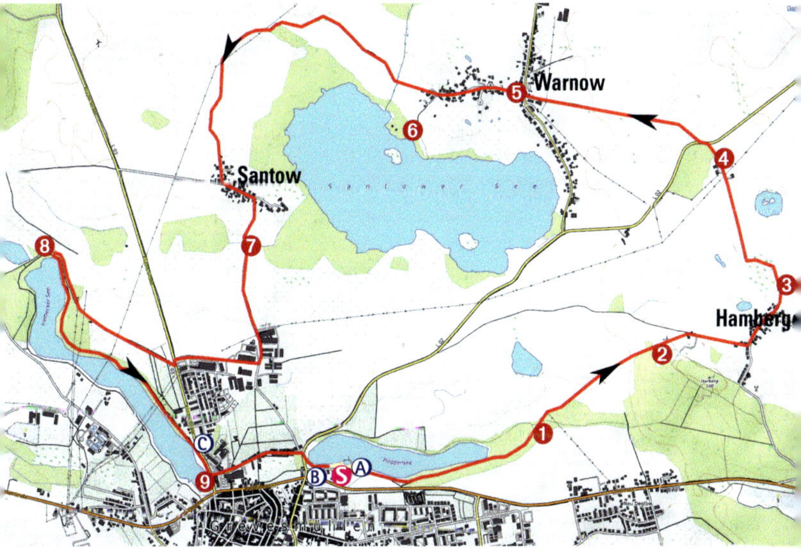

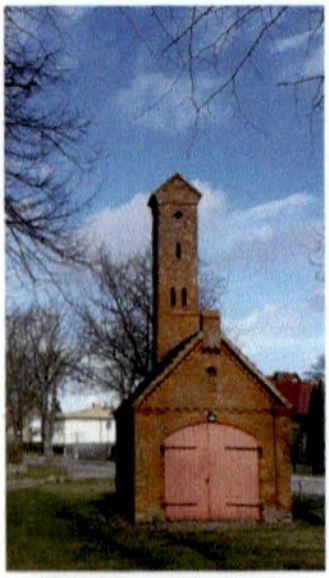

❺ an eine Kreuzung und gehen gegenüber die Dorfstraße hinunter. Nach 250 m lohnt sich ein Abstecher von 2 x 400 m an den Santower See, hierfür links in die Stichstraße „Am Meiersteig" abbiegen und nach dem Wendehammer auf dem unbefestigten Weg geradeaus zum See hinab ❻. Am Ufer findet sich auch eine schöne Rastmöglichkeit. Der See ist Kern des gleichnamigen Naturschutzgebietes, Lebensraum für zahlreiche geschützte Pflanzen- und Tierarten. Im Herbst ist der See Schlafgewässer für tausende Gänse.

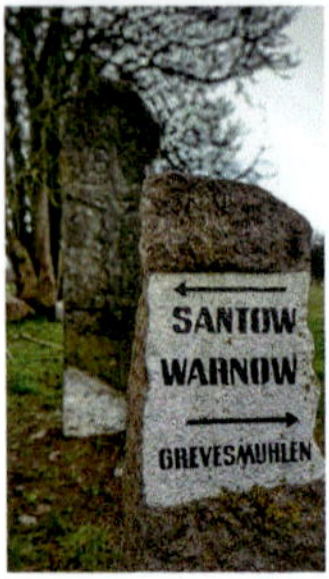

Zurück am Hauptweg auf der Dorfstraße aus dem Dorf heraus, hinter den letzten Häusern fließt ein kleiner Bach in den Santower See. Der Weg führt in einem weiten Bogen um den See herum, in einer Kurve geht der Spurbahnweg in einen Feldweg über. An einem Wäldchen und einem alten Wegstein mit Richtungspfeilen nach Warnow und Santow vorbei.

In Santow links auf die Dorfstraße abbiegen und nach 200 m rechts in eine kopfsteingepflasterte Straße und aus dem Dorf heraus. Wir passieren einen mittelalterlichen Sühnestein ❼. Nach ca. 1 km ab Santow an einem landwirtschaftlichen Betrieb rechts auf die Straße einbiegen, am Supermarkt vorbei zur Landesstraße, auf dem Gehweg einige Meter nach links und dann (vorsichtig!) die Straße queren und gegenüber auf den Weg zwischen den Kleingärten und Feldern. Dieser führt in spitzem Winkel in den Wald hinein zum Vielbecker See ❽.

Auf den Uferweg nach links einbiegen und am Ostufer des schmalen Rinnensees, der fast wie ein Fluss anmutet, entlang. Nach 1 km am See wird eine Treppe und ein Gedenkstein passiert, es geht an einigen Gärten vorbei, dann läuft der Seewanderweg nahe der Straße entlang. Hier die Klützer Straße überqueren und in die gegenüber liegende Sandstraße einbiegen. ❾ An der Einfahrt zu den Einkaufsmärkten vorbei und links den Sandweg hinauf (Wegweiser Mühle). Am nächsten Abzweig rechts und durch die Kleingartenanlage mit Blick auf Grevesmühlen. Schließlich wieder rechts hinab, über die Sandstraße und die Landesstraße und in wenigen Schritten zum Parkplatz am Ploggensee.

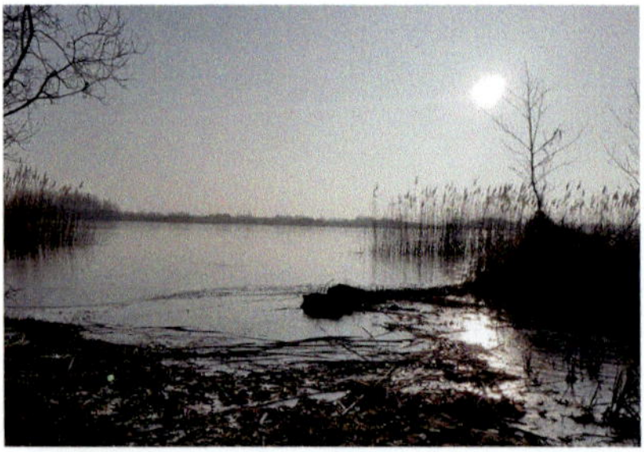

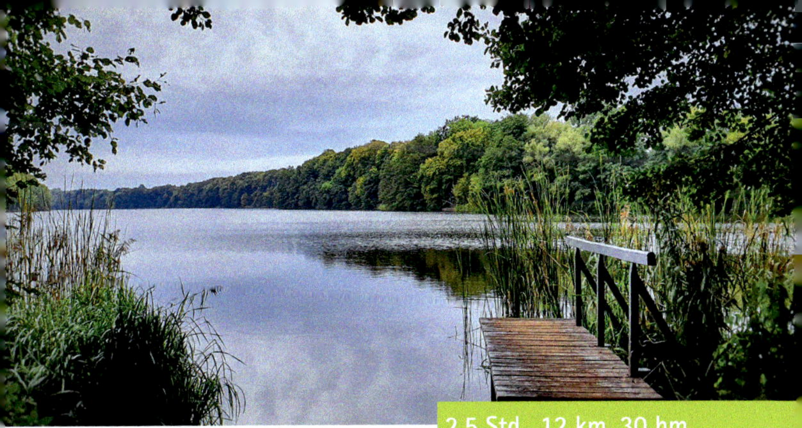

2,5 Std., 12 km, 30 hm

4. Auf der „Dalberger Acht"

Mecklenburger Idylle: Dörfer, Seen, Wälder, ein Fluss, ein Grabhügel und eine alte Allee

In einer für Westmecklenburg typischen eiszeitlichen Rinne, die sich von Süden nach Norden erstreckt, liegen wie an einer Perlenkette mehrere schlanke Seen. Zwei dieser Schmuckstücke werden auf unserer Wanderung umrundet: Die Dalbergkuhle im Uhrzeigersinn und der Wendelstorfer See gegen diesen. Und mit dem Cramoner See wird ein dritter gestreift. Durchflossen werden sie von der Stepenitz, die nordwestlich Schwerins in der Nähe des Neumühler Sees entspringt, von der Quelle bis zur Mündung in den Dassower See stolze 52 km zurücklegt und unter Paddlern immer noch als Geheimtipp gilt.

Ausgangspunkt:
Parkplatz an der Sportanlage in Dalberg neben der Landesstraße L 03
Gehzeiten: 2,5 Std., 12 km, 30 hm
Anforderungen:
einfache Rundwanderung auf überwiegend unbefestigten Wegen, in Dalberg und Schönfeld Mühle einige hundert Meter auf dem Gehweg an der Straße, hinter Groß Eichsen ca. 1 km auf dem Randstreifen einer wenig befahrenen Straße. Der Weg kreuzt als „Acht" an der Überquerung der Stepenitz zwischen beiden Seen, hier fällt bzw. steigt das Gelände auf kurzer Strecke um ca. 20 m, daher sind bei feuchtem Wetter gute Schuhe mit Profil empfohlen. Die „Acht" lässt sich auch in zwei kleinere Rundtouren à 6 km zerlegen.
Einkehr:
Keine. Wasser und Lunchpaket mitnehmen, soweit letzteres bei 2,5 Std. überhaupt erforderlich wird.

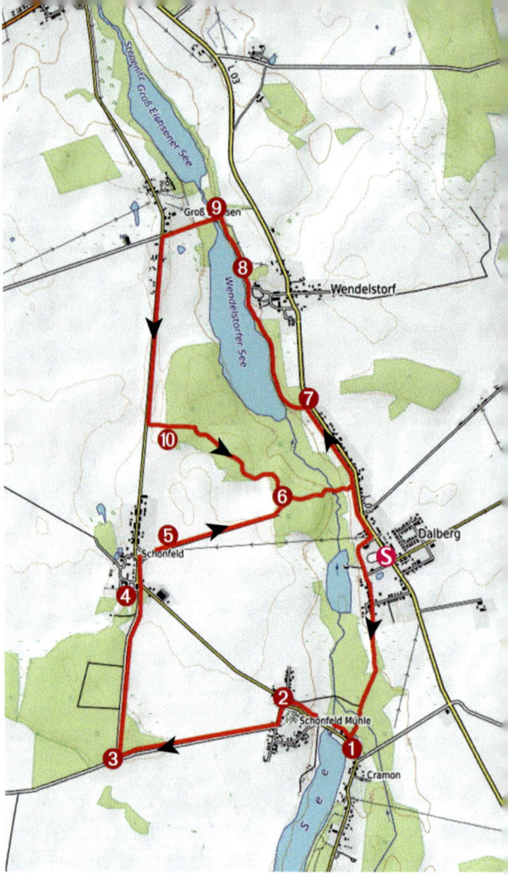

S Am Ende der Pflasterung des Parkplatzes führt ein unbefestigter Weg rechts am Sportlerheim vorbei und biegt dann nach links. Es geht oberhalb des Sees recht romantisch an einigen Pferdeweiden entlang. Nach 250 m auf einer schmalen Teerstraße an einigen zum Teil sehr alten Gehöften vorbei und an einem Rondell mit einem großen Baum weiter geradeaus. Kurz darauf wechselt die Straße bereits wieder in einen unbefestigten Weg über.

Es geht 300 m geradeaus, auf der rechten Seite gleitet der Blick über die sanft abfallenden Wiesen und Weiden. Dann biegt der Weg nach rechts, führt an einer schönen Kopfweiden-Reihe entlang und in ein kleines bewaldetes Moorgebiet hinein. An einem Abzweig geradeaus halten, es geht über eine Brücke und kurz darauf ist das schöne Pfarrhofensemble von Cramon **1** erreicht. Ein Förderverein hat hier die historische Anlage mit dem alten Backhaus (erbaut um 1800) und den historischen Obstbaumbestand gerettet und wieder hergerichtet. Der Weg führt über das Gelände der Dorfkirche mit dem Friedhof. Besonders auffällig ist der einige Meter vom Kirchenschiff abgerückte und durch eine Vorhalle mit diesem verbundene Backsteinturm. Auf der anderen Seite der Straße führt ein Abstecher hinab zu einem Steg mit Blick über den Cramoner See.

Zurück an der Straße geht es an dieser in nordwestlicher Richtung zunächst am Pfarrhaus und der sanierten Pfarrscheune vorbei, über die Fischtreppe der Stepenitz und knapp 500 m durch den kleinen Ort Schönfeld Mühle. Dann links

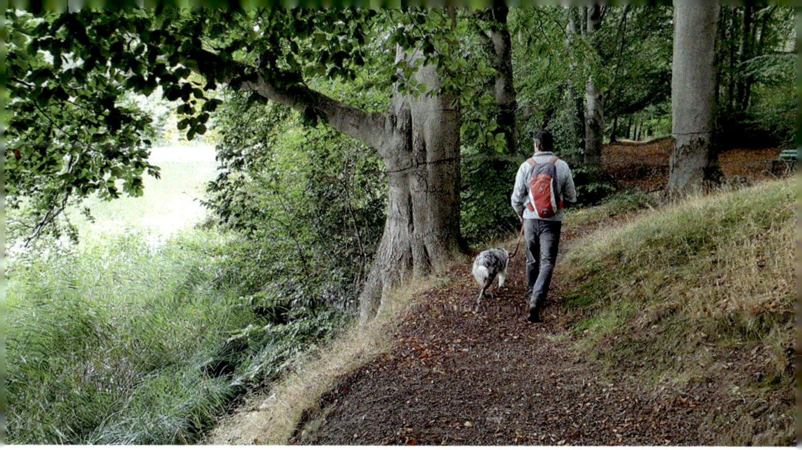

Abwechslungsreicher Rundweg, mit oder ohne Hund

in die Straße „Am Mühlberg" ❷ einbiegen und gut 100 m weiter. Am Wegweiser „Dragun 3 km" nach rechts in den Feldweg und nach einem weiteren km rechts in den Wald einbiegen ❸. Auf dem breiten Weg geradewegs nach Schönfeld mit dem bereits von weitem leuchtenden, im klassizistischen Stil errichteten Herrenhaus ❹. Es geht durch die Lindenallee rechts am Gutshof vorbei, dann kurz links und wieder auf der Mühlen Eichsener Straße geradeaus durch das Dorf. Vor dem Dorfplatz mit Spielplatz und Fußballtoren nach rechts auf einen unbefestigten Weg einbiegen, dieser führt hinter den letzten Häusern und einem markanten Backstein-Trafotürmchen ❺ über das freie Feld bis zu einem Wald. Im Wald geht es in einem Bogen 200 m nach links, dann zweigt ein (meist etwas zugewachsener) Weg nach rechts ab. Von hier aus geht es zur Stepenitzbrücke ❻. Nun geht es auf grasbewachsenem, später auch leicht morastigem Weg hinab zur Stepenitzbrücke, die durch ein paar Stufen so erhöht wurde, dass der Fluss für Kanu- und Kajakfahrer befahrbar bleibt. Dahinter an einer Pferdekoppel über eine Wiese auf steilem schmalem Pfad hinauf. Auf der anderen Seite der Landesstraße nun nach links und ca. 500 m auf dem Geh- und Radweg entlang. Wer genau hinschaut, kann auf einer gegenüberliegenden Wiese ein großes Reptil erkennen, das auch gern mal Hut, Mütze, Schal oder Corona-Maske trägt. Hinter dem letzten Haus, dort, wo der Radweg sich etwas von der Straße entfernt, leiten auf der anderen Straßenseite etwas versteckt einige Stufen ❼ mit einem Geländer hinab in den Wald. Der Pfad führt am Hang entlang und über einen kleinen Bach, dann immer leicht oberhalb des Seeufers. Bald darauf geht es auf einer Lichtung an einer beliebten Angelstelle vorbei und hinter der Zufahrt etwas versetzt nach rechts wieder in den Wald hinein, kurz danach ist unterhalb des kleinen Ortes Wendelstorf ein überdachter Rastplatz am Seeufer erreicht ❽.

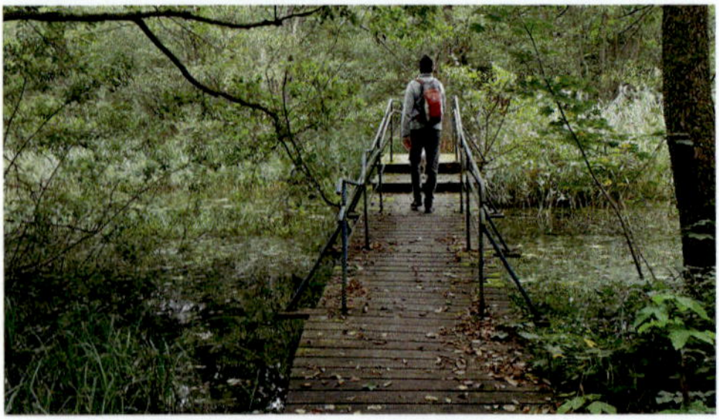

Der Weg führt noch weitere 500 m auf und ab durch den schönen Uferwald, dann an einer Kreuzung nach links und am nördlichsten Punkt der Tour über eine weitere Stepenitzbrücke ❾. Hinter dieser kurz hinauf und an einem alten Bauerngehöft vorbei zu einer querenden Straße. An dieser nach links (Wegweiser „Schönfeld") und auf dem Seitenstreifen der schönen Allee an den letzten Häusern von Groß Eichsen aus dem Dorf heraus. Nach gut 1 km biegt links ein Feldweg ab und führt in den Wald hinein. Wenige Meter darauf lohnt ein wegloser Abstecher 100 m nach rechts zu einer kleinen, etwa 6 m hohen Erhebung am Waldrand. Einer Schautafel nach handelt es sich hier um einen ca. 4000 Jahre alten bronzezeitlichen Grabhügel ❿. Am Fuße des Hügels ist unter den Bäumen in jüngerer Zeit eine kleine Ansammlung von Steinmännchen entstanden.

Zurück auf dem Hauptweg geht es gut 100 m geradeaus, an einer Kreuzung nach rechts und ca. 10 min auf dem breiten Weg durch den Wald (an Abzweigungen immer auf dem Hauptweg bleiben), bis wiederum der bereits bekannte Wegweiser „Zur Brücke!" ❻ erreicht ist und es nach links auf dem grasbewachsenen Weg, über die Stepenitzbrücke und über die Wiese hinauf nach Dalberg geht. An der Landesstraße nun aber nach rechts und 300 m auf dem Geh- und Radweg bis zur Einfahrt auf den Parkplatz an den Sportanlagen die „Acht" vollenden.

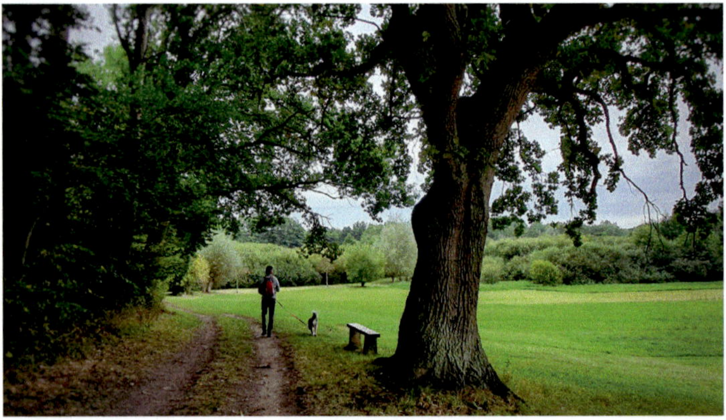

Schöne Blicke über die sanft abfallenden Wiesen und Weiden

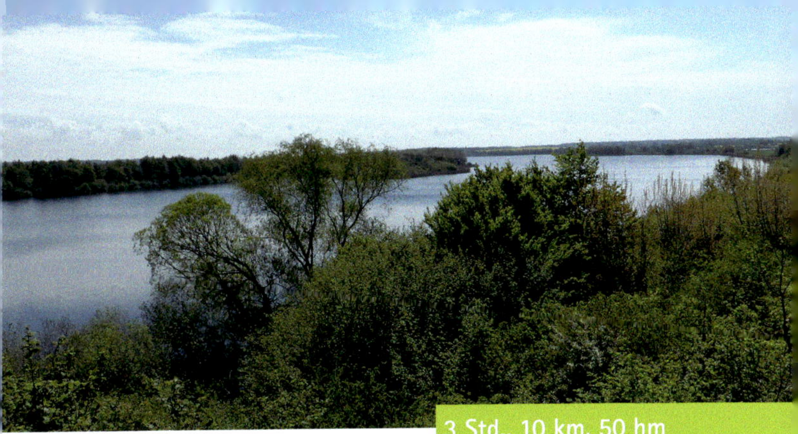

3 Std., 10 km, 50 hm

5. Um den Mechower See

Einmal in den „Westen" und zurück

„Nirgendwo sonst in der Welt gibt es eine Grenze, die so verschiedene Welten voneinander trennt, nirgendwo sonst spielt es eine so entscheidende Rolle, ob man 100 Meter weiter rechts oder links geboren wird." Marion Gräfin Dönhoff (1909-2002) – Inschrift auf einer Stele des Projektes „Grenzwege Schlagsdorf". Wer ganz im Westen Mecklenburgs wandert, kommt am Thema „ehemalige innerdeutsche Grenze" nicht vorbei. Zu lange hat die deutsche Teilung das Leben der Menschen auf beiden Seiten geprägt. Informationsstelen des Projektes „Grenzwege Schlagsdorf" begleiten einen Großteil des vorgeschlagenen Rund-

Ausgangspunkt:
Parkplatz gegenüber dem Museum "Grenzhus" in Schlagsdorf
Gehzeiten: 3 Std., 10 km, 50 hm
Anforderungen:
einfache Wanderung, je ca. zur Hälfte befestigte und unbefestigte Wegstrecken

Einkehr:
Ⓐ Café Grenzstein im Grenzhus Schlagsdorf, Neubauernweg 1, 19217 Schlagsdorf, Tel.: 038875 20736
Hinweis:
Wer die Außenstelle des Museums mit den originalen Grenzbefestigungsanlagen einschließlich Grenzwachturm kurz vor Ende der Rundtour besichtigen möchte, kauft sich vor Beginn der Wanderung eine Eintrittskarte im Grenzhus.

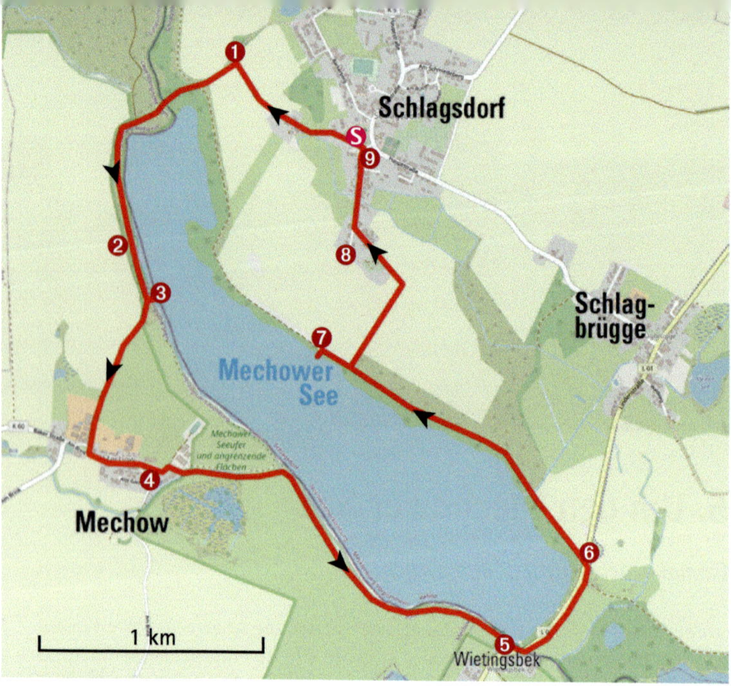

weges um den Mechower See und erinnern unter anderem an Einzelschicksale, Fluchtversuche und die bauliche Entwicklung der Grenzbefestigungen. Aber auch ganz neue "Flüchtlinge" bekommt der aufmerksame Wanderer hier mit etwas Glück zu sehen: Als in den 1990er Jahren auf schleswig-holsteinischer Seite mehrere Nandus aus einem Gehege ausbrachen, war kaum absehbar, wie gut sich unter den hiesigen klimatischen Bedingungen eine ganze Population der südamerikanischen Laufvögel entwickeln würde. Mittlerweile leben auf mecklenburgischem Gebiet mehrere hundert Tiere, deren Ausbreitung unter Landwirten und Naturschützern nicht unumstritten ist.

S Vom Parkplatz mit Blick auf das Museum „Grenzhus" nach links wenden und dem Wegweiser in nordwestliche Richtung aus dem Dorf heraus folgen. Kurz hinter den letzten Häusern erinnert die erste Stele des Grenzwegeprojektes an die ehemalige innerdeutsche Grenze. Der Spurbahnweg führt über Wiesen und Felder hinauf zu einer Anhöhe, auf der früher nach Informationen einer zweiten Stele ein Grenzturm gestanden hat **1**. Der Weg biegt hier nach links. An der Kreuzung nahe der dritten Stele auf unbefestigtem Weg geradeaus und am nächsten Abzweig (Schild Mechow 2,7) ebenfalls geradeaus. Auf der linken Seite ist bereits der Mechower See zu erkennen. An der nächsten Stele vom Weg an den rechten Feldrand wechseln und an einer Hecke in wenigen Schritten zu einem Vogelbeobachtungsturm ❷, von dem sich ein traumhafter Blick über den Mechower See und die umliegende Landschaft bietet.

Auf einer kleinen Insel tummeln sich zu jeder Jahreszeit verschiedene Wasservögel und auf den umliegenden Wiesen und Feldern konnten wir bei unseren Wanderungen mehrfach Kraniche und Nandus, die hier tatsächlich in freier Wildbahn leben, beobachten. Vom Turm aus auf einem Pfad durch die Hecke auf den Rundweg zurückkehren. Die schmale Teerstraße des Rad- und Wanderweges führt oberhalb des Sees an einer Reihe geköpfter Schwarzpappeln entlang. An einer Linkskurve gibt es einen direkten Zugang zum See mit einer Bank und schönem Blick ❸.

Die Straße entfernt sich dann vom See und führt in das kleine Dorf Mechow. Am Bauernhof mit dem Hofladen entlang gehen und links in die mit Ahornbäumen und alten Backsteinkaten gesäumte Dorfstraße einbiegen. An der nächsten Kreuzung ❹, hier steht ein Wegweiser auf einem Findling, geradeaus Richtung Wietingsbek.

Über den Hof des Gutes Mechow und links am Gutshaus entlang, über eine Brücke und auf dem Feldweg zwischen einer Kopfweidenreihe und einem Flachwassersee bis zum Mechower See. Am Seeufer zwischen Wiesen und dem Ufergehölz nach Wietingsbek. Hier am reetgedeckten ehemaligen Fischerkaten ❺ vorbei, die Landesstraße queren und nach links auf dem Geh- und Radweg weiter.

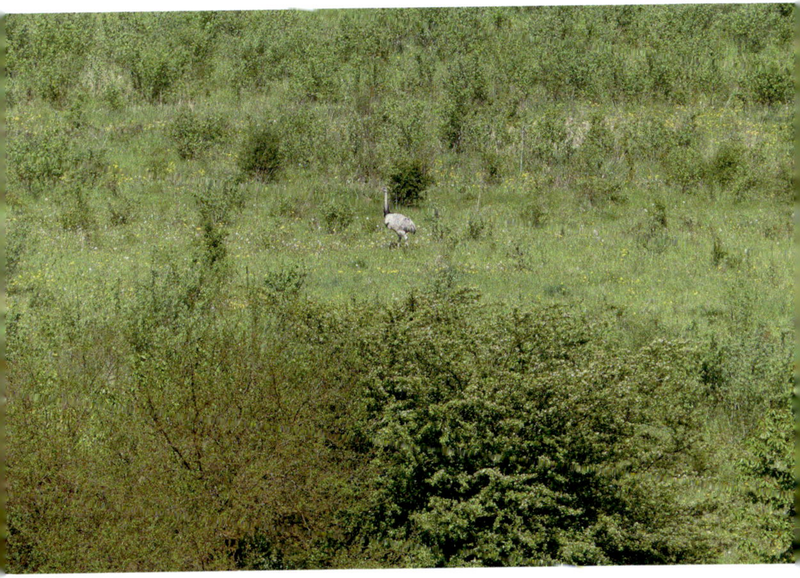

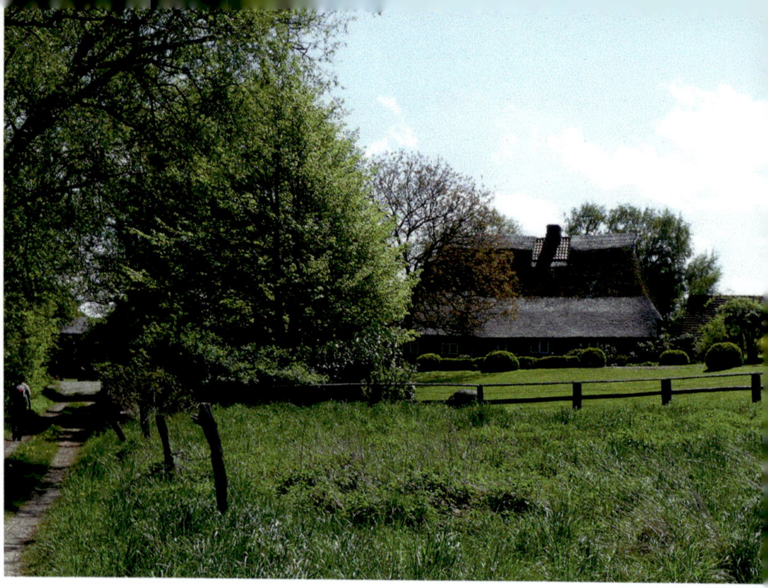

Wie vor hundert Jahren: Fischerkaten in Wietingsbek

Auch so geht es: Glückliche Rinder auf dem Gut Mechow

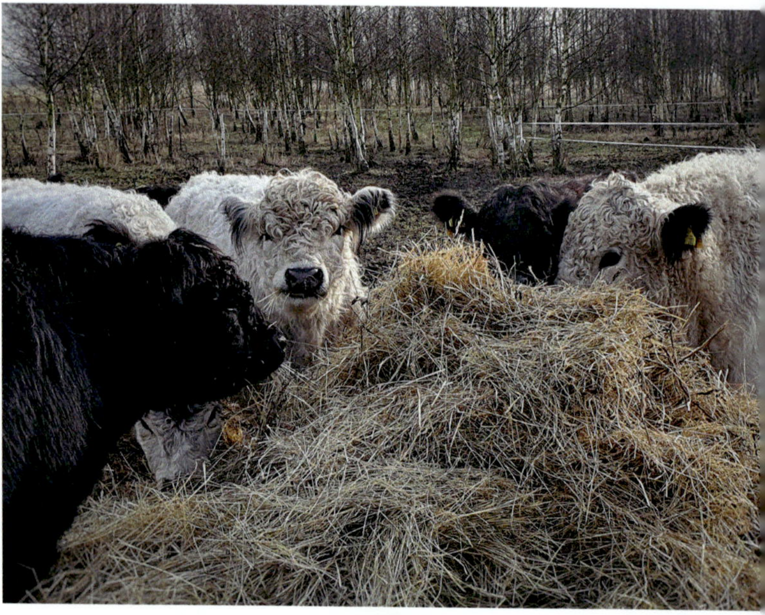

Nach 750 m den Radweg verlassen und über den Parkplatz ❻ auf der linken Straßenseite in den Wanderweg einbiegen. Der Weg führt durch einen Uferwald aus Erlen, Weiden und Birken. Hier finden sich wieder Stelen mit Informationen zur ehemaligen Grenze. Nach ca. 2,5 km zweigt an einer Stele und einer Naturschutzeule rechts ein Pfad ab. Geradeaus führt der Weg zu einer Liegewiese mit Badestelle und Schwimmsteg, ideal für eine kleine Pause ❼.

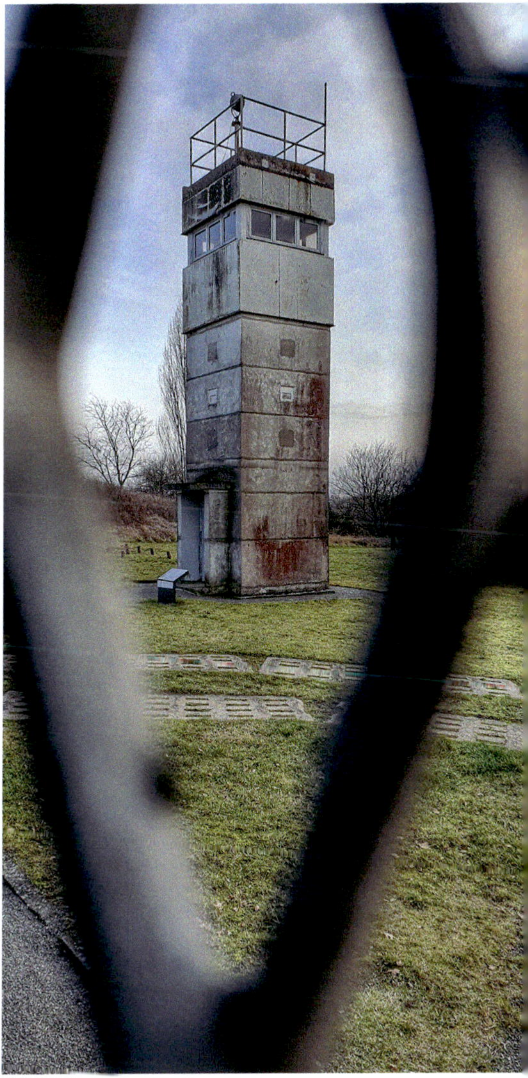

Der beschriebene Pfad geht etwas oberhalb in einen Feldweg über, der an Kirschbäumen entlangführt, dann scharf links abknickt und direkt zur Außenstelle des Grenzmuseums mit den Befestigungsanlagen ❽ führt. An der Museumsanlage vorbei und durch die Eigenheimsiedlung gehen, an der nächsten Gabelung rechts direkt auf die Kirche zuhalten. Wenige Minuten später ist der Parkplatz am Grenzhus erreicht. Sehr empfehlenswert ist ein Besuch des Museums mit Ausstellungen zur Geschichte der innerdeutschen Grenze und die Folgen für die Landschaft und ihre Bewohner ❾.

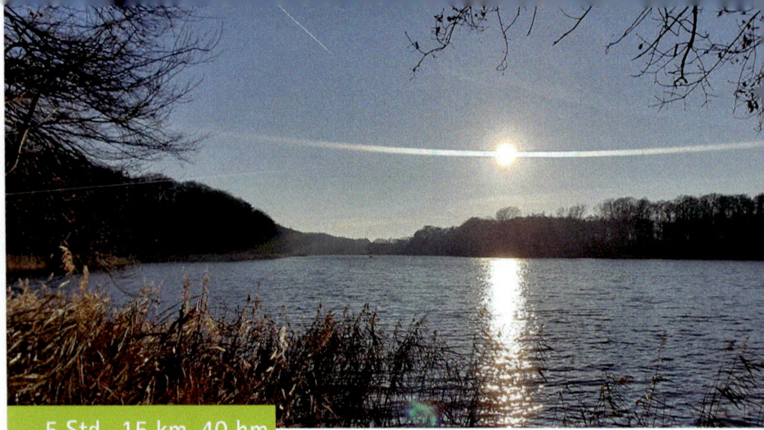

5 Std., 15 km, 40 hm

6. Vom Schaalsee zum Neuenkirchener See

Durch Naturschutzgebiete im Biosphärenreservat

Das 310 km² große Schutzgebiet des UNESCO-Biosphärenreservats Schaalsee übt auf viele Besucher einen besonderen Reiz aus. Der 24 km² große Schaalsee ist Mittelpunkt des Reservats und gibt ihm seinen Namen. Von 1952 bis 1990 lagen weite Teile der Schaalseelandschaft im Sperrgebiet der innerdeutschen Grenze, denn diese führte durch die Mitte des Sees. Das damit verbundene Betretungsverbot prägte das Gebiet, und die Natur bildete sich in einer Formenvielfalt aus, die anderswo ihresgleichen sucht. Der erste Teil der Tour führt direkt am Schaalsee entlang. Dann wechselt der Weg hinüber zum parallel liegenden, kleineren Neuenkirchener See. Schöne Dörfer mit einer liebevoll restaurierten Bausubstanz bieten reizvolle Fotomotive.

Ⓢ Startpunkt der Tour ist die hübsche kleine Kirche in Lassahn, deren älteste Teile bereits aus der Mitte des 13. Jahrhunderts stammen sollen. Um 1740 wurde der Bau mit dem Westteil des Schiffes und dem Glockenturm abgeschlossen. Bereits an der Kirche bietet sich ein erster Blick auf den unter uns liegenden

Ausgangspunkt:
Parkplatz an der Kirche in Lassahn
Gehzeiten: 5 Std., 15 km, 40 hm
Anforderungen:
leichte, aber relativ lange Rundtour auf unbefestigten Wegen und wenig Asphalt
Einkehr:
Ⓐ Gasthaus Zum See, 19246 Neuenkirchen, Tel.: 038853 21423

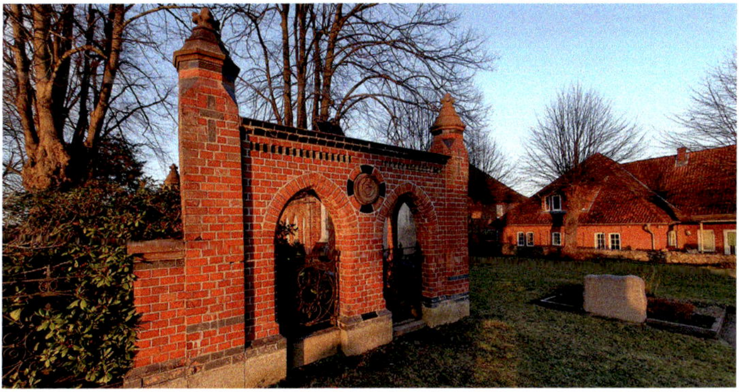

Familiengrab der Grafen von Bernstorff in Lassahn

Schaalsee. Es geht sofort recht steil hinab an das Ostufer des Sees. Ein Hinweisschild empfiehlt einen kurzen Abstecher zu einer Badestelle ❶, der wegen des wunderschönen Ausblicks auch bei kühlem Wetter lohnenswert ist. Wer möchte, kann noch kurz auf den Moorberg steigen, dessen normalerweise schöne Aussicht auf den Schaalsee bei unserem letzten Besuch etwas zugewachsen war.

Der eigentliche Rundweg führt zunächst parallel zum Seeufer südwärts durch einen Erlengrund. Die Betonspurplatten des ehemaligen Kolonnenweges erinnern daran, dass hier die Grenze zwischen der DDR und der BRD durch den Schaalsee verlief. Heute ist hier die Landesgrenze zwischen Mecklenburg-Vorpommern und Schleswig-Holstein. Nach 10 min kreuzt eine von großen Buchen gesäumte Allee unseren Weg. Ein Abstecher nach rechts von 1 km auf altem Kopfsteinpflaster

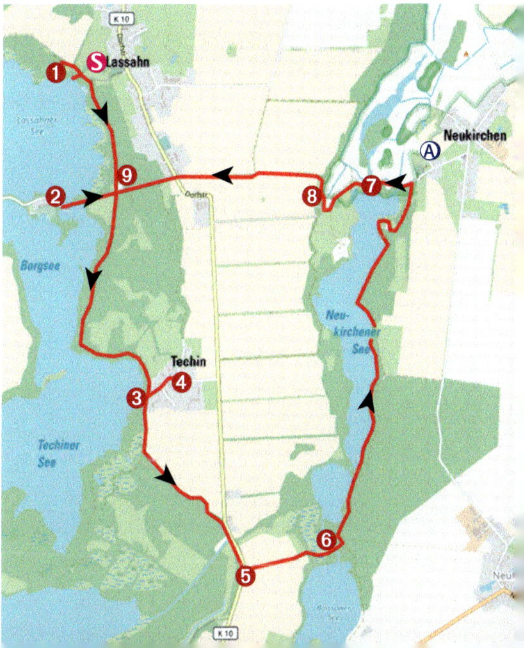

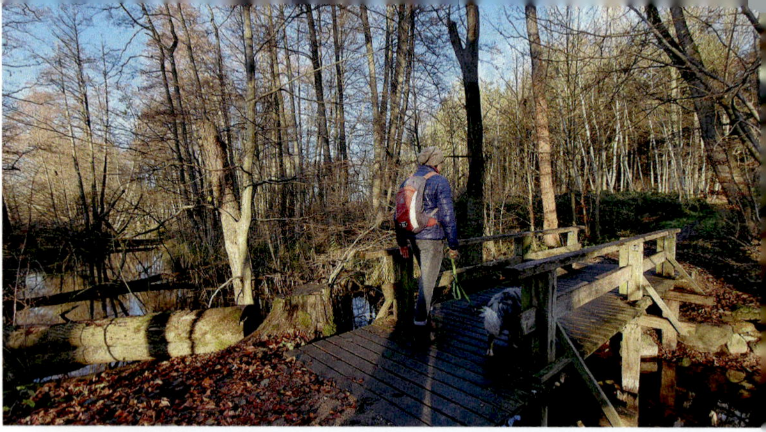

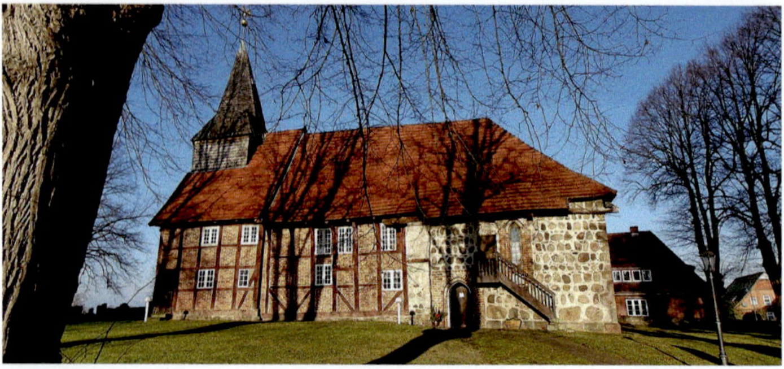

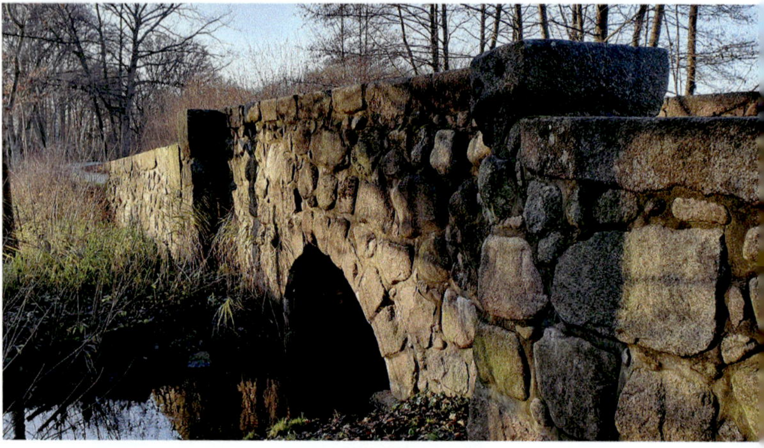

Imposante Bauwerke: Gebaut für Wanderer, Gottesfürchtige und Pferdekutschen

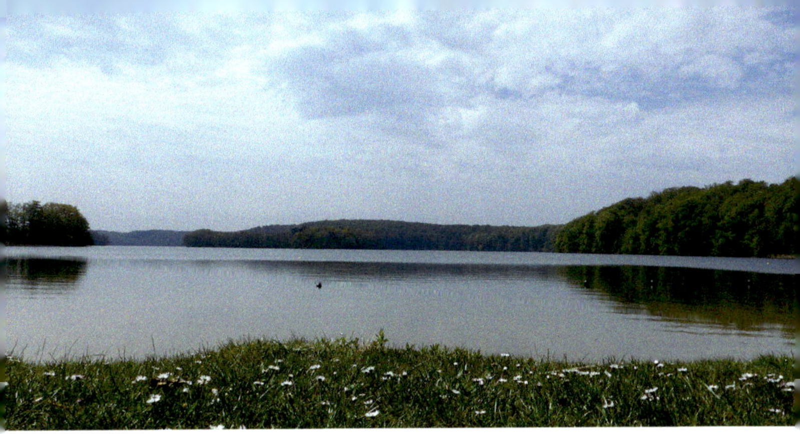

bringt uns zur Stintenburg-Insel mitten im Schaalsee mit dem darauf befindlichen Brückenhaus ❷. Der Hauptweg führt jedoch am Abzweig auf schmalem Weg geradeaus durch den Uferwald und erreicht nach 2 km eine Badestelle ❸ unterhalb des malerischen Bauerndorfs Techin, von dem das hiesige Naturschutzgebiet seinen Namen hat. Der Weg trifft 250 m hinter der Badestelle auf die Dorfstraße. Das idyllische Dorf mit den liebevoll sanierten reetgedeckten Häusern sollte über einen kleinen Abstecher nach links unbedingt besichtigt werden ❹. Zurück an der Kreuzung geht es nun geradewegs aus dem Dorf heraus, an Weiden mit vermoorten Senken entlang und nach weiteren 1,5 km wird eine Straße gekreuzt. Es geht kurzzeitig auf dem Rad- und Gehweg parallel zu Chaussee weiter.

An einem zum Naturschutzgebiet Boissower See weisenden Schild biegen wir

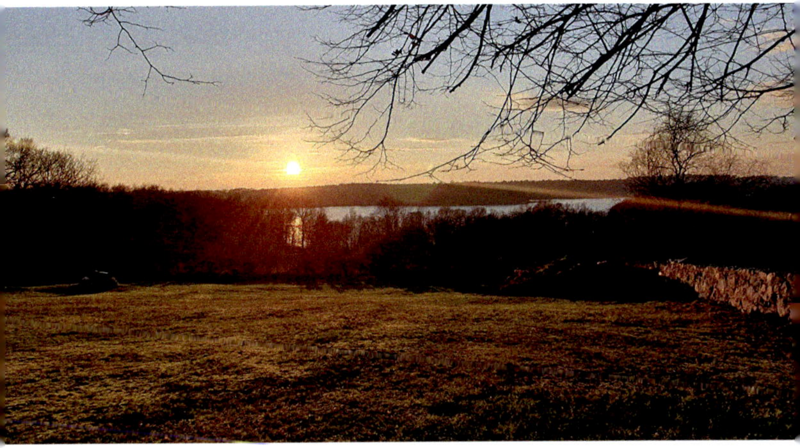

Immer ein Fotomotiv: Sonnenuntergang über dem Schaalsee

in den von großen aufrecht stehenden Steinen gesäumten Weg ein ❺, der bald darauf als Hohlweg hinab zu einer kleinen Holzbrücke über einen Wasserlauf führt ❻, welcher den Boissower mit dem Neuenkirchener See verbindet. An einer Gabelung links halten, am Rand eines kleinen Sees entlang. Bald ist die Südspitze des langgestreckten Neuenkirchener Sees erreicht. An dessen Ostufer führt der sogenannte Elfenpfad zum Parkplatz am Ortseingang von Neuenkirchen. Der Ort punktet mit dem empfehlenswerten „Gasthaus zum See" Ⓐ, einer 800-jährigen Kirche ohne Glockenturm und einer Elfengalerie.
Wer keinen Abstecher in den Ort unternimmt, biegt hinter dem Parkplatz nach links auf die Straße in Richtung Lassahn ab. Nach 300 m geht es über eine vorbildlich sanierte mittelalterliche Brücke aus Feldsteinen ❼ und 500 m weiter auf der schmalen Straße.
In einem kleinen Wäldchen zweigt vor einer scharfen Linkskurve ein Feldweg nach rechts ab ❽. Diesem für 200 m folgen, dann geht es nach links und etwas abenteuerlich auf einem schmalen Pfad durch dichte Hecken. Nach weiteren 500 m mündet von rechts ein Feldweg ein, nun geht es auf breiterem Weg direkt nach Lassahn. Hier über die Straße und direkt gegenüber in die schmale Zufahrt hinab zum Parkplatz. Wir sind nun an der Kreuzung angekommen, an der es geradeaus Richtung Stintenburg geht. Am Parkplatz ❾ rechts halten, auf dem Plattenweg Richtung Norden gehen und wieder zur Kirche von Lassahn aufsteigen.

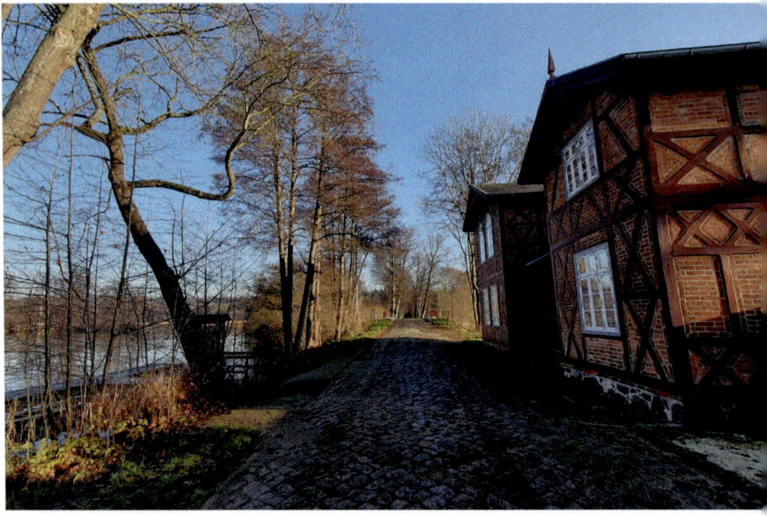

Schmuckstück am Straßenrand: Brückenhaus auf der Stintenburg-Insel

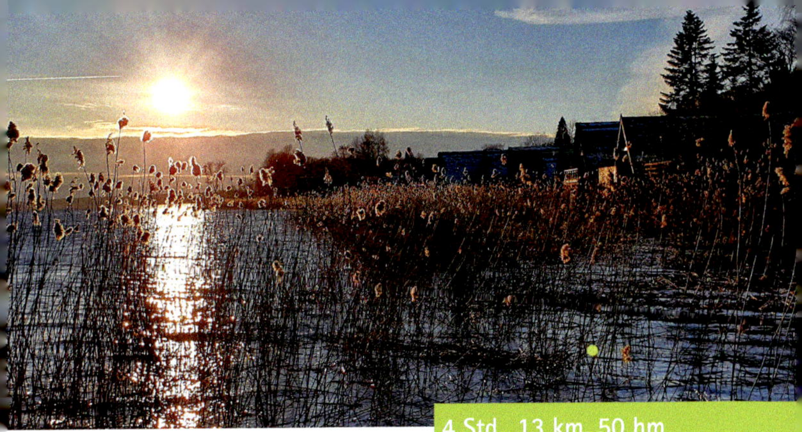

4 Std., 13 km, 50 hm

7. Um die Döpe zur Burg Dobin

Alles drin für Seen-Liebhaber: Vom idyllischen Waldsee über die flache Döpe bis hin zum großen Schweriner Außensee

Südlich von Hohen Viecheln und Ventschow befindet sich unmittelbar am nördlichen Zipfel des Schweriner Außensees das Naturschutzgebiet Döpe mit dem gleichnamigen See. Die hier vorgeschlagene Rundtour verläuft zu Beginn auf einer wenig befahrenen Landstraße, dann jedoch über Wiesen und Felder, durch kleine Dörfer und schöne Wälder und anschließend direkt zwischen Döpe und Schweriner See durch unberührte Natur und an der ehemaligen Burg Dobin vorbei.

S An der Kirche im Ortszentrum von Hohen Viecheln folgt man der Hauptstraße zunächst 100 m ostwärts und dann der Ventschower Chaussee (Wegweiser "Naturschutzgebiet Döpe"). Nach wenigen Metern zeigt ein Wegweiser rechts zum Naturschutzgebiet, hier werden wir am Ende unserer Tour zurückkommen.

Ausgangspunkt:
Parkplatz: Kirche in Hohen Viecheln
Gehzeiten: 4 Std., 13 km, 50 hm
Anforderungen:
Zunächst ca. 1,3 km an einer Landstraße, anschließend bis auf zwei kurze Ortspassagen unbefestigte Wald- und Wiesenwege.

Einkehr:
Ⓐ Schnell's Gaststube, Fritz-Reuter-Str. 13, 23996 Hohen Viecheln;
Ⓑ Fischerhof Prignitz, Fischerweg 4a, Hohen Viecheln (direkt am Schweriner See)

Auf der wenig befahrenen Landstraße bleiben, dann am Pfarrhof hinter dem letzten Haus rechts in einen Feldweg abbiegen (Wegweiser „Döpe, Ventschow") ❶. Vorbei an alten Kopfweiden und durch einen Tunnel unter der Bahnstrecke führt der Weg an den Rand des Naturschutzgebiets Döpe, passiert ein Wäldchen und führt, teils als Hohlweg, über Felder zu einer Anhöhe, von welcher sich ein schöner Rundblick bietet. Nach ca. 2 km ab Pfarrhof erreicht man den etwas versteckten Wittensee.

Ein Wegweiser „Ventschow 0,3 km" führt zu einer Straße ❷. Hier rechts halten und auf dem Geh- und Radweg durch Alt Ventschow, an einem Rastplatz mit einer Wanderkarte vorbei ❸. An einer scharfen Linkskurve der Straße rechts in die Waldsiedlung einbiegen. Ca. 5 min ab Ende der Siedlung links in den Wald hinein gehen (Radwegzeichen). An einer Kreuzung mit einer Linde halb rechts halten. Nach ca. 250 m zweigt rechts ein schmaler Pfad ab. Hier lohnt sich ein Abstecher zu dem kleinen, in einer Senke versteckten Braukwindensee ❹.

Nach der Hälfte der Tour bietet sich eine Rast an diesem idyllischen Waldsee an. Wieder zurück auf dem Hauptweg stößt dieser nach ca. 100 m auf einen breiten sandigen Forstweg, hier dem Wegweiser (Alt Schlagsdorf/Flessenow) nach rechts folgen. An einer Gabelung vor einem Kiefernwäldchen rechts, im Bogen um einen kleinen Waldsee („Wallersee" ❺) und 150 m weiter an einer Kreuzung

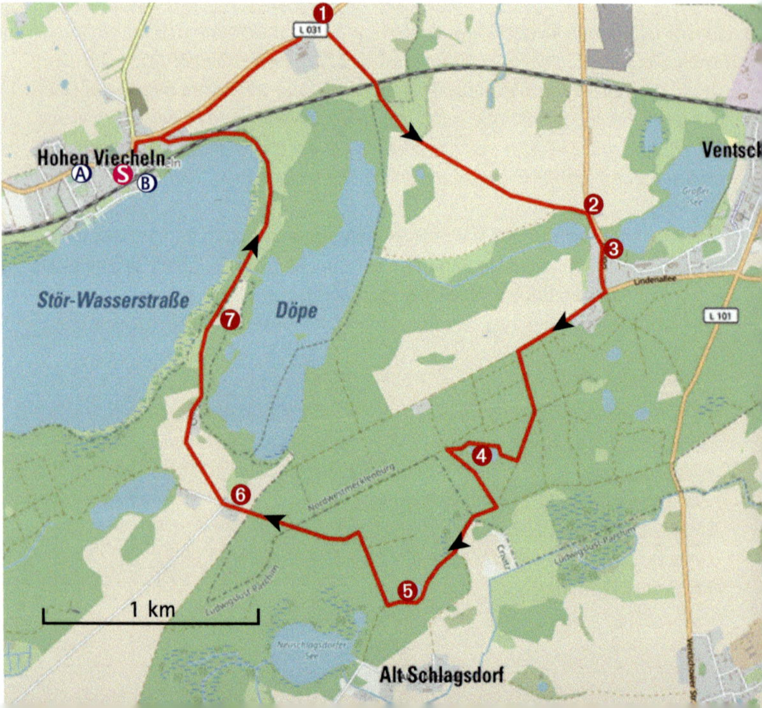

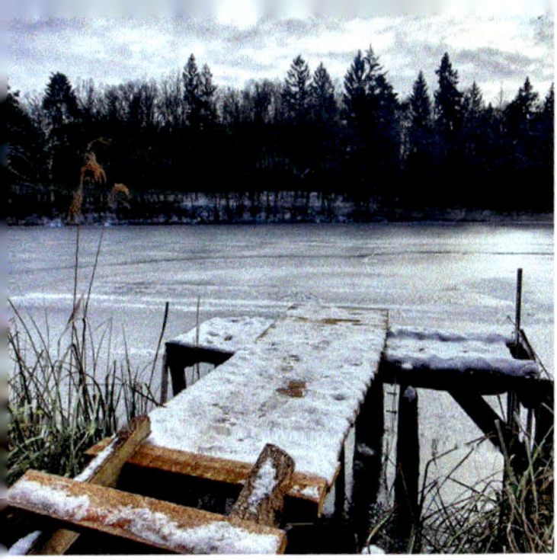

Winteridylle am Braukwindensee

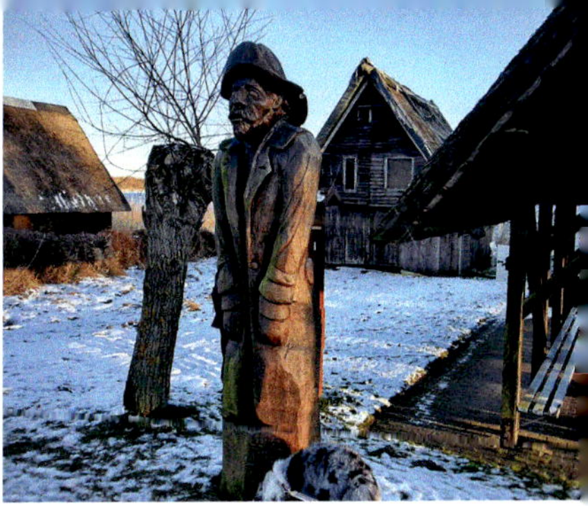

In Hohen Viecheln

rechts (Wegweiser NSG Döpe/Hohen Viecheln 4,5) halten. Der Weg führt zu der kleinen Siedlung „Zur Hühnerfarm" ❻. Im Ort an einer Gabelung dem Wegweiser nach rechts (Döpe/Hohen Viecheln 3,1) folgen. Vom Feldweg aus sind links der Lange See und rechts die Döpe zu sehen. Bei allen Touren konnten wir hier Seeadler beobachten.

Der Weg führt hinter einer kleinen Ferienhaussiedlung direkt in das NSG Döpe hinein und auf einem schmalen Landstreifen zwischen dem Schweriner See und der Döpe hindurch. Ein großer Findling, der Sagenstein „vom königlichen Schimmelreiter Niklot", markiert den Standort der ehemaligen slawischen Fluchtburg Dobin aus dem 12. Jh.❼

Anhand der künstlichen Erhebungen sind nur noch die Reste der Westseite des Walls und die ungefähre Größe der ehemaligen Burg des Obotritenfürsten Niklot (der auch als Statue den Turm des Schweriner Schlosses ziert) zu erkennen.

Die Burg gehörte zu den wichtigsten slawischen Befestigungen in Norddeutschland und soll von erheblicher Bedeutung für die Gründungsgeschichte Mecklenburgs gewesen sein, da ihre Belagerung durch die Truppen Heinrichs des Löwen Mitte des 12. Jhd. mit der Massentaufe von rund 1000 heidnischen Slawen in der nahen Döpe endete, so die Überlieferung. Fürst Niklot soll die Burg nach nur 13 Jahren niedergebrannt haben, damit die deutschen Kreuzfahrer sie nicht gegen die Slawen verwenden konnten. Anschauungstafeln liefern Informationen zur spannenden Geschichte dieser historischen Stätte.

Der Wanderweg führt in einem Bogen um das nordöstliche Ufer des Schweriner Sees und quert 50 m hinter dem Ortseingangsschild von Hohen Viecheln den Bahndamm. Zuvor bietet sich ein traumhafter Ausblick über den nördlichen Schweriner See. Der Weg steigt nun parallel zu den Bahnschienen an und trifft bald darauf auf die Chaussee. Dieser nach links und an der Straßenkreuzung wiederum links in den Ort bis zum Ausgangspunkt an der Kirche folgen.

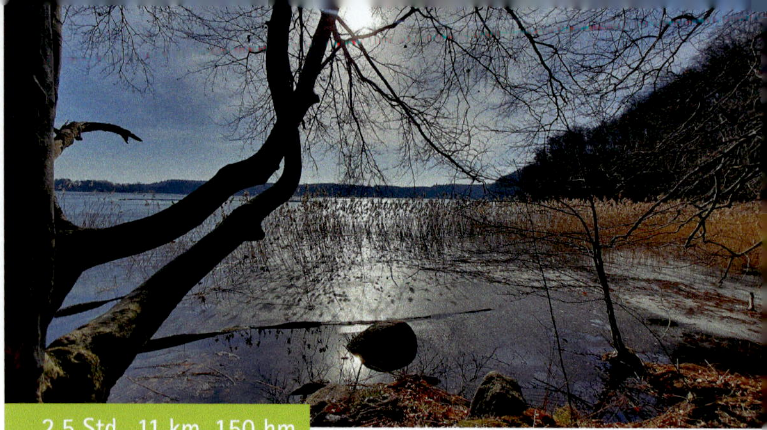

2,5 Std., 11 km, 150 hm

8. Um den Pinnower See

Traumrunde vor den Toren der Landeshauptstadt um den kleinen Bruder des Schweriner Sees

Ein gut durchdachter Naturlehrpfad führt nahezu um den gesamten Pinnower See. So wird dem Wanderer auch bewusst, dass er sich an der Westseite des Sees auf der Wasserscheide zwischen Nord- und Ostsee bewegt. Für Naturliebhaber ist die schöne Runde ohnehin ein unbedingtes Muss. Bänke und Rastplätze mit Traumblicken über den See laden immer wieder zu kleinen Pausen ein. Und wer diesen Verlockungen des Öfteren unterliegt, benötigt für die Runde schon mal gut und gerne das Doppelte der veranschlagten Gehdauer. Das Finale durch Pinnow lässt noch einmal staunen: Zunächst durch eine Wochenendhaus- und Wohnsiedlung in Luxuslage und am Ende führt der Weg durch das historische Dorf mit den wunderbar restaurierten Höfen und Häusern.

Ausgangspunkt:
Parkmöglichkeiten an der Kirche in 19065 Pinnow
Gehzeiten: 2,5 Std., 11 km, 150 hm
Anforderungen:
2/3 der Strecke unbefestigte Wanderwege, von Pinnow bis Godern und zum Ende der Tour in Pinnow schmale Teerstraße
Einkehr:
Ⓐ „Inselblick Godern", Kiosk mit Bootsverleih an der Badestelle in Godern, geöffnet von April bis Oktober

S Start- und Endpunkt der Tour ist die Kirche im historischen Dorfkern von Pinnow. Von hier führt eine kleine Straße in nördliche Richtung aus dem Ort heraus, zwischen dem Binnensee und dem Pinnower See entlang, über eine schmale Holzbrücke und anschließend über wellige Wiesen nach Godern.
Am Ortseingang von Godern steht auf der rechten Seite ein Sagenstein. Im Ort biegen wir am Gedenkstein und der großen Glocke ❶ nach links in die alte Dorfstraße und bald darauf nach rechts. Der Betonweg geht in einen Sandweg über, der nach wenigen Schritten zur Badestelle und zum Bootsverleih führt ❷.

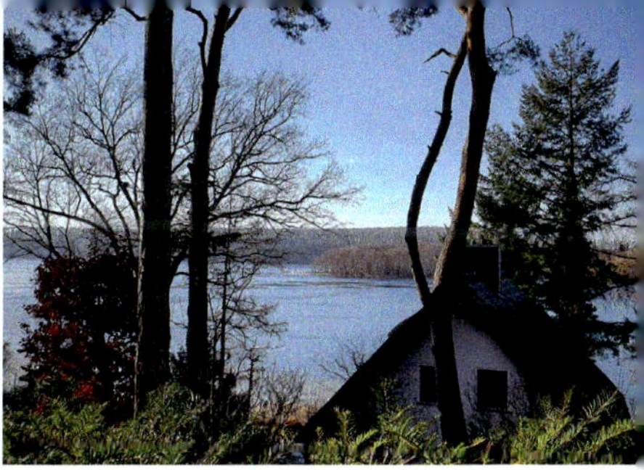

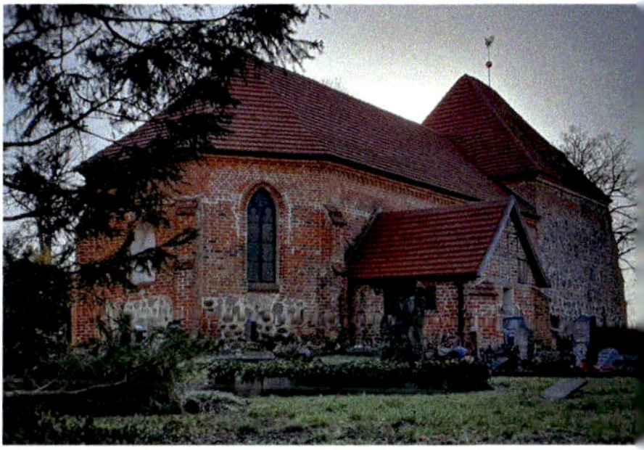

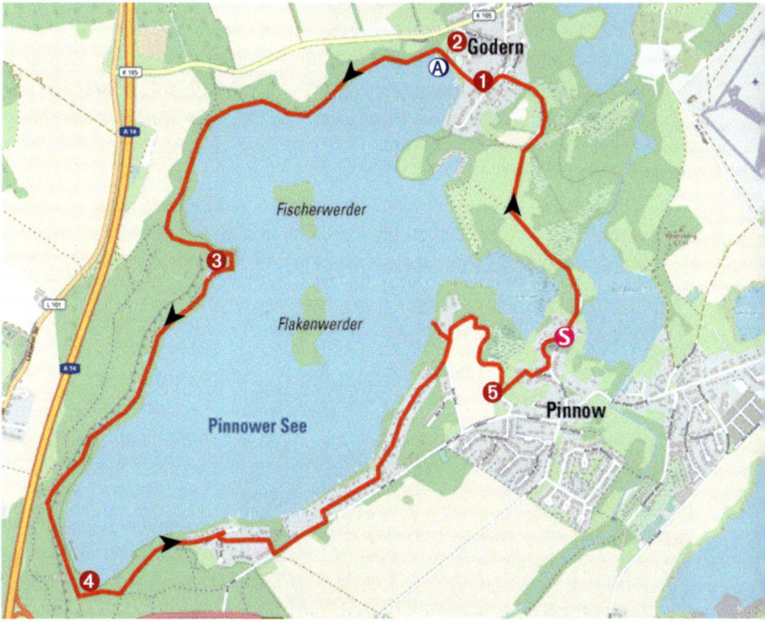

Am kleinen Kiosk „Inselblick Godern" Ⓐ mit netter Bedienung ist vor allem im Sommer eine Rast bei Kaffee und Kuchen inklusive klasse Seeblick zu empfehlen. Zwischen Kiosk und See beginnt der Wanderpfad am Westufer durch einen imposanten Buchenwald. Immer wieder eröffnen sich schöne Aussichten über den See und auf seine beiden Inseln Fischerwerder und Flakenwerder. Der schmale Weg verläuft stets in Ufernähe, Abzweigungen in andere Richtungen werden ignoriert.

Nach ca. 1 Std. Gehzeit ist oberhalb einer kleinen Halbinsel an deren Spitze durch die Bäume der „steinerne Tisch" zu erkennen. Ein Abstecher führt auf schmalem Pfad abwärts zu diesem verwunschenen Ort ❸. Der Sage nach soll der Teufel nach einem Kartenspiel mit dem Großherzog, das letzterer mithilfe seines guten Geistes, dem Petermännchen, gewann, vor Wut so auf den Tisch geschlagen haben, dass dieser zu Stein erstarrte. Heute befindet sich hier neben dem Tisch unter einer knorrigen Buche auch ein Unterstand an einem kleinen Bach. Hier entweder den direkten Weg aufwärts zum Hauptweg oder auf einem schmalen Pfad in Ufernähe in wenigen Schritten über einen Rücken zu einem weiteren Rastplatz direkt am Seeufer und wieder hinauf auf den Hauptweg nehmen. Sumpfige Abschnitte wurden mit Holzplanken überbrückt. Der Pfad steigt dann etwas an, trifft auf einen breiteren Forstweg, von dem wir aber nach ca. 40 m wieder links abzweigen ❹.

Vor einem Nadelwald führt links eine schön angelegte Steintreppe zu einer Bank am Seeufer. Wir bleiben auf dem Hauptweg und steigen zum moorigen Südzipfel des Sees hinab. Nach dem Wiederaufstieg dem Wegweiser „Pinnow 1,8 km" folgen. In Pinnow wird die pittoreske Wohn- und Wochenendsiedlung durchquert. Die kleine Straße führt an einem Feld entlang. In den Sandweg (Schild „Am See") einbiegen. Der Weg erweitert sich zu einem kleinen Parkplatz und trifft auf eine Querstraße. Nach links geht es zu einer schönen Badestelle mit Liegewiese. Der Straße nach rechts folgen und an der nächsten Kreuzung links auf dem Radweg parallel zur Straße gehen ❺. Am Ende der Wiese vor dem ersten Haus führt ein schmaler Weg an alten Bauerngehöften zum Dorfplatz von Pinnow. Hier links zur Kirche und somit zum Ausgangspunkt der Tour.

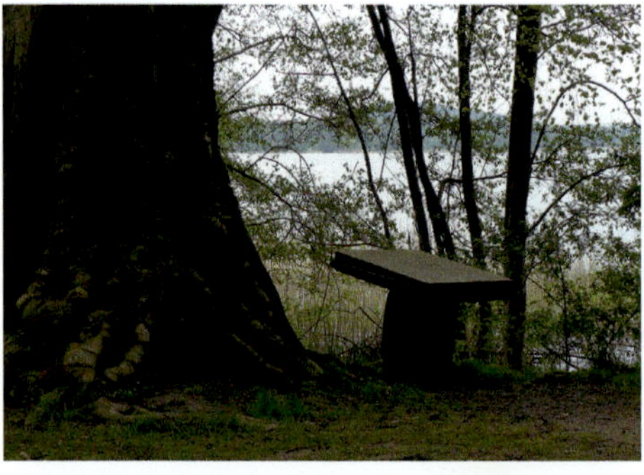

Sagenhafter Steintisch: Hier soll der Teufel ein Kartenspiel mit dem Großherzog verloren haben.

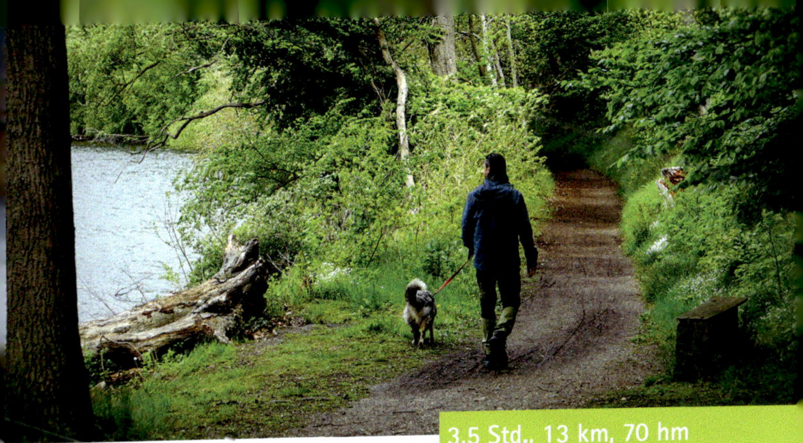

3,5 Std., 13 km, 70 hm

9. Zwischen Schweriner und Pinnower See

Weit- und Tiefblicke auf der Wasserscheide zwischen Nord- und Ostsee

Diese Rundtour punktet mit einem besonderen baulichen Ensemble am Ausgangspunkt und mit schönen Ausblicken vom Ostufer des Schweriner Binnensees bis zur historischen Silhouette der Landeshauptstadt. Ein beeindruckender, weil offensichtlich sich selbst überlassener steiler Uferwald im Naturschutzgebiet und der nicht weniger spannende Rückweg am Westufer des Pinnower Sees mit einem sagenumwobenen steinernen Tisch (siehe auch Tour 8) bringen zusätzlich Abwechslung in die Wanderung. Noch dazu erfahren wir, dass der Wasserspiegel des Pinnower Sees rund 10 Meter tiefer liegt als der des Schweriner Sees, was der Wasserscheide zwischen Nord- und Ostsee geschuldet ist, auf der wir heute wandern.

Ausgangspunkt:
Raben Steinfeld, einige Parkplätze östlich des Kreisverkehrs im Ortszentrum
Gehzeiten: *3,5 Std., 13 km, 70 hm*
Anforderungen:
Rundwanderung auf überwiegend unbefestigten Wanderwegen, lediglich auf der Querverbindung von Görslow zum Waldgebiet ‚Hohes Holz' führt der Weg gut 2 km an einer schmalen, wenig befahrenen Straße entlang
Einkehr:
Ⓐ *Hotel Rabenstein, Residence Park 7, 19065 Raben Steinfeld (regionale Küche)*

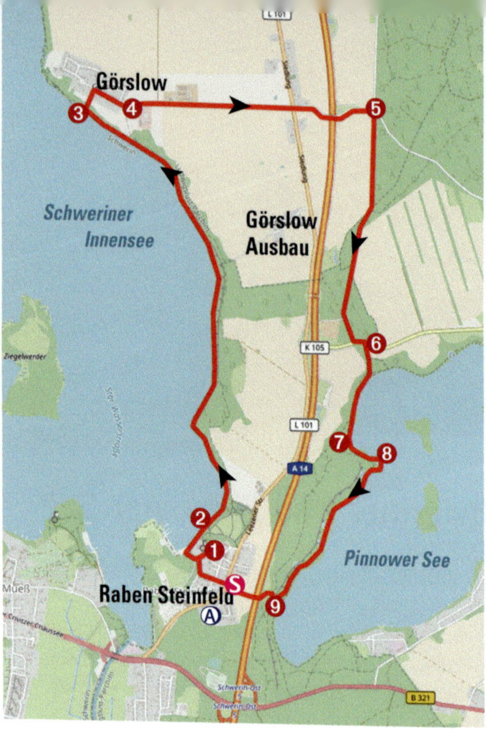

Auf der L 101 aus Richtung Süden von der B 321 kommend finden sich östlich eines Kreisverkehrs in Raben Steinfeld an einer kleinen Ausfallstraße einige markierte Parkplätze Ⓢ. Hier startet unsere Rundwanderung

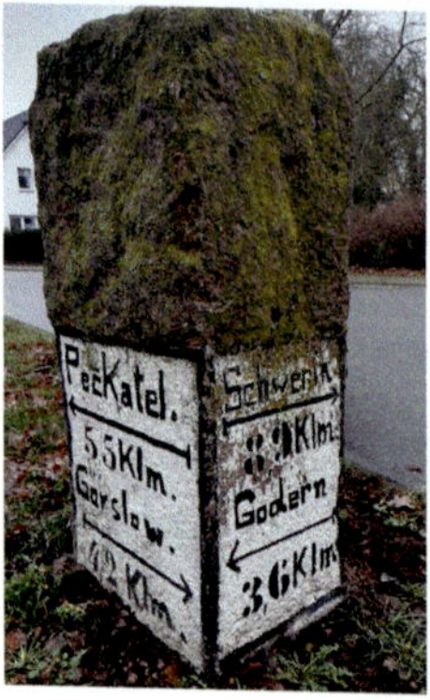

an einem alten steinernen Wegweiser. Wir gehen um den Kreisverkehr mit seinen beeindruckenden Findlingen und den darauf installierten Namensgebern des Ortes herum und biegen auf der gegenüber liegenden Seite in die Querstraße ein. Hier immer geradeaus, bis wir nach 250 m auf eine kleine Asphaltstraße stoßen. Wir folgen dieser nach rechts und treffen kurz darauf auf das der französischen Renaissance nachempfundene Schloss, in dem sich von 1946 bis 1995 die Landesforstschule befand, das heute aber leer steht ❶. Schräg gegenüber findet sich eine hübsche Plastik, die einen Kutscher darstellt, wie uns ein Schild erklärt.

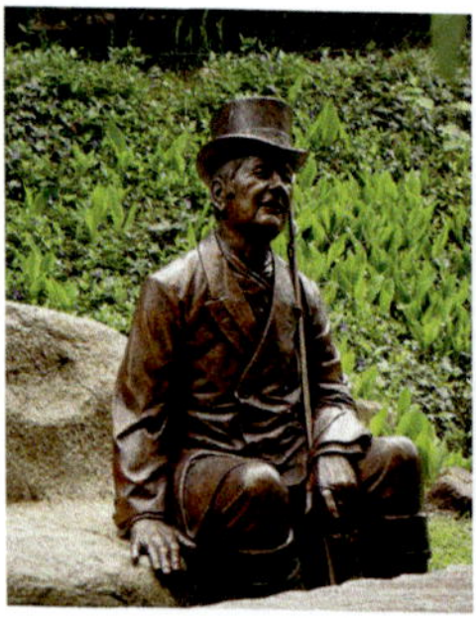

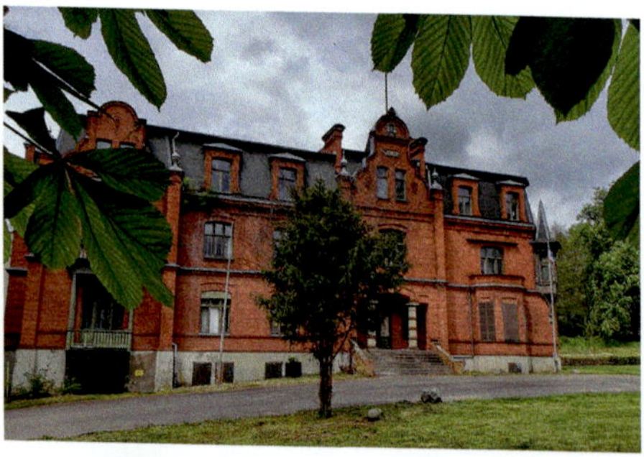

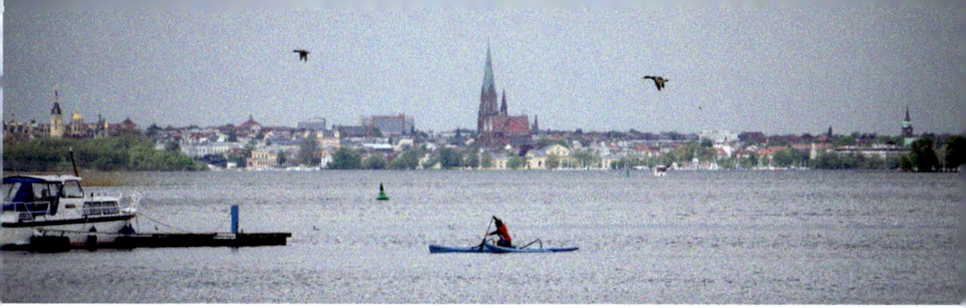

Wir gehen nun allerdings ein paar Schritte zurück, denn unser Weg führt links des Schlosses zum Ostufer des Schweriner Binnensees hinab. Wir folgen nun dem Wegweiser nach Norden (Görslow 3,8 km). Eine Tafel informiert über das Naturschutzgebiet „Görslower Ufer", durch welches wir im Laufe der nächsten Stunde wandern. Nach kurzer Zeit treffen wir auf eine Aussichtsplattform mit Bänken ❷. Der Blick geht über den Schweriner Binnensee zur Insel Ziegelwerder und die sich im Hintergrund abzeichnende Silhouette der Schweriner Altstadt. Der Weg bleibt stets in Ufernähe. Der Wald wird in diesem Naturschutzgebiet weitestgehend sich selbst überlassen, und so treffen wir immer wieder auf uralte Baumriesen oder deren morbide Überreste. Efeu und Farne sorgen selbst in der vegetationsarmen Jahreszeit für Farbe. Bäume neigen sich am Ufer über den Wasserspiegel. Zwischendurch öffnet sich immer wieder der Blick über den Schweriner See.

Langsam schiebt sich auch die zweite Insel Kaninchenwerder, die sich hinter der Insel Ziegelwerder befindet, in unser Blickfeld. Nach ca. 40 Minuten am Ufer gabelt sich der Weg. Auf dem weiter am Ufer verlaufenden Pfad lassen sich in einiger Entfernung umgefallenen Bäume erkennen, dieser Weg endet nach rund 100 m. Wir folgen daher den blauen Pfeilen an den Bäumen leicht rechts aufwärts. Auf einer Kuppe weist uns ein Wegweiser (Görslow 1,2 km) die Richtung. Es geht wieder sanft hinab zum Seeufer und über einen kleinen Bach. Nach weiteren 20 Minuten verlassen wir das Ufer in Richtung Osten an einer Bank durch einen Hohlweg recht steil bergauf ❸. Wir befinden uns nun in Görslow und gehen hier auf der Straße nach rechts direkt auf die kleine gelbe Kirche zu. An der Kirche bietet sich noch einmal ein weiter Blick über den Schweriner See ❹. Wir gehen links an der Kirche vorbei und folgen der schmalen Straße, bis wir nach 1 km die L01, kurz darauf die A 14 queren. Hinter der Autobahnbrücke geht die Teerstraße in Höhe des Waldrands in einen Betonweg über ❺. Hier biegen wir an einer Kreuzung nach rechts auf einen Waldweg ein und folgen diesem in südliche Richtung. Der Weg bleibt immer in der Nähe des Waldrandes, nach 1 km öffnet sich links der Blick über die Felder. Der Weg führt nun am linken Waldrand entlang und dann in den Wald hinein. Er stößt nach einer halben Stunde ab Autobahnbrücke auf einen von rechts einbiegenden Forstweg (Schranke). Hier halten wir uns links, nach 250 m treffen wir auf eine größere Straße und überqueren diese. Durch die Bäume können wir bereits einen Blick auf den weiter unten liegenden Pinnower See werfen.

Wir wenden uns nach links und folgen dem Radweg an der Straße auf rund 100 Metern, bis wir an einem kleinen Parkplatz ❻ wieder rechts auf einen Forstweg einbiegen. Hier gehen wir nicht auf direktem Weg geradeaus steil zum Seeufer hinab, sondern halten uns leicht rechts, bis wir auf einen Wegweiser treffen. Hier geht es weiter (Raben Steinfeld 3 km) in südliche Richtung leicht

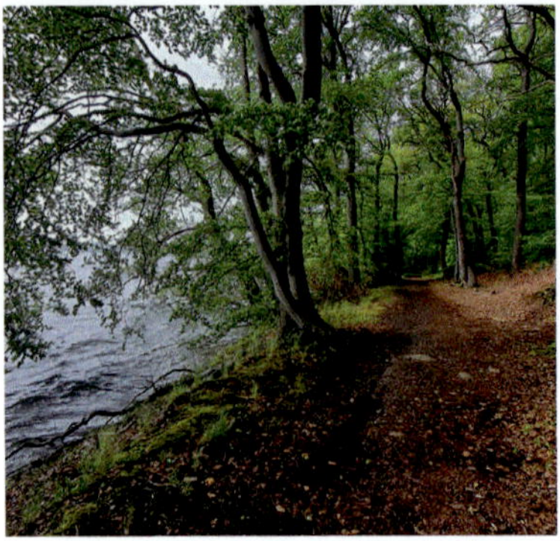

abwärts und wir befinden uns jetzt auf der Rundtour um den Pinnower See (Tour 8). Der Weg führt immer in der Nähe des Seeufers entlang. An einer Informationstafel ❼, die über die hier befindliche Wasserscheide zwischen Nord- und Ostsee informiert, folgen wir nicht dem Wegweiser nach Raben-Steinfeld, sondern gehen auf dem Rundwanderweg (Westufer Pinnower See/Zwei Seen) weiter.

Oberhalb einer kleinen Halbinsel ist an deren Spitze durch die Bäume der "steinerne Tisch" zu erkennen. Ein Abstecher führt abwärts zu diesem verwunschenen Ort ❽. Der Sage nach soll der Teufel nach einem Kartenspiel mit dem Großherzog, das letzterer mithilfe seines guten Geistes, dem Petermännchen, gewann, vor Wut so auf den Tisch geschlagen haben, dass dieser zu Stein erstarrte. Heute befindet sich hier neben dem Tisch unter einer knorrigen Buche auch ein Unterstand an einem kleinen Bach. Hier lässt sich auch bei feuchtem Wetter eine Rast einlegen. Der Blick geht an dieser Stelle weit über den Pinnower See.

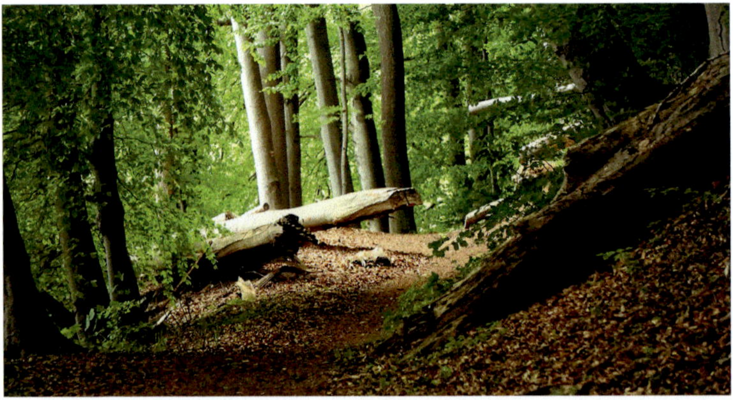

Viel Wasser und Wald: Ein Wanderweg, um herunterzukommen ...

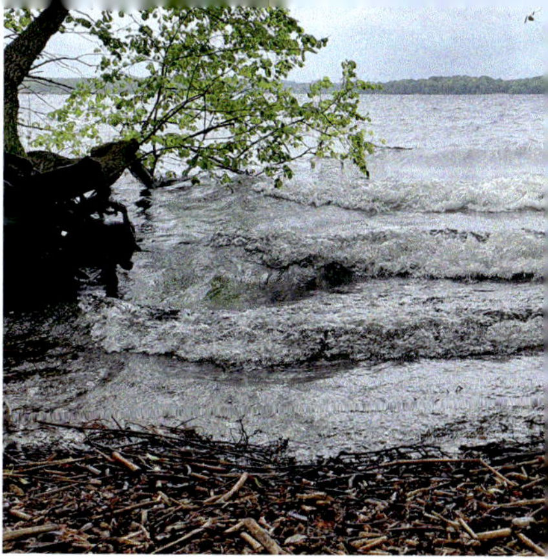

Der weitere Weg führt hier entweder direkt aufwärts zum Hauptweg oder auf einem schmalen Pfad in Ufernähe in wenigen Schritten über einen Rücken zu einem weiteren Rastplatz direkt am Seeufer. Von hier aus geht es hinauf auf den Hauptweg. Sumpfige Abschnitte wurden mit Holzplanken überbrückt, diese befanden sich aber bei unserer letzten Begehung im April 2021 in keinem guten Zustand, so dass man sich auf den morschen Planken etwas vorsichtiger bewegen sollte.

Etwa 20 Minuten nachdem wir den steinernen Tisch passiert haben, heißt es aufpassen ⑨: Rechts steigt ein unmarkierter Pfad steil nach oben, der direkt auf einen Wegweiser zu führt. Hier folgen wir dem Schild „Raben Steinfeld 0,4 km" aus dem Wald heraus. Der Weg führt kurz nach links, dann wieder nach rechts und anschließend unter der A 14 hindurch. Wir gehen über eine breite Wiese und treffen dann direkt auf unseren Ausgangspunkt am Kreisverkehr mit den Raben. Direkt an der Landesstraße fallen einige Häuser durch ihre besondere Backstein-Bauweise ins Auge. Es handelt sich um ehemalige Tagelöhner-Katen, die an den englischen Landhausstil erinnern und als Ensemble wohl einzigartig in Mecklenburg sein dürften. Vollgepackt mit diesen Eindrücken machen wir uns auf den Heimweg.

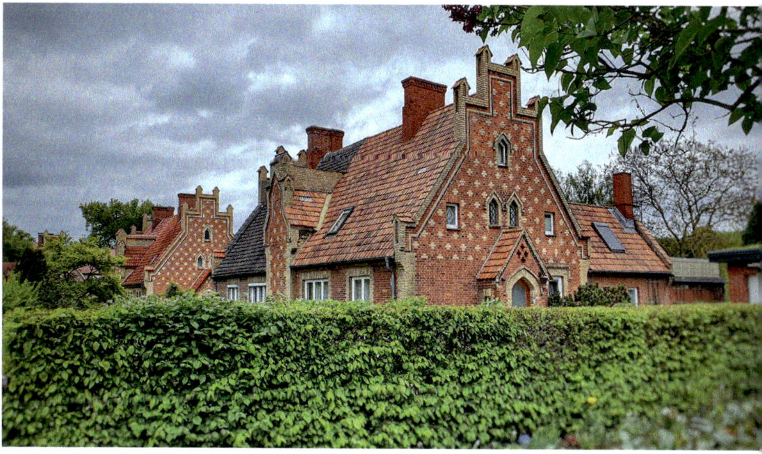

Wie edel: Ehemalige Tagelöhner-Katen in Raben Steinfeld im englischen Landhausstil.

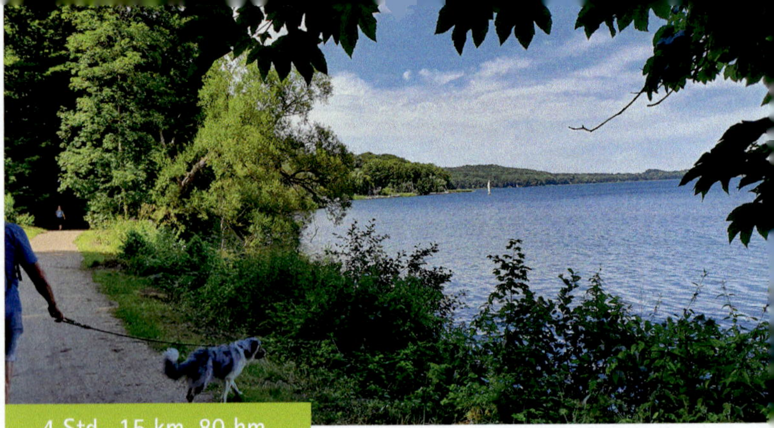

4 Std., 15 km, 80 hm

10. Am Ostufer des Ratzeburger Sees

Am weitgehend naturbelassenen Ostufer von Nord nach Süd und dennoch zwischen Ost und West mit finaler Bootsfahrt über den Ratzeburger See (oder einmal ganz um den See herum…)

Auf dieser Tour im äußersten Westen Mecklenburgs wird ein Landstrich durchwandert, der eine bewegte Geschichte hinter sich hat. Die ersten km verlaufen bei Utecht auf wenig befahrenen Straßen durch eine Region, die durch ihre unmittelbare Nähe zur ehemaligen innerdeutschen Grenze mehrere Jahrzehnte in einen Dornröschenschlaf versetzt worden war. Entsprechend ursprünglich sind Natur, Landschaft und Dörfer. Auf dem darauffolgenden Abschnitt hinter Campow geht es bis Ratzeburg durch Wald, Wiesen und Felder über ein Gebiet, das in früheren Zeiten zu Mecklenburg gehörte und 1945 durch die britischen und sowjetischen Besatzungsmächte per Vertrag dem westdeutschen Kreis Herzogtum Lauenburg zugeteilt wurde.
Dieser Gebietstausch betraf auch die Bewohner der Gemeinde Römnitz mit den Ortsteilen Dorf Römnitz, Kalkhütte und Hoheleuchte. Eine Infostele am Wanderweg macht auf diese historische Besonderheit aufmerksam. Und auch ein Teil der traumhaft auf einer Insel gelegenen Domstadt Ratzeburg hat eine mecklenburgische Geschichte: Das Stiftsgebiet mit dem Domhof gelangte 1648 durch den Westfälischen Frieden als Fürstentum Ratzeburg in den Besitz der Mecklenburger und wurde 1701 ein Teil von Mecklenburg-Strelitz. Erst 1937 kam der Domhof zur preußischen Provinz Schleswig-Holstein, die Kirchgemeinde blieb Teil der Evangelisch-Lutherischen Landeskirche Mecklenburg.

In Ratzeburg kann gewählt werden: Entweder geht es bequem mit dem Schiff zurück nach Rothenhusen (saisonale Abfahrtszeiten beachten). Konditionsstarke Wanderer genießen in Ratzeburg ein obligatorisches Eis und vollenden anschließend die Runde auf der Westseite des Sees, die mit viel Wald und schönen Blicken über den See aufwartet.

<u>Ausgangspunkt:</u>
aus Richtung A20/Abfahrt Groß Sarau kommend Parkplatz auf der linken Straßenseite an der K23 im Wald kurz vor Rothenhusen
<u>Gehzeiten:</u>
- *Teilstrecke auf der Ostseite des Sees von Rothenhusen bis Ratzeburg, Schiffsanleger Schlosswiese:* ***4 Std., 15 km, 80 hm***
- *Teilstrecke auf der Westseite des Sees von Ratzeburg bis Rothenhusen:* ***3,5 Std., 14 km, 20 hm***
- *Komplette Seenrunde:* ***7,5 Std., 29 km, 100 hm***

<u>Anforderungen:</u>
zunächst knapp 2 km unbefestigter straßenbegleitender Weg bis Utecht, dann 2 km bis Ortsausgang Campow wenig befahrene Straße, in Ratzeburg ca. 2,5 km befestigte Wege, ansonsten ausschließlich gute unbefestigte Wanderwege, die besonders auf der Westseite auch von Radfahrern genutzt werden. Für die gesamte Seenrunde gute Kondition erforderlich.
<u>Hinweise zur Rückfahrt per Schiff:</u>
(Stand Juli 2021)
Schifffahrt Ratzeburger See GmbH Co. KG, Tel.: 04541 7900, www.schifffahrt-ratzeburg.de
Fahrplan: Hauptsaison (Anfang Mai bis Anfang Oktober): ab Schlosswiese 11:00, 13:00, 15:00,
Die Überfahrt nach Rothenhusen dauert 45 min, sie kostet 12 Euro (Erwachsene), 6 Euro (Kind), 1,50 Euro (Hund) , In der Vor- und Nachsaison verkürzter Fahrplan, Anmeldung erforderlich.
<u>Einkehr:</u>
- Ⓐ *Fährhaus Rothenhusen, regionale Spezialitäten und Klassiker der deutschen Küche, Rothenhusener Weg 1, 23627 Groß Sarau, Tel.: 04509 8059*
- Ⓑ *Römnitzer Mühle, Restaurant-Café mit italienischen und norddeutschen Speisen, Dorfstraße 32, 23909 Römnitz, Tel.: 04541 857909*
- *Diverse Cafés und Restaurants in Ratzeburg, u.a. Eispavillon Pelz, Schlosswiese 1, 23909 Ratzeburg, Tel.: 04541 2754*
- Ⓒ *Restaurant Angelsmühle, Terrasse mit Seeblick , Am Campingplatz 1, 23911 Buchholz, Tel.: 04541 4255*

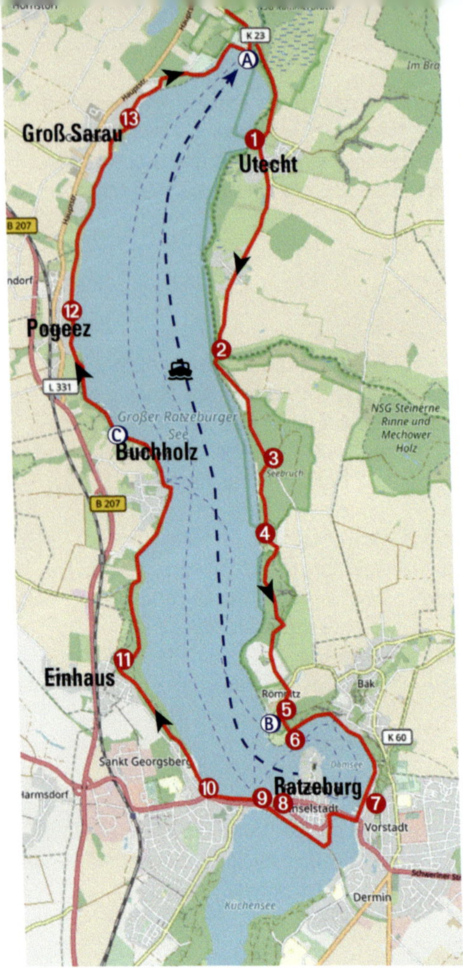

Der Parkplatz befindet sich in einem Wäldchen. Direkt davor verläuft ein Geh- und Radweg, der uns nach links parallel zur Straße durch naturbelassene Wiesen zur markanten Wakenitzbrücke bringt. Hinter dieser führt der unbefestigte Weg an der gepflasterten Straße bis kurz vor Utecht, hier zweigt nach 1,8 km auf der gegenüberliegenden Straßenseite ein befestigter Radweg ab ❶, der uns zunächst am Wald entlang und bald als schmale Straße durch den Ort führt. Am Feuerwehrhaus weiter geradeaus, über eine Kreuzung und weiter auf der Campower Straße (Wegweiser Ratzeburg, Bäk).

Am Ortsausgang beginnt auf der linken Seite ein separater Radweg. Wenige Meter danach an einer Gabelung die Straße queren und in die nach rechts abzweigende Campower Straße einbiegen (Wegweiser Ratzeburg 9,1, Bäk 7,4). Auf der wenig befahrenen schmalen Straße 1 km (Gesamtgehzeit ca. 1 Std.) bis zum Ortseingang von Campow, geradeaus durch den Ort und am hübschen Dorfplatz vorbei. Weiter den Wegweisern nach Ratzeburg, Bäk, Römnitz, Kalkhütte folgen. Kurz hinter dem Ortsausgang geht die Straße in einen unbefestigten Fahrweg über, nach weiteren 500 m führt der Weg in einen Wald und zu einem Bach hinab ❷. Eine Schautafel weist darauf hin, dass das Naturschutzgebiet „Steinerne Rinne und Mechower Holz" durchquert wird. Dann führt der Weg für einen halben km über Felder, bevor es hinter dem Abzweig nach Hoheleuchte (hier rechts halten) auf einer Teerstraße wieder in den Wald geht.

Noch vor dem Abzweig berichtet eine Stele an zwei Bänken über die wechselvolle Geschichte dieses Landstriches nach dem Ende des Zweiten Weltkrieges.

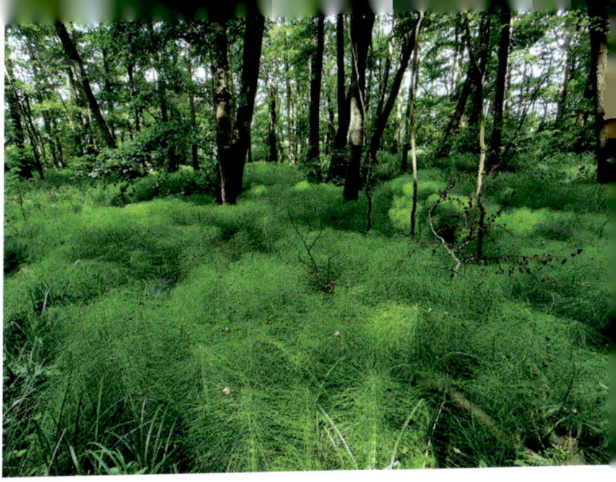

Grüne Masse: Riesenschachtelhalm

An einem Wegweiser (Kalkhütte 1 km) rechts in einen Waldweg einbiegen ❸. Der Weg schlängelt sich an den Hängen des Ostufers entlang und führt durch größere feuchte Abschnitte, die weitläufig mit Riesenschachtelhalm bewachsen sind und so den Eindruck vermitteln, in einem „Land vor unserer Zeit" zu sein.

Nach insgesamt 7 km, wir sind jetzt rund 2 Std. unterwegs, gabelt sich der Weg, hier (kleines Wanderwegzeichen am Baum mit einer stilisierten Schlange) rechts gehen. 100 m weiter sind die wenigen Häuser des Ortsteiles Kalkhütte erreicht. Geradeaus zum Forsthaus ❹ und vor diesem links die Straße 120 m hinauf gehen. Am Wegweiser (Römnitz 2,2) hinter einer einladenden Holzliege rechts einbiegen. Der Weg führt kurz am Waldrand entlang und dann in den Wald hinein. Mehrere Bäche werden überquert, dann geht es über Felder direkt nach Römnitz (Gesamtgehzeit 2:30 h, 9,6 km). In Römnitz nach rechts auf die kopfsteinbepflasterte Dorfstraße einbiegen und dieser 250 m durch den Ort folgen. Bevor die Straße steil zum See abfällt links in einen Waldweg (Schranke) einbiegen (Wegweiser Bäk, Ratzeburg) ❺. An der Gabelung rechts und auf schmalem Pfad steil zu einer schönen Badestelle mit tollem Blick auf den Ratzeburger Dom ❻ hinab. Der Weg führt links hinter der Badestelle 400 m am Steilufer entlang, an einer Gabelung geht es scharf links und kurz steil aufwärts. Auf dem Hauptweg wenige Schritte nach rechts, anschließend sofort wieder rechts in den Pfad einbiegen, der am Hang unterhalb des Christophorus-Hauses mit der hübschen Hauskapelle entlangführt. Kurz darauf wird über ein paar Stufen hinab ein Fahrweg erreicht, der nach links direkt auf das Backsteingebäude der Pfaffenmühle zuführt. Hier auf der schmalen Straße kurz nach rechts und hinter

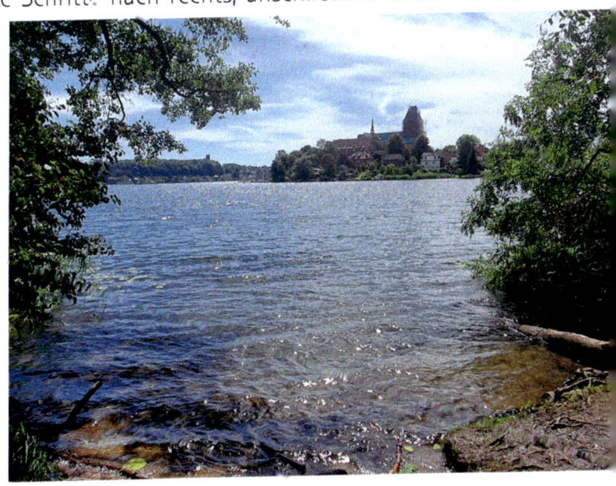

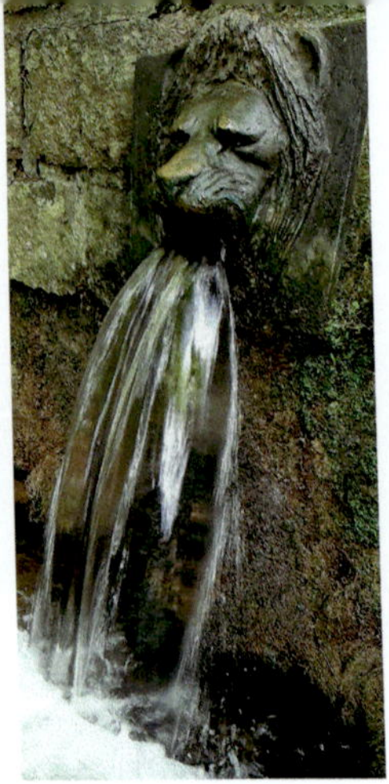

der Linkskurve knapp 200 m geradeaus, an der Gabelung rechts halten. Nach 11,8 km und gut 3 Std. Gesamtgehzeit führt der Weg an einer Freilichtbühne vorbei, 250 m weiter befindet sich der Löwenkopfbrunnen ❼. Hinter diesem kurz nach rechts und auf dem breiten gepflasterten Bäker Weg 200 m geradeaus, bis es auf einem schmalen Weg zwischen Hecken 50 m direkt hinab zum Seeufer geht. Am Ufer links, nach 200 m ist der Königsdamm erreicht, auf dem es zwischen Domsee und kleinem Küchensee zur Inselstadt geht. Dort am Fährhaus die B 208 an der Ampel überqueren und gegenüber in die Seestraße einbiegen. 50 m später zweigt der Palisadenweg ab, der als Uferpromenade um die Südseite der Inselstadt herumführt. Ein paar Stufen auf einen Damm hinauf und weiter der Promenade nach rechts folgen. Hinter dem Schwanenteich rechts einbiegen, durch die Unterführung und an der Eisdiele ❽ vorbei und über den Parkplatz. Auf der rechten Seite befinden sich der Schiffsanleger und das Tikethäuschen ❾. Von hier mit dem Schiff zurück nach Rothenhusen fahren. Dort von der Anlegestelle über eine kleine Brücke und an der linken Wakenitzseite bis zur großen Wakenitzbrücke. Auf dem Geh- und Radweg neben der Straße zurück zum Parkplatz im Wäldchen.

Wer die komplette Seenrunde gehen möchte, geht zunächst in westliche Richtung auf dem Gehweg parallel zum Lüneburger Damm durch den Park am Ufer. Bald zweigt ein Weg ab ❿, der direkt am Ufer entlangführt. Dieser trifft nach

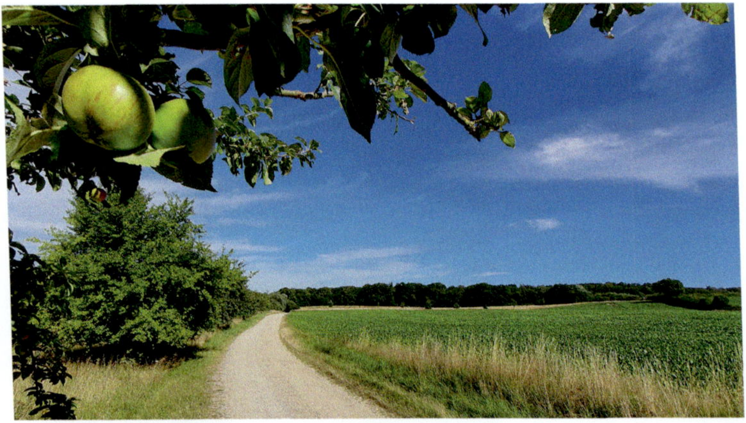

Verführerisch: Wie ein Weg ins Paradies …

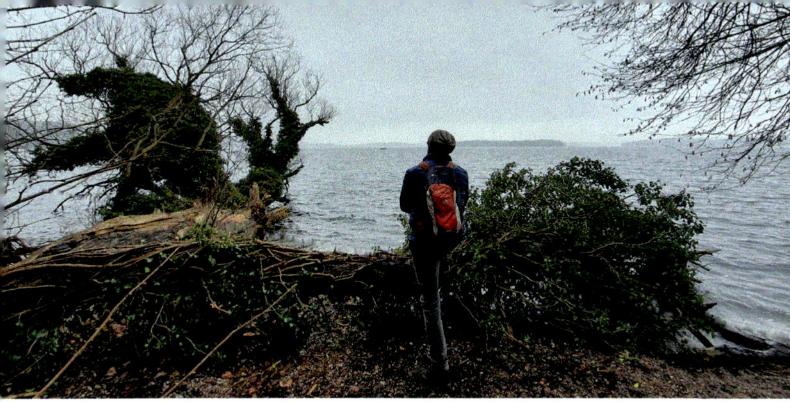

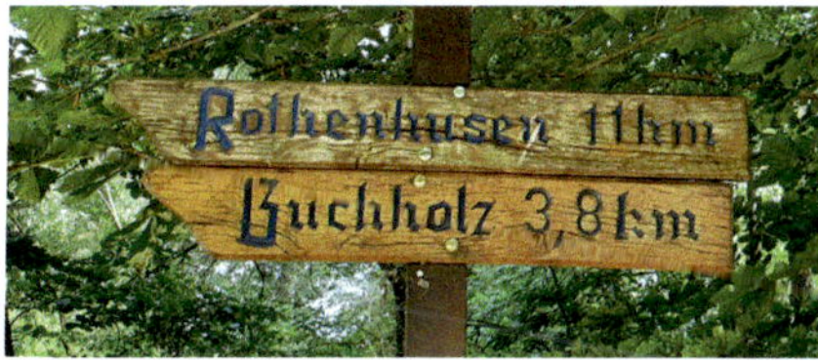

13 min ab Schiffsanleger auf den Scheitel einer Straßenkurve, hier rechts gehen. Vor einem Klärwerk rechts und weiter parallel zum Seeufer. An einem Parkplatz rechts (geschnitzter Wegweiser „Buchholz") und dem Weg einen knappen km bis zu einer kleinen Schautafel folgen, an der Kreuzung rechts halten. Es geht in einem Bogen hinab zur „Himmelswiese" ⓫ (3 km, 50 min), vor dieser über eine Brücke und über Stufen hinauf bis zu einem breiten Weg. Jetzt nach rechts weiter, bis nach insgesamt 5,3 km/1,5 Std. ab Schiffsanleger die Badestelle Buchholz erreicht ist. Am Parkplatz entlang und hinter diesem rechts in einen Wanderweg zum See (Wegweiser Pogeez 2,5) einbiegen. Nach 6,3 km/1:45 h ist die Angelsmühle Ⓒ erreicht. Der Weg führt immer weiter am Ufer entlang, nach 8 km/2:10 h geht es an der Badestelle Pogeez ⓬, nach 10,4 km /2:45 an der Badestelle Groß Sarau ⓭ vorbei. Hinter dem Parkplatz zweigt rechts ein Weg ab, der zu einer 150 m entfernten weiteren schönen Badestelle führt. Der Hauptweg geht etwas weiter links durch Schilfwiesen nach Rothenhusen. Nach 12 km zweigt ein Weg rechts zum Seglerhafen ab. Hier geht es noch einen km am Ufer entlang, bis rechts eine Rasthütte zu sehen ist. Noch wenige m weiter und über eine Brücke zum auf einer kleinen Insel gelegenen Fährhaus Rothenhusen Ⓐ. Von hier aus zurück über die kleine Brücke und an der linken Wakenitzseite bis zur großen Wakenitzbrücke. Dort auf dem Geh- und Radweg neben der Straße zurück zum Parkplatz im Wäldchen.

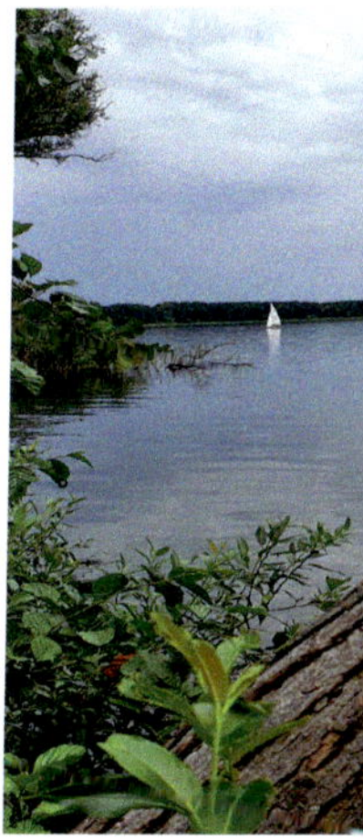

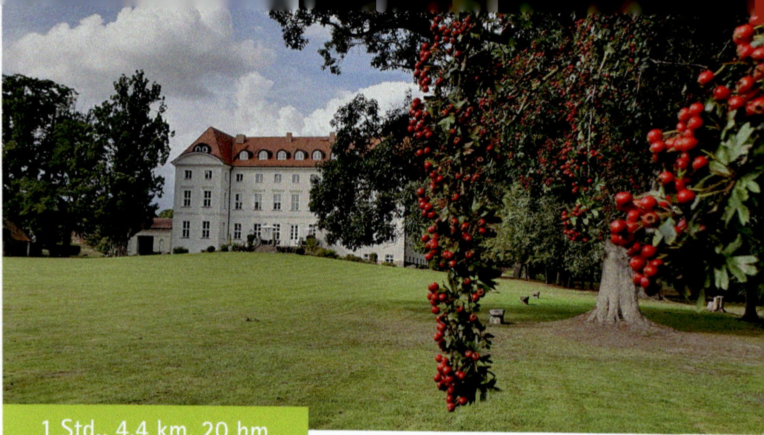

1 Std., 4,4 km, 20 hm

11. Um den Wedendorfer See

Ein Schloss am See, typische Norddeutsche Hallenhäuser und eine mystische Gruft

Eine kurze Wanderung in einem Landschaftsschutzgebiet am naturbelassenen Seeufer, vorbei an einem der schönsten klassizistischen Herrenhäuser Mecklenburgs, durch das entgegen seinem Namen eher kleine Dorf Groß Hundorf und zur 800 Jahre alten gotischen Backsteinkirche in Kirch Grambow, die in eine durch die Grafen von Bernstorff, von Plessen und von Bülow geprägte Geschichte dieses Landstrichs entführt.

S An der Kirche gehen wir die gepflasterte Straße kurz südwärts hinab. Nach wenigen Metern biegt rechts ein Waldweg ein, der hinter der Kirche mit dem Friedhof und im weiteren Verlauf am sumpfigen Uferwald entlangführt. Nach 10 min ist das Schlosshotel Wedendorf 1 mit seinem weitläufigen Landschaftspark erreicht. Ein kurzer Abstecher auf den Holzsteg gewährt einen schönen Blick über den See, auf den Kirchturm der Dorfkirche in Kirch Grambow zur linken und

<u>Ausgangspunkt:</u>
Dorfkirche in Kirch Grambow, Ortsteil der Gemeinde Wedendorfersee, Parkmöglichkeiten vor der Kirche
<u>Gehzeiten:</u> 1 Std., 4,4 km, 20 hm
<u>Anforderungen:</u>
einfache kurze Tour mit leichten Höhenunterschieden auf unbefestigten Wegen und einer wenig befahrenen Straße
<u>Einkehr:</u> keine

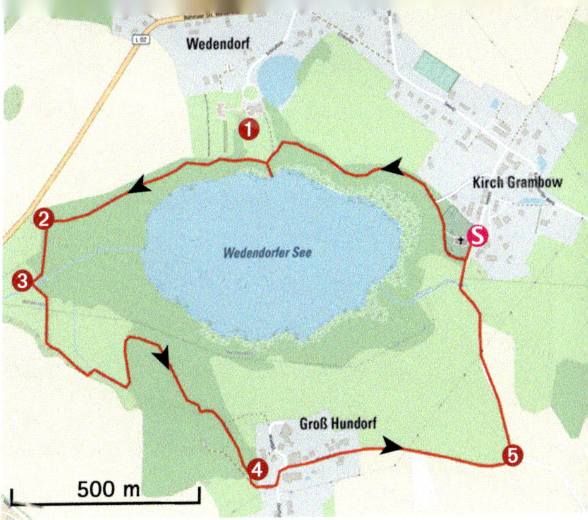

auf Groß Hundorf auf der gegenüber liegenden Seeseite. Der gut beschilderte Wanderweg führt anschließend durch einen schönen alten Laubwald. Im April und Mai lässt sich hier ein bunter Blütenteppich aus weißen und den seltener zu findenden gelben Buschwindröschen, gelben Schlüsselblumen und Scharbockskraut, blauen Veilchen und violettem Lärchensporn bestaunen.

Nach weiteren 10 min zweigt der Wanderweg nach links ab ❷ und führt über einen Damm durch eine feuchte Niederung. Wir treffen auf den kleinen Bach Tiene, folgen diesem kurz nach rechts und überqueren den Wasserlauf über eine schöne Holzbrücke ❸. Der gut sichtbare grasbewachsene Weg führt nun über Feuchtwiesen und an einem Wald entlang, in den der Weg schließlich einbiegt. An der nächsten Weggabelung ignorieren wir einen Abzweig nach rechts und gelangen schließlich nach Groß Hundorf. Hier folgen wir der Straße nach links und gehen an der denkmalgeschützten Gutsanlage ❹ mit alten norddeutschen Hallenhäusern vorbei. An den alten Häusern findet sich noch das Wappen der Grafen von Bernstorff. Wir wandern auf dem kleinen, wenig befahrenen Sträßchen und halten uns an der nächsten Gabelung links ❺. Die Straße führt in ein Tal mit einer Brücke über einen kleinen Bach und dann kurz aufwärts zur 800 Jahre alten Kirche von Kirch Grambow mit dem im oberen Teil aus Holz bestehenden Kirchturm.

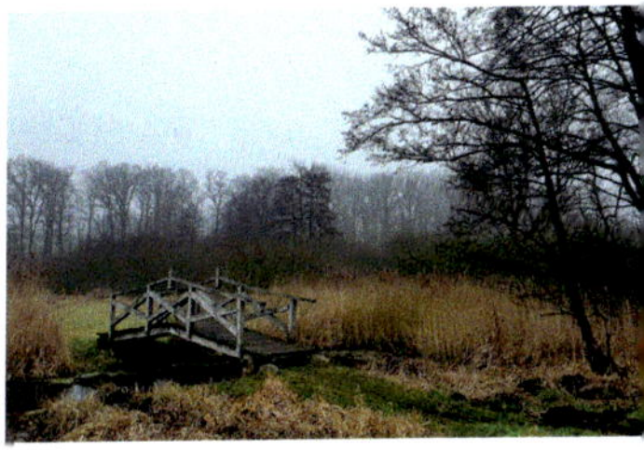

Hier sei ein Blick durch die Mauerluken an der Außenwand des Kirchturms empfohlen: Unter der Kirche befindet sich eine Gruft mit den Särgen der Familie von Bülow. Im Inneren der Kirche sind unter anderem die Wappenbilder derer von Bülow und von Bernstorff gut erhalten.

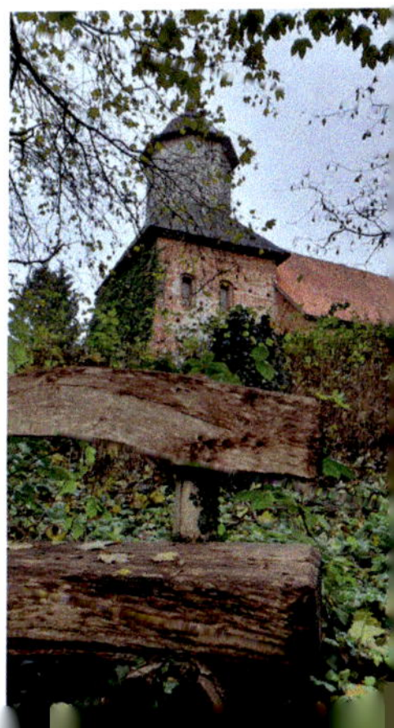

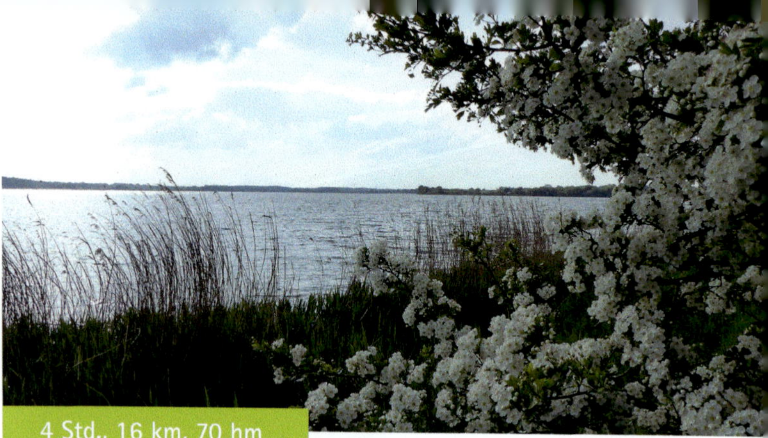

4 Std., 16 km, 70 hm

12. Am Dassower See

Wilde Natur am See und verwunschene Orte im Doppelpack: Ein Hauch vom Charme vergangener Zeiten am Schloss Pötenitz und Schloss Johannstorf

Was für eine schöne Kombination: Der erste Teil der Wanderung führt am Dassower See und der Pötenitzer Wiek hauptsächlich durch stille geschützte Natur. Genaugenommen ist der Dassower See kein Binnensee, sondern eine Seitenbucht der Traveförde und als Heimat von etwa 30 Entenarten eines der größten Vogelschutzgebiete Deutschlands. Der Dassower See und seine (westlichen) Uferbereiche stehen seit 1983 unter Naturschutz, auf der mit dieser Wanderung begangenen mecklenburgischen Seite sind die angrenzenden Uferbereiche seit 1990 unter Schutz gestellt.

Ausgangspunkt:
Dassow, Parkplatz an der B 105 gegenüber dem historischen Speicher an der Stepenitzbrücke
Gehzeiten: 4 Std., 16 km, 70 hm
Anforderungen:
einfache aber lange Rundtour auf überwiegend guten Wegen, am Dassower See zwischen dem Abzweig Benckendorf und Volkstorf teils zugewachsener Pfad. Festes Schuhwerk und lange Hosen empfohlen.
Einkehr:
Ⓐ Pötenitz: Alles gewollt. Café und mehr, Café mit hausgebackenen Köstlichkeiten aus Mecklenburg, Bergstraße 16, 23942 Pötenitz; Tel. 0162 1346733
Ⓑ Bäckerei und Café Schwabe Lübecker Straße 2, 23942 Dassow, Tel.: 038826-889991

Der Rückweg bietet mit den am Weg liegenden Schlössern Pötenitz und Johannstorf die Möglichkeit, sich in längst vergangene Zeiten zurück zu träumen. Während für das über 240 Jahre alte Schloss Pötenitz, das seit der Wende glücklos durch die Hände mehrerer Investoren wanderte, seit 2019 mit neuen Eigentümern wieder Hoffnung auf eine Sanierung besteht, konnte das Schloss Johannstorf als Filmkulisse für die düstere Schwarz-Weiß-Erzählung „Das weiße Band" dienen. Der Film, der im Jahr 1913 spielt, wurde 2010 für zwei Oscars nominiert. Der fast 300 Jahre alte barocke Bau steht allerdings seit vielen Jahren leer. Aber auch hier tut sich offensichtlich etwas. Es bleibt die Hoffnung, dass die beiden schönen Bauten vor dem endgültigen Verfall gerettet werden können.

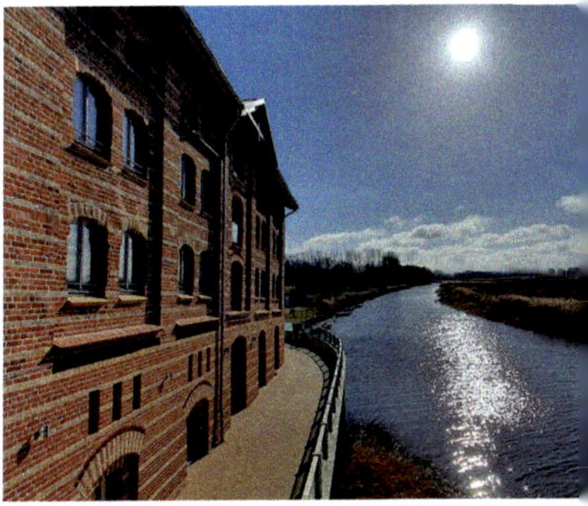

S Die Tour beginnt direkt am Parkplatz gegenüber dem historischen Speicher zwischen der Bundesstraße und dem Dassower See. Es ist kaum noch vorstellbar, dass der Blick auf den See zu DDR-Zeiten durch eine hohe Mauer versperrt war, weil sich die ehemalige innerdeutsche Grenze von hier aus am See bis zum Priwall entlang zog. Während das Ufer zur DDR gehörte, war die Wasserfläche des Sees bereits westdeutsches Gebiet.

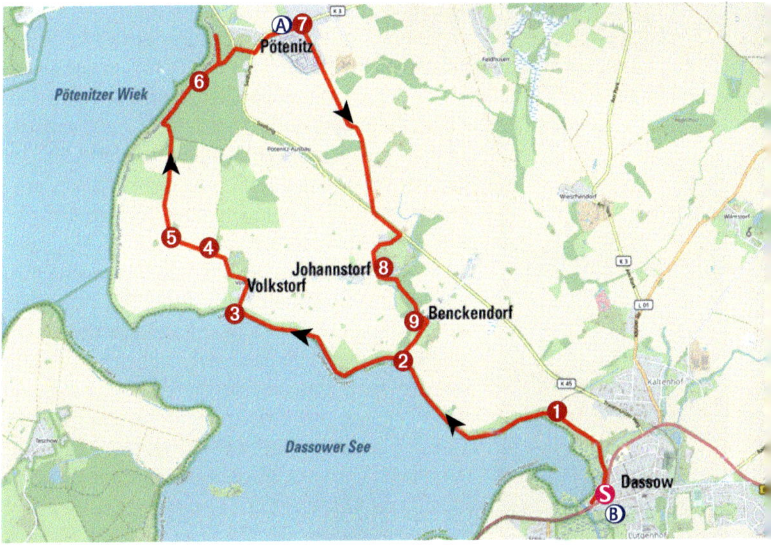

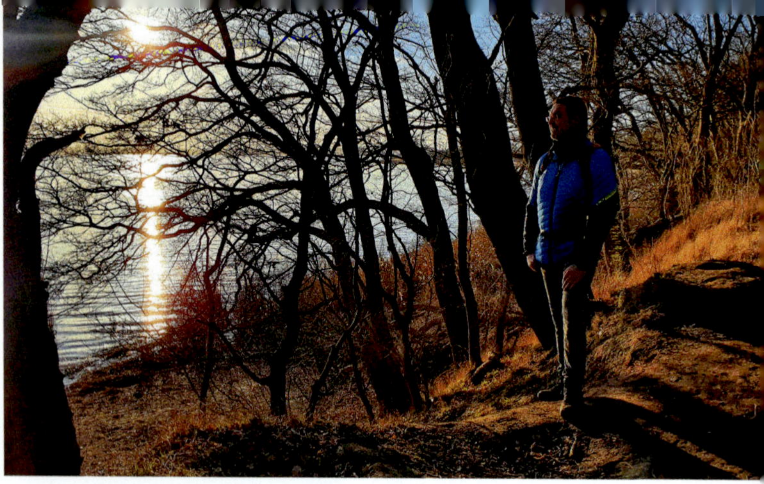

Wir gehen ca. 360 m auf dem Radweg oberhalb des Parkplatzes in östliche Richtung. Vor dem Supermarkt folgen wir dem Wegweiser (Travemünde, Pötenitz) und gehen auf dem Rad- und Wanderweg nach links. Nach einer Viertelstunde verlassen wir den geteerten Radweg und biegen hinter einer Infotafel wiederum nach links auf einen unbefestigten Fahrweg ab ❶. Ca. 500 m weiter gehen wir vor einem Hochsitz nochmals nach links und folgen dem Pfad über die Wiese hinab zum See. Der offensichtlich selten benutzte Fahrweg schlängelt sich zwischen Uferwäldchen und Feld entlang.

Wer den einen oder anderen kleinen Pfad zum Hochufer des Sees als Abstecher nutzt, dem bieten sich wunderschöne Ausblicke über den Dassower See bis hinüber zur anderen Uferseite, auf der ein ehemaliger Grenzturm zu erkennen ist. An einer Bank ❷ führt nun auch der Hauptweg direkt ans Ufer. Ca. 100 m hinter der Bank verliert sich der Weg und führt als schmaler Pfad, der teilweise bis zur Unkenntlichkeit zugewachsen ist, weiter. Wir halten uns immer in Ufernähe.

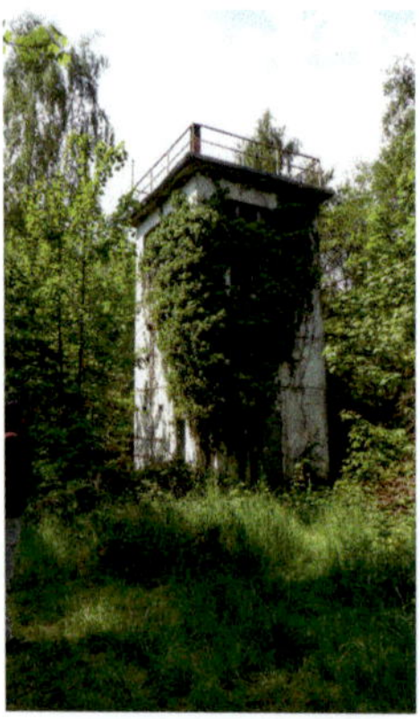

Nach einer Gesamtgehzeit von 1 Std. 45 Min. treffen wir auf einen Weg, der uns vom Ufer weg und zu einem alten Bauernhaus hinaufleitet ❸. Wir gehen hier durch die wenigen alten Häuser des kleinen Ortes Volkstorf hindurch und biegen auf einen breiteren Sandweg nach links ein. Hier befindet sich auch ein großer Findling mit einer Inschrift. An der nächsten Gabelung gehen wir nicht nach Pötenitz-Ausbau, sondern halten uns links ❹. Der Feldweg führt kurz hinauf auf eine Kuppe, von der sich ein weiter Blick über den Dassower See, die Pötenitzer Wiek bis hin zum

Hochhaus von Travemünde bietet. Kurz darauf geht der Weg in einem Bogen um eine große Ansammlung aufgetürmter Feldsteine herum ❺, führt weiter in Richtung Norden und in den Wald hinein, hier ist eine Schranke zu umgehen.

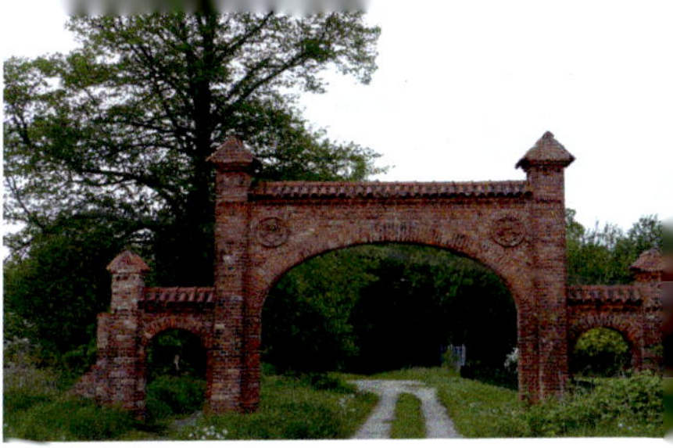

Zufahrt zum Schloss Pötenitz

Der Weg durch Erlen- und Birkenwald kann nach längerem Regen etwas feucht sein. Auf der linken Seite schimmert das Wasser der Pötenitzer Wiek durch die Bäume. Kurz darauf erreichen wir einen ehemaligen Grenzwachturm ❻, den sich die Natur bereits zurück zu erobern scheint. Ein in einigen Karten eingezeichneter Wanderweg, der links vor dem Turm abbiegt, endet jedoch nach einiger Zeit im Gestrüpp. Daher am Turm vorbeigehen, kurz darauf wird eine Straße erreicht, der wir zunächst ca. 170 m nach rechts folgen, um dann an der Kreuzung nach links in den Ort Pötenitz hineinzugehen. Unmittelbar vor der großen Zufahrt zum Schloss Pötenitz ❼ mit dem imposanten Backsteintor und der Jahreszahl 1901 folgen wir einem Wegweiser (Dassow, Johannstorf) und biegen nach rechts ab. Die kleine Straße führt geradewegs aus der Siedlung heraus und geht an deren Ende in eine Betonspurbahn über.

Nach ca. 1,5 km ab Ortsausgang trifft der Weg auf eine Straße, der wir auf dem straßenbegleitenden Radweg knapp 300 m nach links folgen. An einem Bushäuschen zeigt ein Wegweiser nach rechts (Volkstorf, Johannstorf Schloss). Wir queren hier die Straße und gehen gegenüber in einem Bogen auf der kleinen Straße in das Dorf hinein. Wir gelangen zu einem Torhaus, durch dessen Eingang sich bereits ein schöner Blick auf das Schloss Johannstorf ❽ bietet. Das Wasserschloss befand sich bei unserem letzten Besuch offensichtlich in der Renovierung. Wir gehen durch das Tor hindurch, direkt auf das Schloss zu, jedoch vor der Brücke über den Wassergraben rechts am Teich entlang und über den Ablauf des Teiches.

An der nächsten Gabelung halten wir uns rechts und bleiben auf dem alten Kopfsteinpflaster. Wir erreichen kurz darauf Benckendorf und halten uns am Gutshaus ❾ rechts. Hinter dem letzten Haus geht es über eine Wiese und anschließend zwischen Wäldchen und Feldrand hinab zum Ufer des Dassower Sees ❷. Hier wenden wir uns nach links und gehen nun auf dem vom Hinweg bekannten Weg die letzten knapp 3 km zum Ausgangspunkt der Tour zurück.

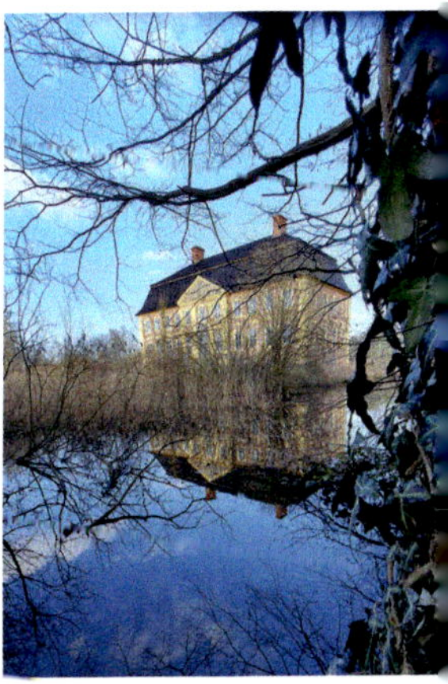

Schloss Johannstorf

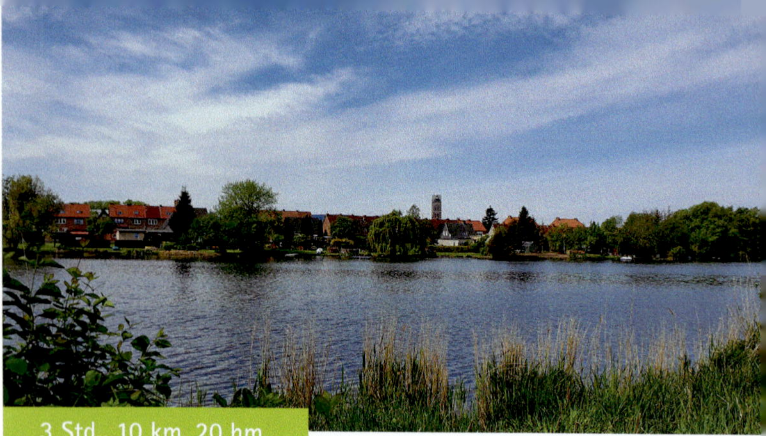

3 Std., 10 km, 20 hm

13. Um den Mühlenteich bei Wismar: Weltkulturerbe trifft Natur

Alter Schwede! Wanderung vor den Toren der Hansestadt

Wem hier einiges schwedisch vorkommt, der liegt gar nicht mal so weit daneben: Erst 1903 wurde die seit dem Dreißigjährigen Krieg währende Epoche der Zugehörigkeit der Stadt zu Schweden beendet. Das Zeughaus, das schwedische Kommandantenhaus sowie die Schwedenköpfe vor dem Baumhaus zeugen genauso wie das jährliche Schwedenfest von dieser außergewöhnlichen Geschichte.
Die Hansestadt Wismar wurde 2002 gemeinsam mit Stralsund in die UNESCO-Welterbeliste aufgenommen. Die Altstadt mit ihren beeindruckenden Backsteinkirchen und prachtvollen Giebelhäusern verkörpert noch heute die typische Hansestadt zur Blütezeit des Städtebundes im 14. Jhd. So startet die Tour in der Nähe des gut erhaltenen mittelalterlichen Hafenbeckens, führt durch die liebevoll sanierte Altstadt und den Lindengarten und unter der größten Spannbetonbrücke der DDR-Architektur hindurch. Dann geht es nahezu übergangslos in die Natur, um auf 6 km den stark gegliederten Mühlenteich mit seinen 2 kleinen Inseln, der im südwestlichen Teil zum Naturschutzgebiet ‚Teichgebiet Wismar-Kluß' gehört, zu umrunden.
Auf dem Rückweg geht es an der „Frischen Grube" entlang, einem gut erhaltenen künstlich angelegten mittelalterlichen Wasserlauf bis zum „Gewölbe". Von hier aus ist es nur noch ein Katzensprung zum alten Hafen.

Ausgangspunkt:
gebührenpflichtiger Parkplatz Altstadt/Westhafen am Schiffbauerdamm in Wismar
Gehzeiten: 3 Std., 10 km, 20 hm
Anforderungen:
relativ kurze und einfache Tour, im Stadtbereich auf befestigten Wegen, z.T. Kopfsteinpflaster, um den See überwiegend unbefestigte Wege
Einkehr: auf der Mühlenteich-Runde keine, in der Wismarer Altstadt diverse Restaurants und Cafés.

Empfohlen seien u. a.:
- Ⓐ *„Seeperle", Spezialist für Frischfisch und Räucherfisch, Schiffbauerdamm 3, 23966 Wismar, Tel.: 03841 3266810*
- Ⓑ *„Brauhaus am Lohberg", typisches Brauhausambiente, Kleine Hohe Str. 15, 23966 Wismar, Tel.: 03841 250238*
- Ⓒ *„Börners Nikolaiblick", deutsches Restaurant in rustikaler Kneipenatmosphäre, Frische Grube 198, 23966 Wismar, Tel.: 03841 224066*

S Vom Parkplatz zunächst die südlich gelegene Ulmenstraße an der Ampel überqueren, gegenüber geradewegs in die Breite Straße hinein und auf dieser bis zum spiralförmigen Brunnen am Ende der Krämerstraße **1**. An der prachtvollen Löwenapotheke (die heute keine mehr ist) vorbei geradeaus in die Bademutterstraße und nach wenigen Schritten links in die Schulstraße einbiegen, an deren Ende nach rechts (Krönkenhagen) und die ABC-Straße queren. Auf der Mühlenstraße weiter, bis sich direkt vor uns am Eingang zum Lindengarten der

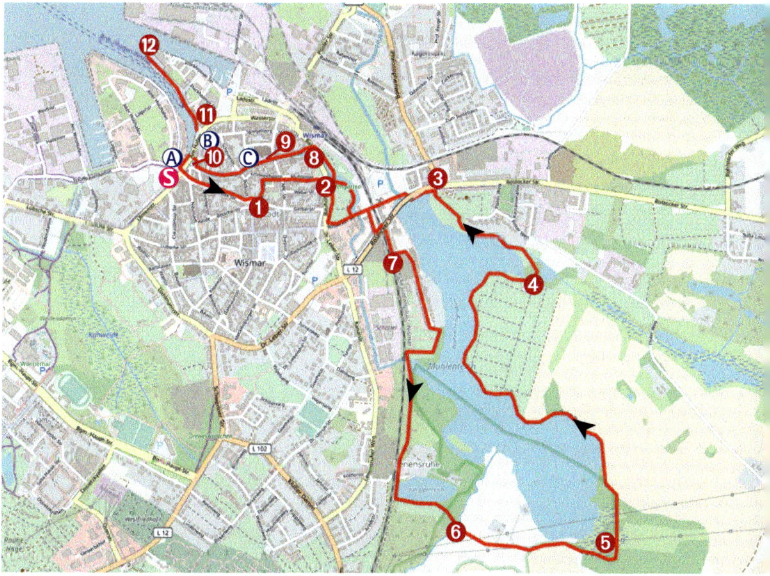

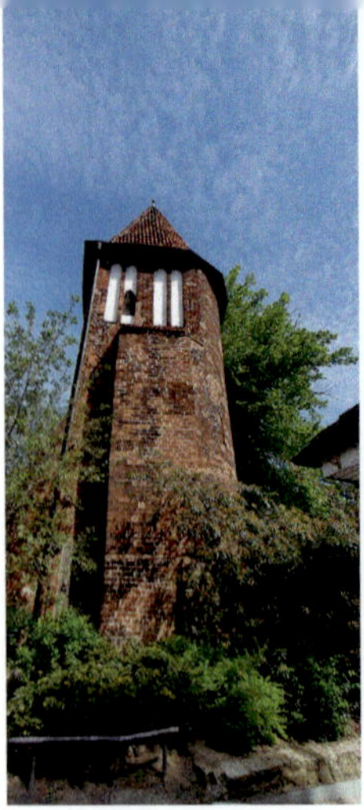

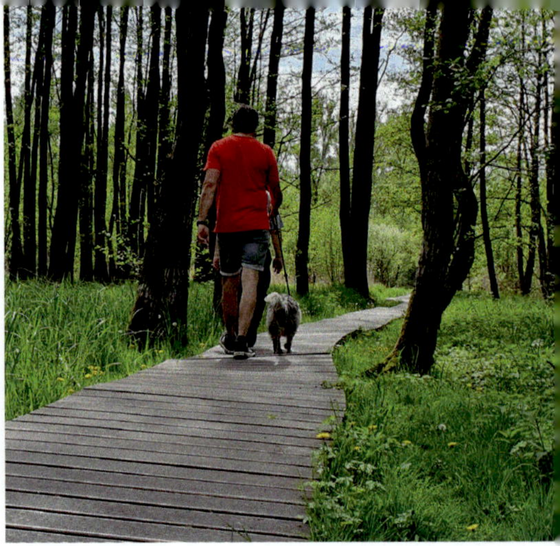

alte Wasserturm aus Backstein aus dem 15. Jh. präsentiert ❷. Hier geradeaus und den Turm links liegen lassen. Es geht nun im Park auf der rechten Seite des langgezogenen Teichs des Mühlenbaches entlang. An dessen Stirnseite tritt der Weg aus dem Lindengarten heraus, hier nach links der Rostocker Straße zu einer Unterführung folgen und nach dieser weiter geradeaus.

Die Straße führt über den Abfluss des Mühlenteiches mit einer Fischtreppe, kurz darauf zweigt rechts ein Geh-/Radweg ab, der unter der Hochbrücke ❸ hindurch zum Ufer des Mühlenteiches führt.

Der hier unbefestigte Wanderweg führt im Uhrzeigersinn um das Gewässer durch Kleingartenanlagen und über Wiesen, immer mit schönen Ausblicken über den See. An einem Parkplatz ❹ scharf rechts auf den schmalen Pfad einbiegen (Hinweisschild Natur- und Lehrpfad). Zwischen See und Kleingärten weiter, später durch Wald und Wiesen, aber immer in Ufernähe. Im Naturschutzgebiet führen Holzplanken durch einen längeren moorigen Abschnitt. Anschließend über Wiesen (Schild Orchideenwiese ❺).

Eine größere Brücke führt über den Hauptzufluss des Mühlenteiches, den Wallensteingraben (siehe auch Tour 24 ❻). Es geht weiter durch das Naturschutzgebiet, bis rechts der kleine Jungfernteich zu sehen ist. Hier vor dem Bahndamm nach rechts und parallel zu diesem auf dessen Ostseite bleiben.

Die Anlage eines ökologischen Schulortes wird passiert, es geht über eine Brücke, dann nähert sich der Weg noch einmal dem Mühlenteich. Kurz darauf nach rechts in die Kleingartenanlage einbiegen und in einem großen Linksbogen weiter. Dann geht es über den befestigten Schwanenweg in ein Wohngebiet, bald darauf präsentiert sich auf der linken Seite die ehemalige Malzfabrik (später VEB Wismaria) als einer der „vergessenen Orte" Wismars ❼. Farbenfrohe kunstvolle Graffiti auf langen Mauern bilden hier einen starken Kontrast zur

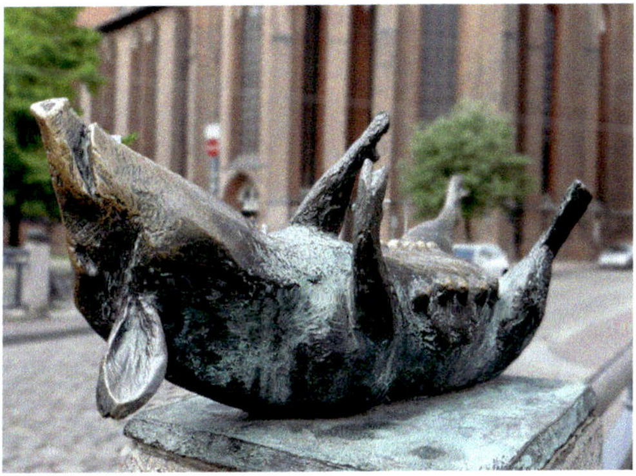

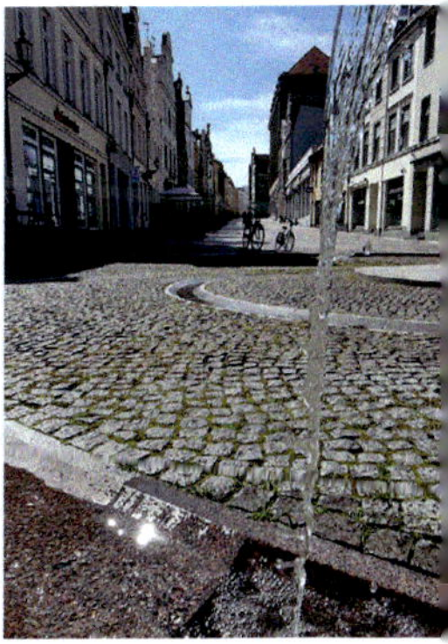

historischen Industriearchitektur des 19. Jhd.

Der Weg führt weiter am Ufer des Mühlenteiches entlang. Unter der Hochbrücke hindurch und nach 100 m in die Straße „Platter Kamp“ einbiegen. Nach weiteren 100 m links durch die Unterführung. Auf der Rostocker Straße bis zur Bauhofstraße, diese queren und auf der gegenüberliegenden Straßenseite nach rechts bis zu einer großen Wassermühle aus Backstein ❽. Links an dieser vorbei und nun immer am historischen Wasserlauf der Mühlgrube, im weiteren Verlauf Frischen Grube, entlang, an der Schweinsbrücke ❾ mit den witzigen Glücksbringern und der beeindruckenden altehrwürdigen Kirche Sankt Nikolai vorbei. Kurz vor dem markanten Brückenhaus „Gewölbe“ ❿ mit dem schiefen Fachwerk nach rechts in den Lohberg einbiegen, am Brauhaus vorbei und zum historischen Wassertor ⓫. Durch dieses hindurch und über die Straße. Hier bietet sich ein Bummel am alten Hafen bis hin zum historischen Baumhaus und dem Nachbau der Poeler Kogge ⓬ an, bevor es an der Kaimauer zurück zum Ausgangspunkt geht.

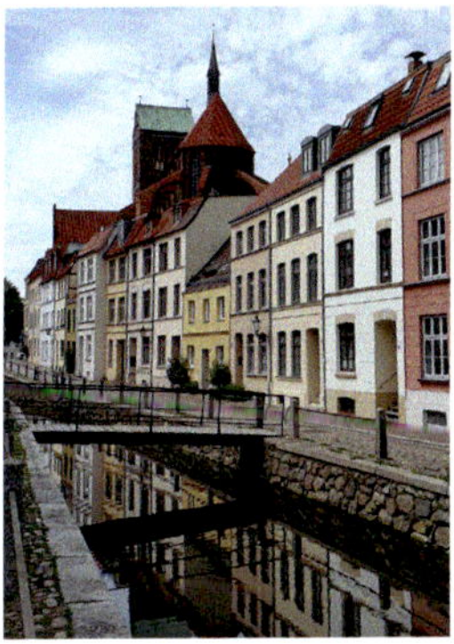

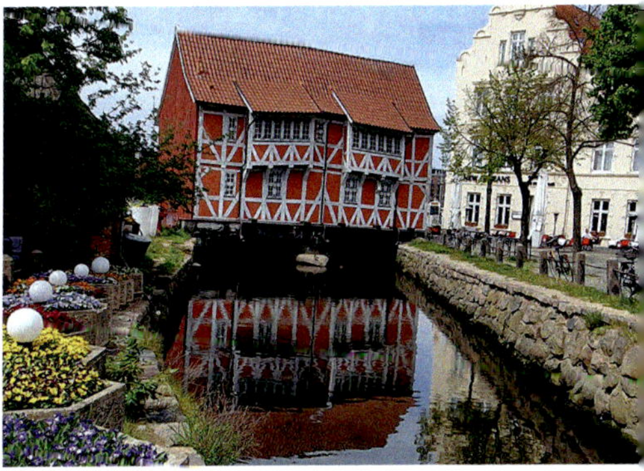

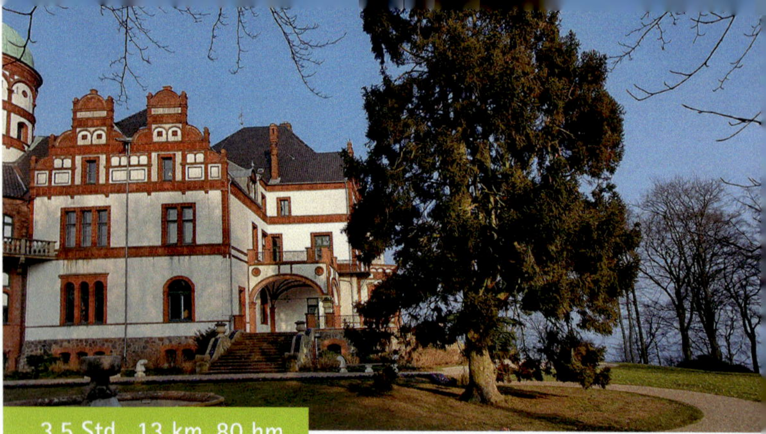

3,5 Std., 13 km, 80 hm

14. Am Schweriner Außensee von Bad Kleinen zum Schloss Wiligrad

Aussichtsreiche Wanderung von einem technischen Denkmal zu einem liebevoll sanierten Schlossensemble mit Skulpturenpark

Leise schlagen die Wellen an das Ufer des viertgrößten Binnensees Deutschlands. Der Uferweg führt durch herrlichen Buchenwald und feuchten Erlenbruch. Panoramablicke auf die Insel Lieps und das weit entfernte Ostufer bis zur südlich gelegenen Landeshauptstadt Schwerin lassen innehalten und durchatmen. Hier stört kein Verkehrslärm, nur die Vögel zwitschern, Enten schnattern und entfernt tuckert der Motor eines Fischerbootes. Oben am Schloss Wiligrad dann das große Staunen: Direkt am Steilufer thront 30 m über dem See ein Bilderbuch-Schloss mit Marstall, Gewächshäusern, Gärtner-, Maschinen-, Bediensteten- und Waldhaus sowie einem Traum von Landschaftspark. Und mittendrin ein Skulpturenrundweg.

Ausgangspunkt:
großer Parkplatz in Bad Kleinen an der Straße Richtung Gallentin
Gehzeiten: 3,5 Std., 13 km, 80 hm
Anforderungen:
bis auf kurze Abschnitte ausschließlich unbefestigte Wanderwege, im Uferbereich teilweise morastig, feste Schuhe von Vorteil, kurze steile Anstiege vom Seeufer nach Lübstorf und am Eiertunnel.
Einkehr:
Ⓐ Gartencafé in der Schlossgärtnerei Wiligrad, Wiligrader Straße 6, 19069 Lübstorf, Tel.: 03867/612703),
Ⓑ Restaurant Seeblick, Uferweg 24a, 23996 Bad Kleinen, Tel.: 038423/442),
Ⓒ Kneipe zum Bierbug (Vereinsgaststätte) am Seeufer nähe Eiertunnel

S Direkt am Parkplatz zeigt ein Wegweiser über die Straße Richtung „Eiertunnel" **1**. Nach 170 m endet der unbefestigte Weg an den Treppenstufen, die zum Fußgängertunnel aus dem Jahr 1896 hinab führen. Eine Tafel auf einem Findling erzählt eine Sage zu diesem technischen Denkmal. Der seltsame Name des 27,2 m langen, 2,05 m hohen und maximal 1,25 m breiten Durchganges unter den Bahngleisen erklärt sich spätestens direkt vor dem Eingang. Auf der anderen Seite geht es einige weitere Stufen hinab zum Uferweg, in den wir nach rechts (Wegweiser Wiligrad 3,7) einbiegen.

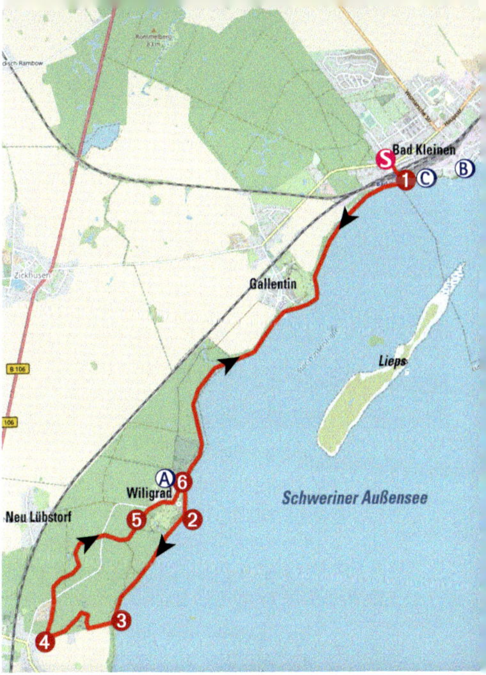

Nach einigen Bootshäusern führt der breite Fahrweg 1 km an Wiesen und Wäldern entlang bis zum Ort Gallentin. Dort dem schmalen Wanderweg (Wegweiser Wiligrad 2,5 km) direkt am Seeufer durch herrlichen alten Buchenwald und in feuchteren Abschnitten durch Erlenbruch folgen. Nach insgesamt 3,5 km ab Parkplatz befinden sich unterhalb des Schlosses Wiligrad mehrere Rastplätze mit Bänken, Teichen, Wasserläufen, einem Brunnen und einem schönen Pumpenhaus **2**. Mehrere serpentinenartige Wege und Treppen führen zum Schloss hinauf. Wir bleiben jedoch auf dem Uferweg, hinter einem weiteren Abzweig nach rechts (Betonplatten) beginnt der wohl schönste Teil des Weges.

Der schmale Pfad schlängelt sich zwischen uralten oder auch umgestürzten Bäumen. Ca. 500 m nach dem Betonplatten-Abzweig führt ein schmaler Pfad (nicht verpassen!) steil den Uferwald hinauf **3**, schlängelt sich durch den wunderschönen Wald und wird bald darauf zu einem breiteren Weg.

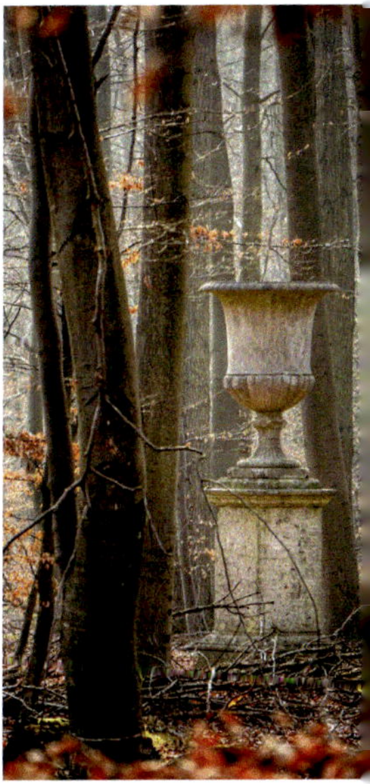

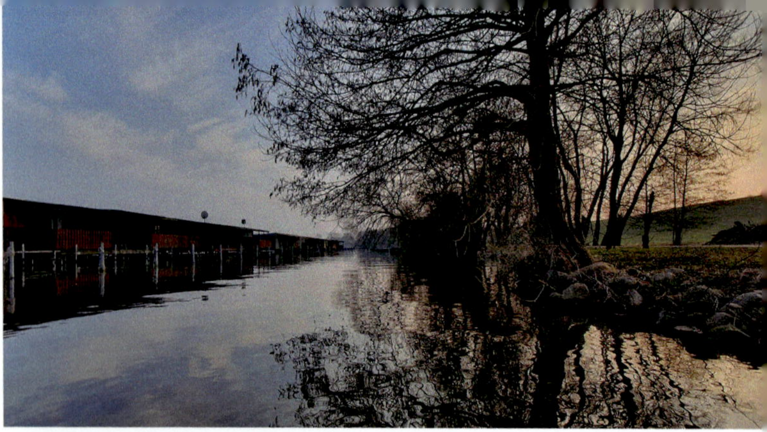

An an einer Gruppe Nadelbäume ❹ zweigt ein Weg scharf rechts ab, führt an einem landwirtschaftlichen Betrieb vorbei und kreuzt kurz darauf die schmale Zufahrtsstraße nach Wiligrad. Es geht weiter durch den Buchenwald, ein breiterer Forstweg wird gekreuzt, 300 m weiter fällt links der Blick auf eine antike Säule mit einer Amphore. Nach nochmals 400 m kreuzt der Weg ein zweites Mal die Zufahrtsstraße, nach 200 m links halten. 500 m weiter rechts in den sehenswerten Landschaftspark einbiegen ❺. Das gesamte Gelände mit seinen liebevoll restaurierten Gebäuden, dem großzügig angelegten Schlosspark und dem weiten Blick hoch über dem Schweriner See ist definitiv einen Rundgang wert. Zu empfehlen ist auch eine Pause in dem kleinen Gartencafé in der Schlossgärtnerei mit romantischen Sitzeckchen und einem fantastischen Kuchenangebot. Unser Weg führt direkt an der Seeseite des Schlosses über Stufen hinab und links zur Elisabethquelle ❻. Von hier aus am Hang weiter und schließlich die letzten Stufen der Kaisertreppe zum Seeufer hinab. Nun nach rechts auf dem Uferweg ca. 3 km in nördliche Richtung bis zum Eiertunnel wandern, durch diesen hindurch und zurück zum Parkplatz gehen.

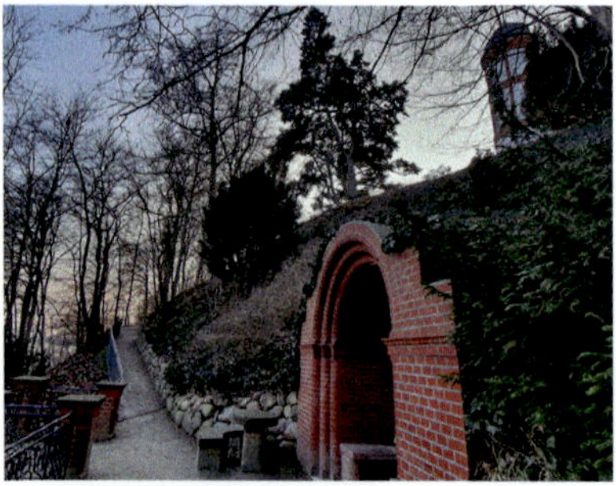

Elisabethquelle

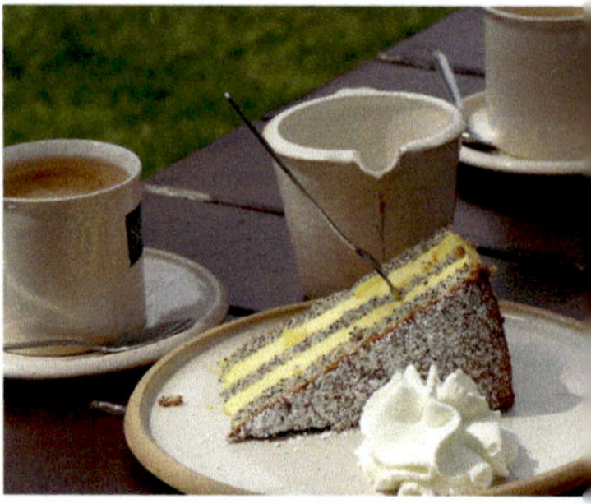

Im Gartencafé der Schlossgärtnerei

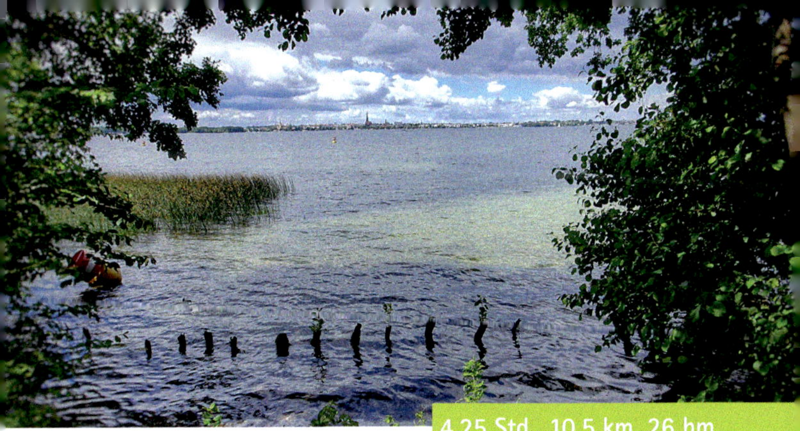

4,25 Std., 10,5 km, 26 hm

Bemerkung: 10,5 km reine Wanderstrecke (Rest mit Schiff)

15. Am Schweriner Binnensee: Insel Kaninchenwerder und Franzosenweg

Stille Insel und ein prachtvolles Residenzschloss: Kontrastreiche Zwei-Touren-Kombination mit Boots-Intermezzo

Einfach mal die Seele baumeln lassen. Tief durchatmen. Wald und Wasser riechen. Das geht am besten auf einer Insel. Die Wellen plätschern sanft auf das muschelbesäumte Ufer des kleinen Aussichtsplatzes. Der Blick geht über den See hinweg bis zur Stadtsilhouette der Schweriner Altstadt mit Dom und Schloss. Wir haben Zeit, viel Zeit.

Der kleine, nur 3 km lange Rundweg um die Insel Kaninchenwerder, die komplett unter Naturschutz steht, führt gemächlich zu einem Aussichtsturm, durch eine Parklandschaft im englischen Stil und als Pfad durch urigen Wald. Ein Informationszentrum im Inneren des Aussichtsturms, auf der ganzen Insel verteilte Infostelen und ein Grünes Klassenzimmer sorgen für Aufklärung.

Fast 2 ½ Stunden stehen uns hier zur Verfügung, da bleibt Raum für Muße, Genuss und ein kleines Picknick. Dann bringt uns der Ausflugsdampfer, der uns zuvor auf der Insel abgesetzt hatte, bei seiner nächsten Rundfahrt direkt in die quirlige Welt der kleinsten Landeshauptstadt Deutschlands, die jedoch mit dem wohl schönsten Parlamentssitz aufwarten kann.

Das Schiff hält direkt auf das Märchenschloss mit seinen vielen Türmchen zu. Vom Anleger am Schloss geht es, eventuell ja nach einer Besichtigung des Schlosses oder des gegenüberliegenden Staatlichen Museums, zunächst durch den weitläufigen und sehenswerten Schlosspark und anschließend auf dem Franzosenweg immer am Ufer des Schweriner Sees zu Fuß zurück nach Zippendorf.

Thematisch hängen beide Wanderungen tatsächlich zusammen: Die französischen Kriegsgefangenen aus dem deutsch-französischen Krieg (1870/71), die den Franzosenweg gebaut haben, waren auf Kaninchenwerder interniert.

Ausgangspunkt:
Gebührenpflichtiger Parkplatz in Zippendorf oberhalb des Strandes
Gehzeiten: Reine Gehzeit 2,5 Std., zuzüglich Schiffstransfer, Wartezeit auf der Insel, eventuell Zeit für Schloss-, Schlosspark- oder Museumsbesichtigung
Insgesamt 10,5 km, davon 0,5 km vom Parkplatz zum Schiffsanleger Zippendorf, 3 km auf Kaninchenwerder, 7 km vom Schloss nach Zippendorf
Schiffstour: (Stand: Sommer 2021) bitte aktuelle Preise und Fahrzeiten bei der Fahrgastschifffahrt der „Weißen Flotte Schwerin" (Tel. 0385 557770 oder auf www.weisseflotte-schwerin.de erfragen):
- *Abfahrt Zippendorf 11:50, Ankunft Kaninchenwerder 12:00*
- *Abfahrt Kaninchenwerder 14:20, Ankunft Schloss 15:00*

Preise: Erwachsene 12 Euro, Kinder 7 Euro, Hund 3 Euro. Das Ticket kann bereits zu Beginn der Fahrt auf dem Schiff komplett für beide Strecken erworben werden

Anforderungen:
Bis auf einen kurzen, sehr einfachen Anstieg zum Aussichtsturm auf Kaninchenwerder flache Tour ohne besondere Anforderungen, Waldwege und zugewachsene Pfade auf der Insel, daher lange Beinkleidung empfohlen. Vom Schloss nach Zippendorf breiter, asphaltierter Rad-/Gehweg.
Einkehr:
Auf Kaninchenwerder aktuell keine. In Schwerin diverse Restaurants und Cafés in Schloss- und Ufernähe, empfohlen seien in Zippendorf am Ende der Tour u.a.:
- Ⓐ *„Gundels Café" am östlichen Ende des Zippendorfer Strandes, hausgebackene Kuchen und Torten, Am Strand 31, 19063 Schwerin, Tel.: 0385 2181 604*
- Ⓑ *„Strandperle – feine Küche – feine Weine" direkt oberhalb der Zippendorfer Strandpromenade, feine, dennoch bezahlbare Küche mit regionalen Produkten, Am Strand 14, 19063 Schwerin, Tel.: 0385 53 996 110*

Ⓢ Direkt vom Parkplatz geht es zunächst hinab zur Strandpromenade und hier nach links auf den Geh-/Radweg, der nach 300 m den Schiffsanleger ❶ erreicht. Nach der 10-minütigen Überfahrt das Schiff am Anleger der Insel verlassen ❷. Von hier geht es an einem alten, leider geschlossenen Ausflugslokal aufwärts, dann halb links an einigen schönen Platanen und einer Kastanienreihe entlang. An einem Abzweig rechts halten und in einem großen Bogen auf den 18 m hohen Jesarberg mit dem Aussichtsturm ❸. Dieser beherbergt auch eine klei-

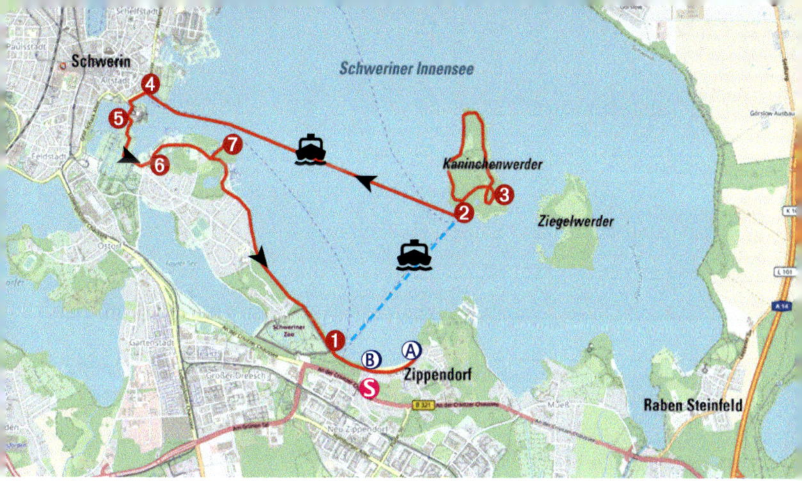

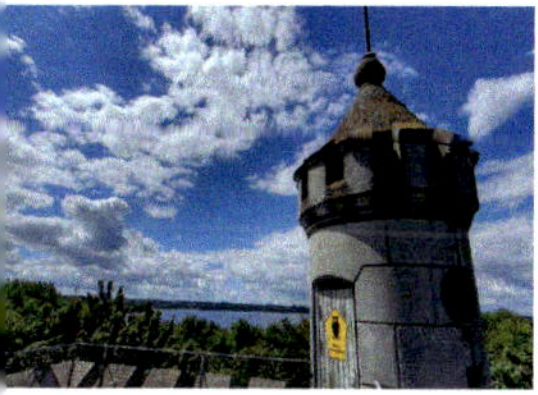

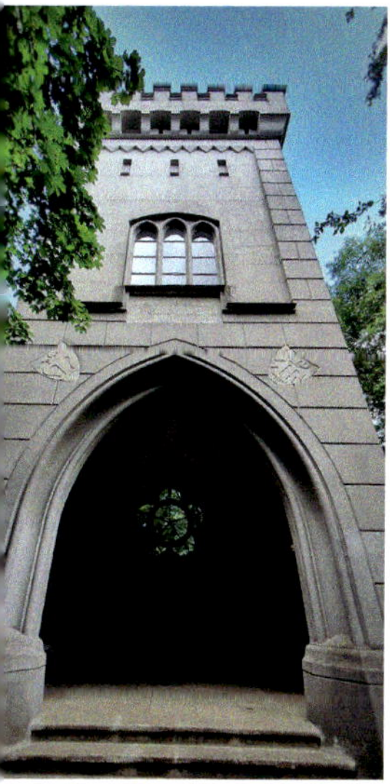

htsturm auf dem Jesarberg

ne Dauerausstellung. Von der Aussichtsplattform bietet sich ein toller Blick auf den Schweriner See und die Schweriner Stadtsilhouette. Am Turm rechts vorbei und nun dem Weg in Ufernähe folgen. Dieser geht bald in einen schmalen Pfad über, der im Sommer etwas zugewachsen sein kann. Allerdings kann man sich auf der kleinen Insel nur schwer verlaufen. Hin und wieder führt der Pfad an kleinen Aussichtspunkten am Ufer vorbei. Umgestürzte Bäume oder Äste bieten hier provisorische Sitzgelegenheiten. Auf einer Wiese auf der Westseite steht zudem eine Rasthütte. Zurück am Anleger laden ein paar Bänke und ein kleiner Strand zum Ausruhen ein. Die Überfahrt mit dem Schiff zum Schloss dauert ca. 40 min. Das Schiff kreuzt zunächst vor dem Schloss (bei jedem Wetter ein Fotomotiv!) und legt dann westlich davon an 4.

Von hier geht es zu Fuß 200 m nach links zur Schlossbrücke, auf dieser zum Schloss 5 und rechts an diesem vorbei. Am Haupteingang rechts auf den Schlosspark zuhalten. Entweder folgt nun ein Bummel durch den Schlosspark mit den schönen Laubengängen oder es geht direkt hinter dem großen Denkmal links bis zu einer breiten Promenade, die nach Norden über einen Bach zu einer Straße führt. Hier dem Wegweiser (Muess

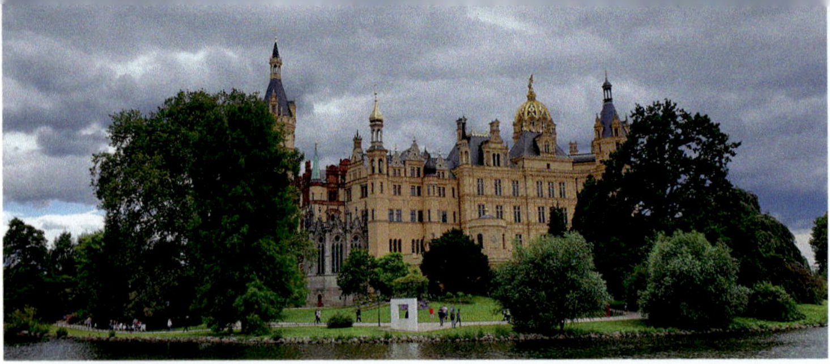

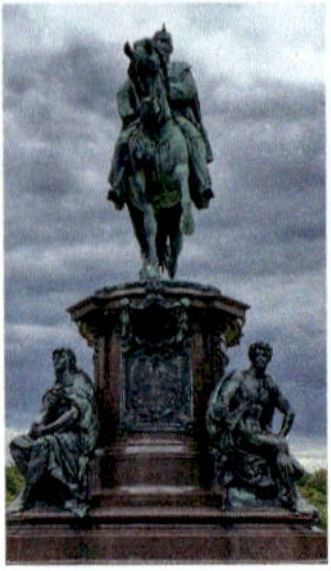

6,0, Zippendorf 4,0) folgen und in den Franzosenweg einbiegen. Am „Ruderhaus" vorbei. Hier sei ein Spaziergang hinter der Backsteinmauer, die sich auf der rechten Straßenseite entlang zieht, empfohlen ❻.

In dem ehemaligen herzoglichen Küchengarten wird ein Rosen- und Staudengarten angelegt und beständig erweitert. Am Restaurant „Schlossbucht 19" rechts halten und immer auf dem breiten Geh- und Radweg bleiben. Knapp 150 m hinter dem Abzweig „Paulshöhe" zweigt links ein Holzplankenweg ❼ ab. Hier lohnt ein Abstecher von 2 x 250 m durch die Sumpflandschaft „Adebors Näs" (niederdeutsch für „Storchschnabel") zu einem Aussichtpunkt am Seeufer. Wieder zurück am Franzosenweg wird 300 m weiter der Moorsee „Große Karausche", ein geschütztes Biotop erreicht.

Nach insgesamt 1 h Gehzeit ab Schiffsanleger endet die Villenreihe auf der rechten Seite und es geht auf den kommenden 1,3 km durch Wald und Wiesen immer am See entlang. Gegenüber eines Spielplatzes wird eine Rasthütte passiert, auf dem folgenden Weg sind rechts die Gehege des Zoos zu erkennen (und zu riechen). Nach insgesamt 5 km sind der Sandstrand und die Promenade von Zippendorf erreicht. Hier abschließend noch einmal 600 m auf der Promenade ❽ entlang, bevor es zurück zum Parkplatz geht.

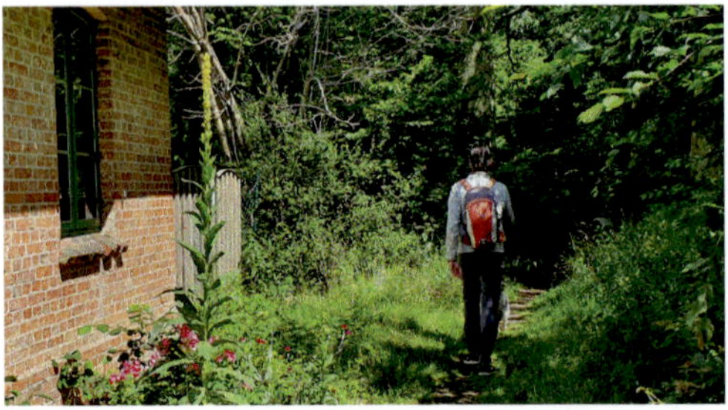

Inselidyll auf Kaninchenwerder

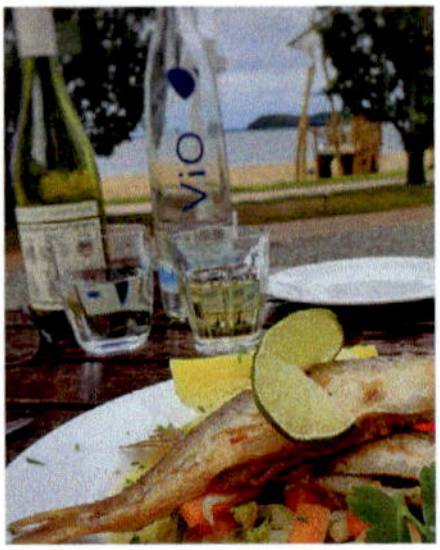

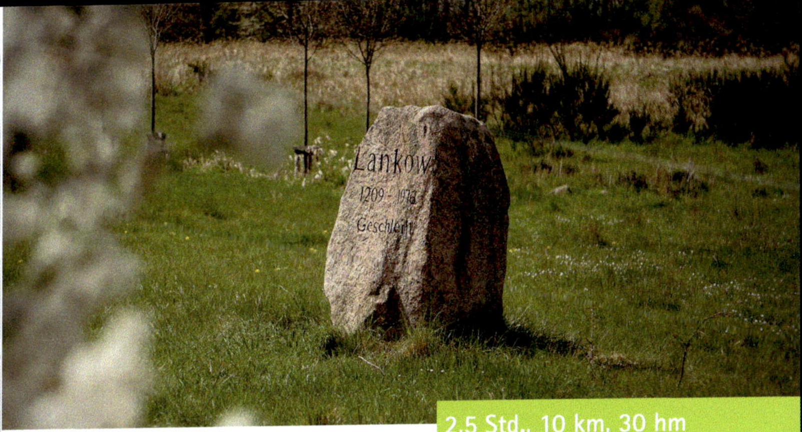

2,5 Std., 10 km, 30 hm

16. Am Lankower See und durch die Molzahner Rinne

Durch die jüngere Geschichte der ehemaligen Grenzregion: ‚Geschleifte' Dörfer

Eine verträumte, wellige Heidelandschaft. Im Juni leuchtet gelb der Ginster. Wälder, ein See. Unberührte Natur. Wirklich? Wären da nicht ein Ortsschild ohne Ort, ein Gedenkstein und Infotafeln, würde längst in Vergessenheit geraten, welche Dramen sich hier vor einem halben Jahrhundert abgespielt haben müssen. Wer genau hinsieht, findet versteckte Hinweise, dass hier einmal ein komplettes Dorf gestanden hat: Kopfsteinpflaster, Obstbäume und Stachelbeersträucher, Fundamentreste und manchmal auch ein verrostetes Küchenutensil. Wie groß muss die Angst der DDR-Führung gewesen sein, dass ihnen die eigene Bevölkerung abhandenkommen könnte, wenn sie ganze Dörfer in Grenznähe schleifen ließ. Wer in jenen Teil der deutschen Geschichte eintauchen will, dem sei diese nicht allzu anstrengende Tour empfohlen, die zudem mit dem Lankower See, der renaturierten Molzahner Rinne, dem schmucken namensgebenden Dorf und einsamen Wegen in Wald und Flur auch durch eine traumhafte Ecke der mecklenburgischen Landschaft führt.

Ausgangspunkt: Wanderparkplatz an der Kreisstraße knapp 2 km südlich von Groß Molzahn, die Zufahrt zum Parkplatz befindet sich am Scheitelpunkt einer Kurve
Gehzeiten: 2,5 Std., 10 km, 30 hm

Anforderungen: einfache Tour, bis auf den Abschnitt durch Groß Molzahn und etwas Kopfsteinpflaster bei Lankow durchweg auf unbefestigten Wegen,
Einkehr: unterwegs keine

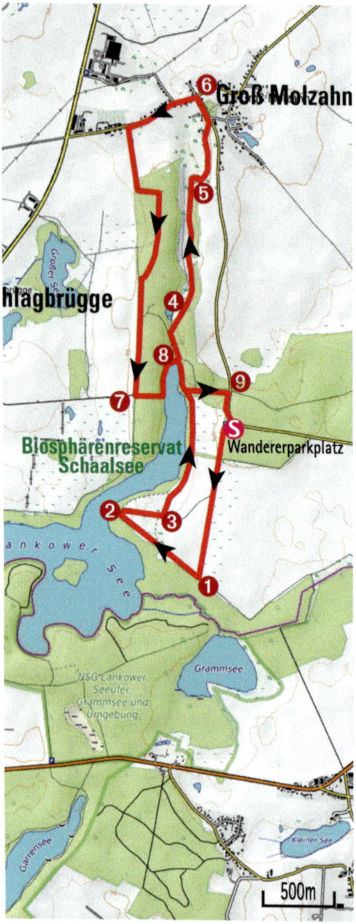

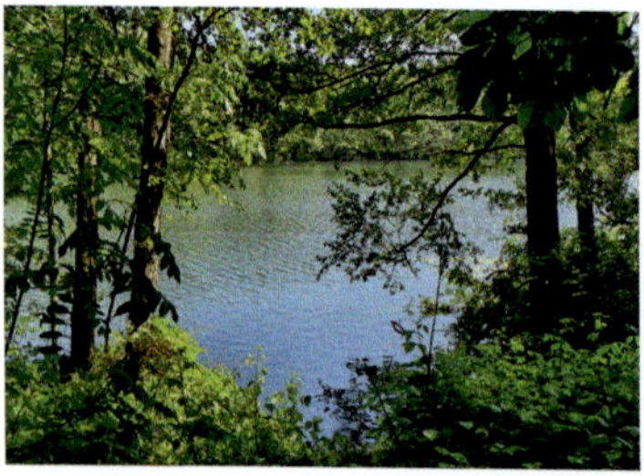

Am Wanderparkplatz S steht neben einer Rastbank eine erste Infotafel. Der dort abgedruckte, handschriftliche Brief von einer Brigitte, die mit ihrer Familie in einer Nacht- und Nebel-Aktion unter dem scheinheiligen Namen „Kornblume“ umgesiedelt wurde und dies einer Ilse mitteilt, ohne Kritik am System äußern zu dürfen, geht ans Herz. Das Dorf Lankow gibt es nicht mehr.

Doch kurz hinter dem Parkplatz, den wir auf dem kopfsteingepflasterten Weg nach Süden verlassen, findet sich ein Ortsschild „Lankow“ . Nach 500 m zweigt der Weg nach halb rechts ab, hier aber weiter geradeaus gehen bis der Weg nach einem weiteren halben km an einer Naturschutz-Eule 1 auf einen Querweg trifft. Es geht nun nach rechts hinauf und wieder hinab direkt zum Ufer des Lankower Sees 2, der hier einen schmalen Arm nach Norden ausbildet. Es gibt keinen Weg direkt am Ufer entlang, jedoch finden sich hier im Ufergestrüpp noch Reste der abgerissenen Gebäude, die bis zum Seeufer hinab geschoben wurden. Es geht wieder zurück den Hang, einige Schritte nach links, dann an der Gabelung rechts halten. Einige Obstbäume und Sträucher lassen erahnen, dass sich hier früher Gärten befunden haben müssen. Bald darauf ist ein Gedenkstein 3 erreicht, der an den geschleiften Ort Lankow erinnert. Auf einer weiteren Infotafel wird anhand einer historischen Karte und Fotos der ehemaligen Hofstellen deutlich, dass hier ein über die Jahrhunderte historisch gewachsenes Dorf samt Gaststätte und Zwergenschule in wenigen Jahren entvölkert und dem Erdboden gleich gemacht wurde. Hinter der

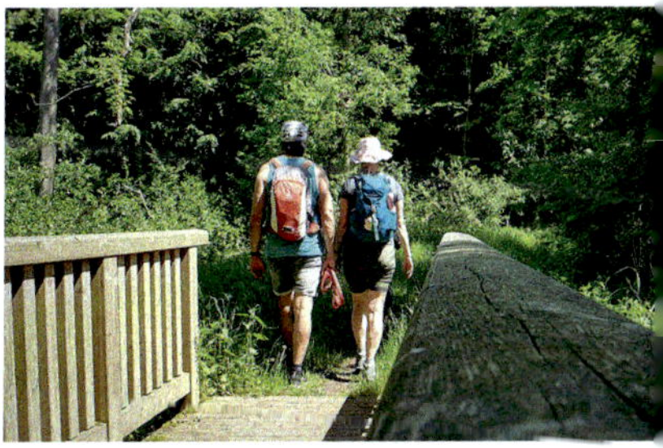

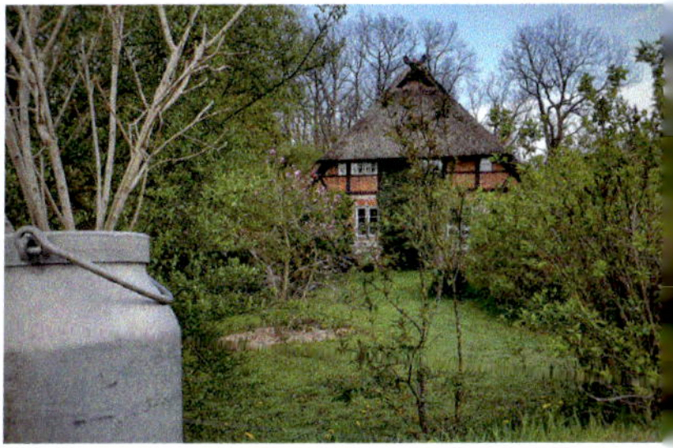

Tafel nicht geradeaus weiter, sondern hinter einer ausladenden Zitterpappel links auf einem nicht immer deutlich sichtbaren grasbewachsenen Weg wieder Richtung See. Es geht nun im Uferwald entlang nach Norden. Nach 45 min Gesamtgehzeit mündet von rechts der Mönch-Ernestus-Weg ein, hier geradeaus weiter und nach 200 m an der Gabelung nochmals weiter gerade aus. Es geht nun durch einen Nadelwald und im weiteren Verlauf hinab in die Molzahner Rinne ❹, ein Niedermoor, dass in einer durch Schmelzwasser eines eiszeitlichen Gletschers entstandenen Rinne liegt und vor wenigen Jahren durch Renaturierungsmaßnahmen wieder hergestellt wurde. Im Grund des von Wäldern umrahmten Tales fließt ein Bach durch einen Schilfgürtel. Das Tal nach 1 ½ km hinter einer aufgelassenen Kieskuhle ❺ nach rechts aufwärts verlassen, der Weg führt an ein paar landwirtschaftlich genutzten Gebäuden vorbei und trifft in Groß Molzahn an einer Buswendeschleife auf die Thurower Straße. Hier am sehenswerten historischen Bauernhaus ❻ nach links abbiegen und weiter 500 m durch den Ort. Dann führt ein Weg hinter einem Bolzplatz links hinab und als mit Hecken und Bäumen gesäumter Feldweg auf einen Wald zu. Dem Weg in einem großen Linksbogen in den Wald hinein folgen, dann rechts halten, bald führt der Weg am Waldrand weiter. Nach 2 Std. Gesamtgehzeit (8 km) trifft der Weg wieder auf den hier von rechts herabführenden Mönch-Ernestus-Weg. An der kleinen Kreuzung ❼ dem Wegweiser „Kloster Rehna" in den Wald hinein folgen und kurz darauf recht steil hinab zum Lankower See. Es geht in einem Bogen um den Nordzipfel des Sees und über eine Brücke ❽, hinter dieser nach rechts und nach 200 m an der nächsten Gabelung links weiter auf dem Pilgerweg. 300 m weiter ist die schmale Kreisstraße ❾ erreicht. Nach rechts und 200 m auf dem Seitenstreifen erreichen wir unseren Ausgangspunkt am Wanderparkplatz.

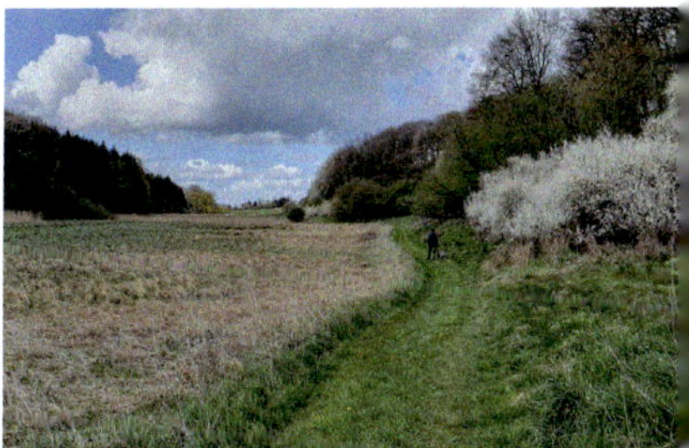

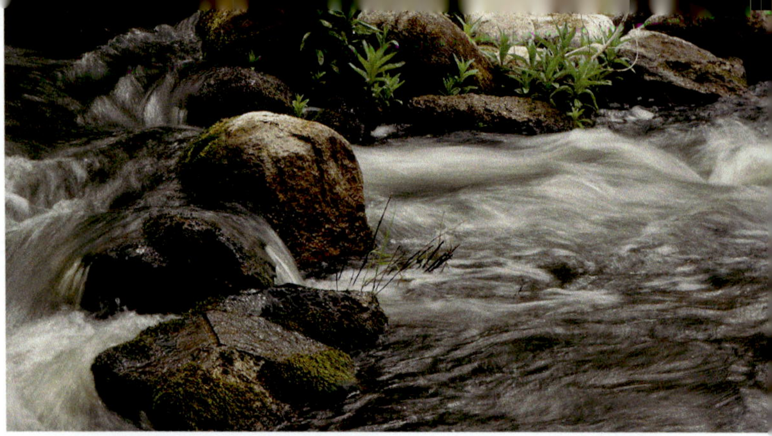

Nicht allzu groß aber wildromantisch:
Entlang an Flüssen und Wasserläufen

„Echte" Flüsse gibt es in Westmecklenburg bis auf die Elbe, die den südwestlichen Zipfel des Bundeslandes als Grenzfluss tangiert, eigentlich nicht.
Aber Fließgewässer, die mehr als ein Rinnsal sind, werden von den Mecklenburgern dennoch konsequent als Flüsse bezeichnet. Und deshalb bleiben wir hier auch gern dabei. Sie warten nur auf eine Entdeckung.

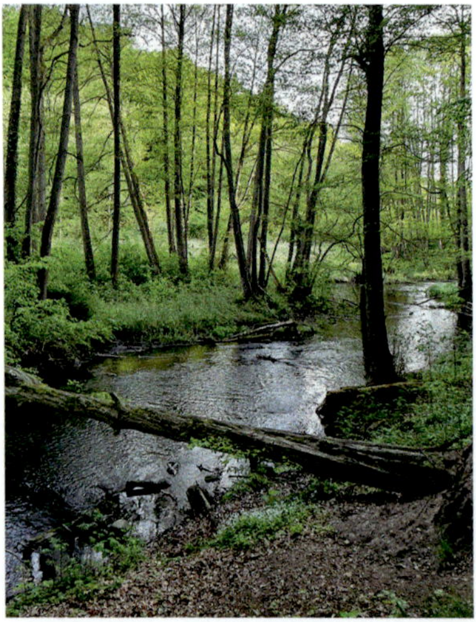

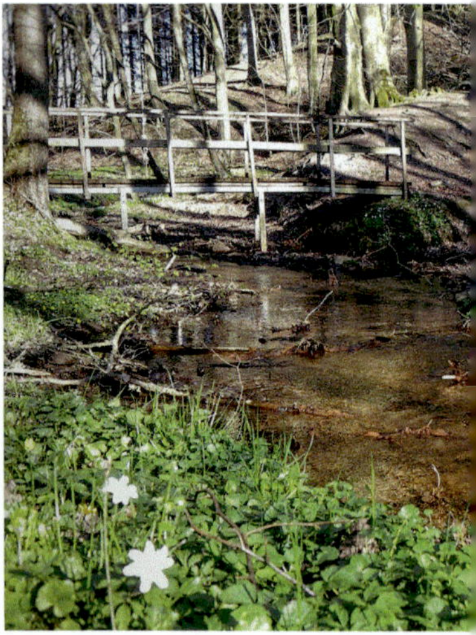

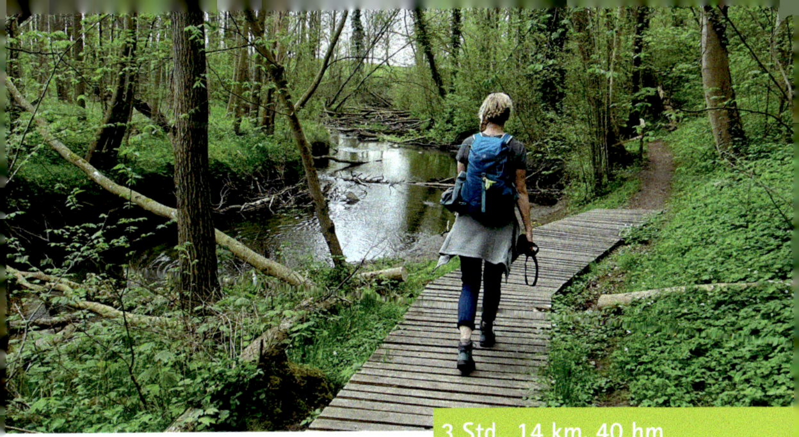

3 Std., 14 km, 40 hm

17. Durch das Hellbachtal und die Neubukower Tannen

Ein wildromantisches Bachtal, eine alte Allee und ein herrlicher Wald

Nein, genau genommen gehört Neubukow nicht mehr zur Region Westmecklenburg. Die Geburtsstadt des Troja-Entdeckers Heinrich Schliemann liegt bereits im Landkreis Rostock und somit im mittleren Mecklenburg. Wer aber zwischen Boltenhagen und Schweriner Seenland unterwegs ist, sollte sich diese schöne Rundtour nicht entgehen lassen, die neben einer faszinierenden Landschaft mit der alten Wassermühle, der Holländerwindmühle und dem Schliemann-Museum auch kulturell und historisch einiges zu bieten hat. Ein gutes Stück der Route führt zudem über den Jakobsweg.

S Vor dem Parkplatz auf der Straße „Amtsgarten" Richtung Innenstadt gehen, an einer Rettungswache vorbei und nach 300 m rechts über eine Holzbrücke. Hinter dieser nach links im Bogen um den Wallberg **1** herum bis zu den historischen Gebäuden der Wassermühle in der Mühlenstraße und am Teich entlang.

<u>Ausgangspunkt:</u>
Parkplatz an der Reriker Straße/Am Amtsgarten in Neubukow
<u>Gehzeiten:</u> 3 Std., 14 km, 40 hm
<u>Anforderungen:</u>
einfache Rundtour, im Hellbachtal Wanderpfad, ansonsten Wald- und Feldwege, ca. 1/3 Asphalt
<u>Einkehr:</u> Restaurants und Cafés in Neubukow

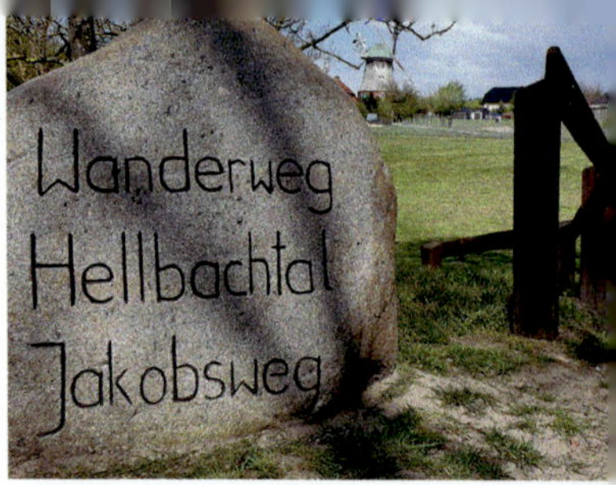

Hinter der Brücke über den Fischaufstieg des Hellbaches zweigt links über Stufen ein Weg über die Wiesen Richtung Windmühle ab (Wegweiser-Stein „Wanderweg Hellbachtal Jacobsweg"). Rechts des Wäldchens entlang und anschließend am Feldrand bis zu einem großen Insektenhotel. Hier führen Stufen hinab in das Hellbachtal. Der Pfad führt nun für ca. 2 km auf und ab durch das urwüchsige Tal mit dem in Mäandern dahinfließenden Bach. Ein abwechslungsreicher und gut gemachter Naturlehrpfad lädt zum Hinsehen und Ausprobieren ein.

An einem Querweg endet der begehbare Abschnitt durch das Tal ❷. Wir gehen nach links, über eine Hellbach-Brücke und an den Schrebergärten von Buschmühlen geradeaus. An einem Turmhügel (Schild) vorbei, halb links in den Grünen Weg und vor den Häusern entlang. Die Chaussee überqueren ❸ und auf der anderen Seite etwas weiter rechts in die schöne Allee einbiegen.

An einer Gabelung ❹ (von links kommt ebenfalls eine Allee, rechts geht es zu einem Windrad) weiter geradeaus. An einem Platz mit einer Bank ❺, mehreren Schildern leicht rechts am Waldrand entlang. Nach 1 km ab Bank ist der kleine Ort Questin ❻ erreicht Hier noch vor einer Straßenkreuzung scharf links in den Weg einbiegen, der zunächst zwischen Wiesen und Wald entlang führt und bald darauf in diesen einbiegt. Dem breiten Forstweg 1/2 km folgen, dann an einer Kreuzung nach links und 250 m weiter rechts in den breiten Forstweg abbiegen. Auf diesem bis zur Bundesstraße, diese und wenig später auch die Bahnlinie überqueren.

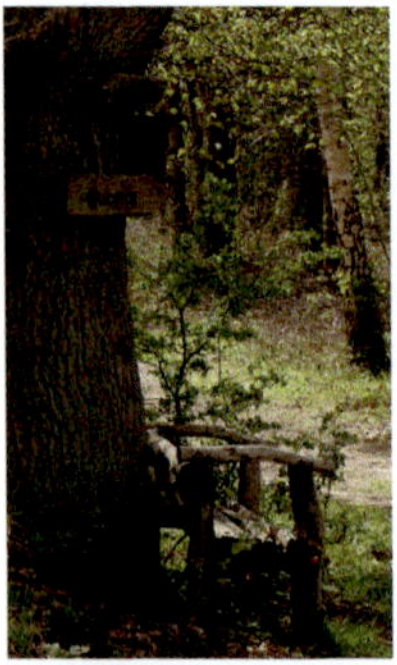

An einer Kreuzung mit 5 Wegen ❼ schräg links und

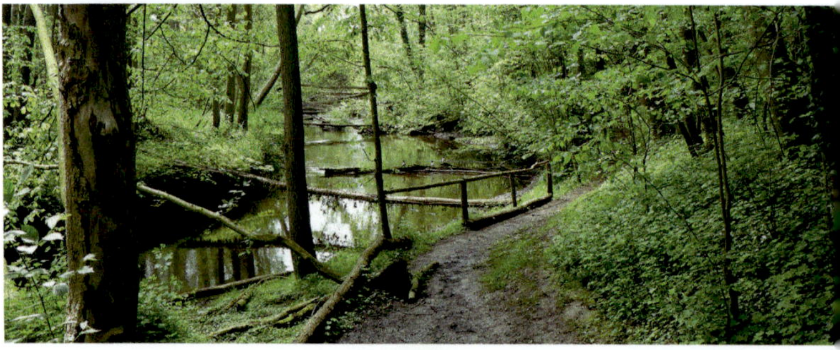

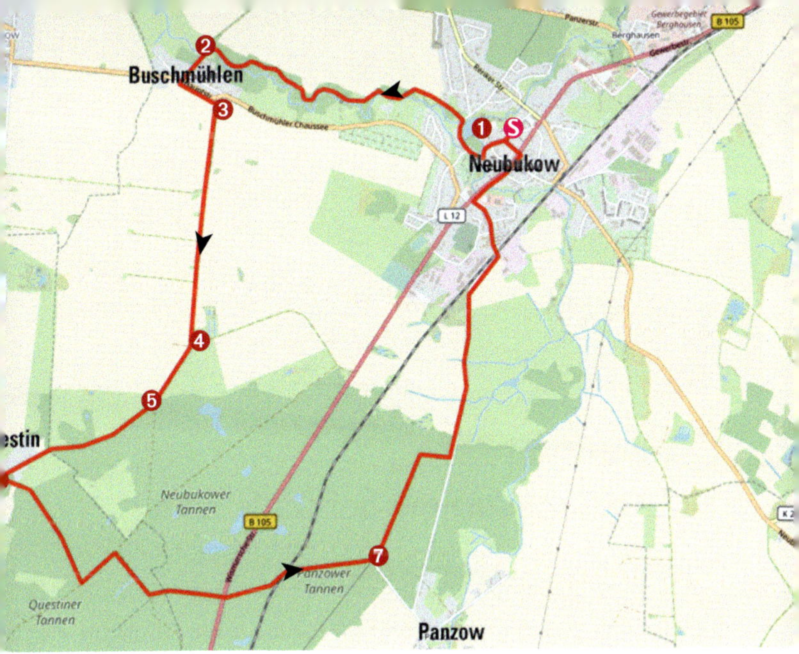

nach wenigen Metern links in den Querweg einbiegen. Hier geradeaus und dort, wo dieser Weg an einem Querweg endet, nach rechts gehen, bis der Waldweg auf eine schmale Straße trifft. Diese führt aus dem Wald heraus und zwischen geschützten Wiesen hindurch zum Ortseingang von Neubukow. Am Ortsschild links über den Bahnübergang, dann geradeaus durch das Wohngebiet und über den Parkplatz des Supermarktes. Hinter diesem über eine Holzbrücke, an der Hauptstraße nach rechts in das Stadtzentrum bis zum Marktplatz gehen. Rechts am Rathaus vorbei und in die Marktstraße einbiegen. Kurz darauf nach links und wieder nach rechts in die Straße "Amtsgarten". Wenig später ist der Parkplatz erreicht.

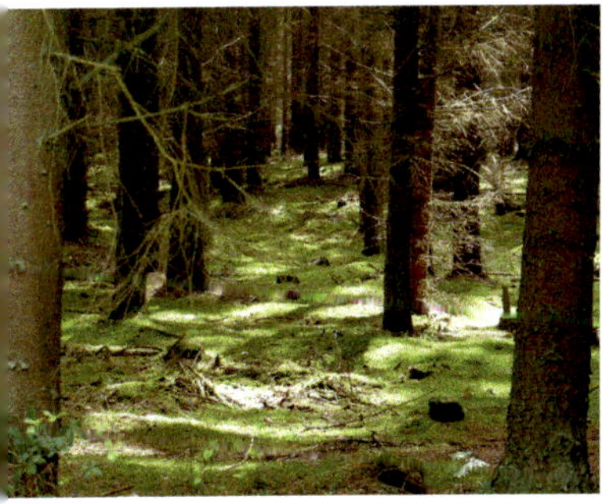

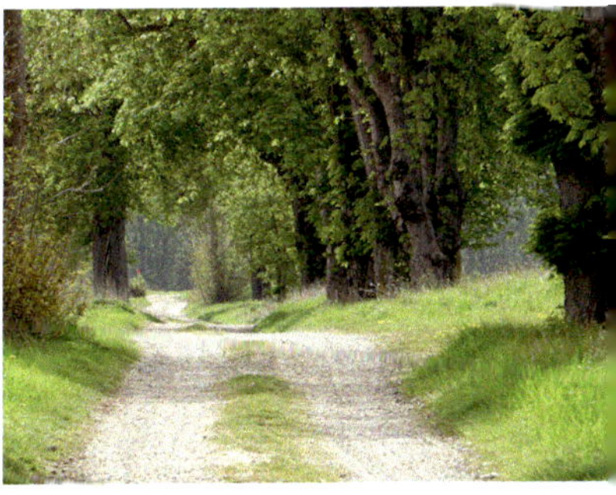

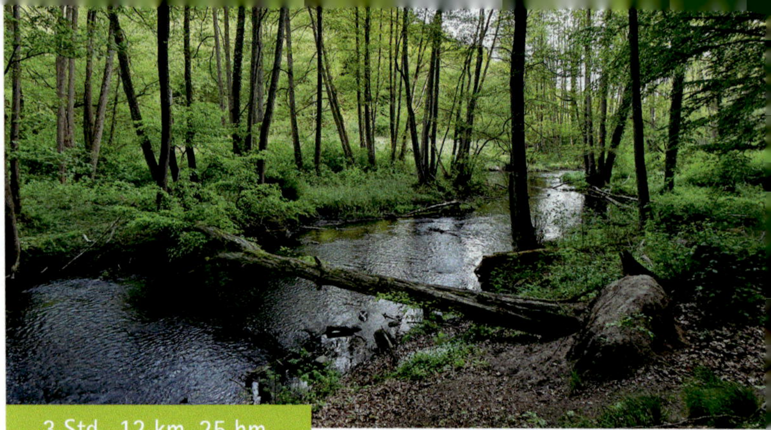

3 Std., 12 km, 25 hm

18. An der Warnow bei Gädebehn

Im Südwesten des Sternberger Seenlands

Die insgesamt 155 km lange Warnow kennen aktive Mecklenburger und ihre Gäste meist von schönen Paddeltouren mit Kanu oder Kajak, vor allem im nördlichen Sternberger Seenland mit dem romantischen Warnow-Durchbruchtal und dann gen Norden hinauf bis zur Mündung in die Ostsee bei Rostock-Warnemünde. Unsere Tour führt uns allerdings am stillen Oberlauf der noch recht jungen Warnow entlang und durch ein Naturschutzgebiet, dessen nährstoffarmer und trockener Boden einen extremen Lebensraum für Pflanzen und Tiere bietet.

S Start der Tour ist die sehenswerte kleine Kirche auf einer Anhöhe oberhalb des Warnowtals in Kladow. Wir gehen die Straße „Am Kirchberg" in südöstliche Richtung ca. 200 m hinab zum Warnowtal. Hinter der Brücke biegen wir nach rechts auf einen Waldweg ein, der uns mit Blick auf die Warnowwiesen in rund 25 min bis nach Muchelwitz führt. Am Ortseingang von Muchelwitz 1 wird die

Ausgangspunkt:
Kirche in Kladow, erreichbar von der B321 von Schwerin Richtung Crivitz, am Hotel Waldschlösschen auf die kleine Straße nach Gädebehn links abbiegen
Gehzeiten: 3 Std., 12 km

Anforderungen:
einfache Rundwanderung auf überwiegend unbefestigten, teils sandigen Wald- und Feldwegen, kleinere Steigungen bei Muchelwitz und im NSG
Einkehr: unterwegs keine

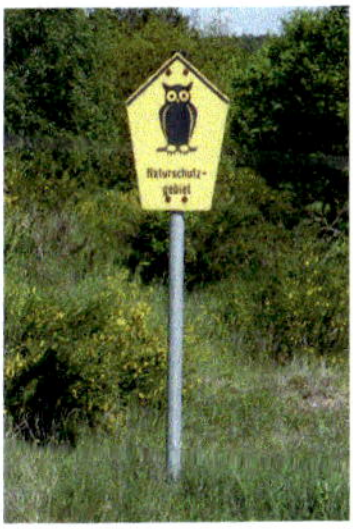

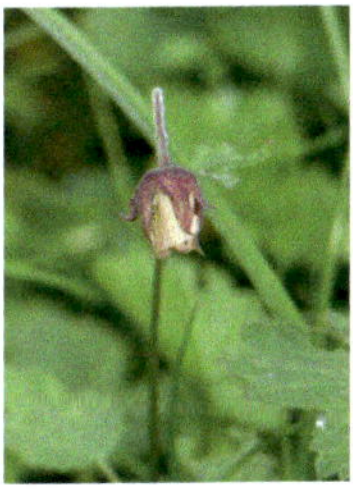

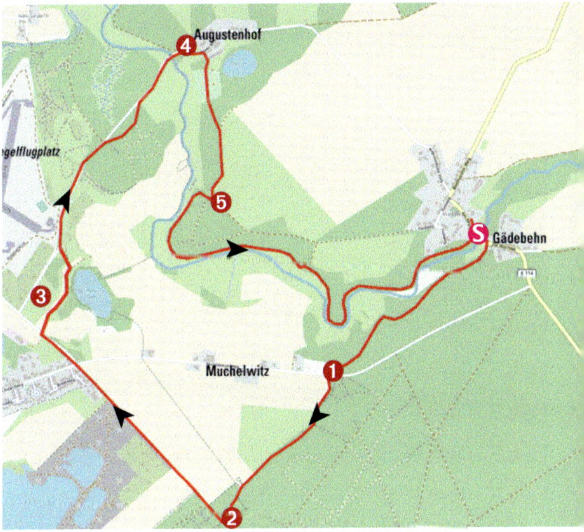

Straße gequert. Der Waldweg führt nahe am Waldrand entlang, auf den letzten 150 m noch einmal in den Wald hinein und trifft dann auf einen Querweg ❷. Wir folgen diesem Forstweg nach rechts und aus dem Wald heraus und geradewegs über die Felder nach Petersberg bei Pinnow. Hier überqueren wir die Straße ein zweites Mal und gehen auf dem gegenüberliegenden Sandweg (Teil des „Räuber-Röpke Sagenpfades") weiter. Nach gut 400 m biegen wir rechts ab und wandern über das Naturschutzgebiet „Trockenhänge am Petersberg" mit seinen weiten Magerrasen- und Ginsterheiden, in dem mehr als 500 Schmetterlingsarten nachgewiesen wurden ❸.

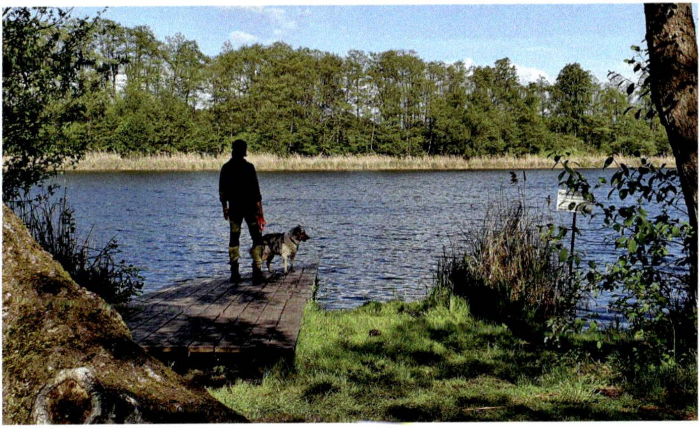

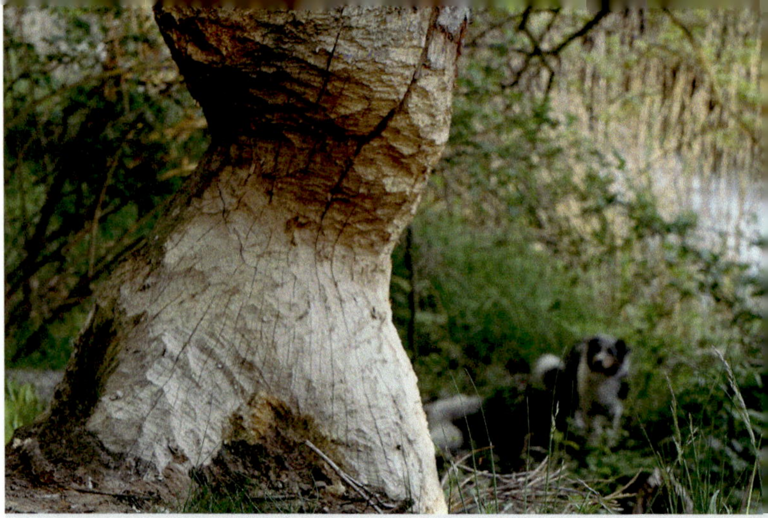

Hier ist Meister Bockert, der Biber, am Werk.

Der Weg führt hinab in Richtung Augustenhof, über die Warnowbrücke und biegt dahinter rechts in die Asphaltstraße ein. Vor den ersten Häusern von Augustenhof ❹ biegen wir rechts ab und gehen geradewegs durch eine Kleingartenanlage. Wo diese endet, führt an einem kleinen Parkplatz geradeaus ein Pfad in den Wald. Sobald der Weg aus dem Wald heraustritt, geht es nach rechts zwischen Feld und Wald entlang. Hinter einer markanten Linksbiegung zweigt rechts ein oft etwas verwachsener Weg in den Wald hinein ab ❺. Diesem nach rechts folgen. Nach einer langgezogenen Linkskurve trifft der Weg auf einen Querweg, hier rechts zum Warnowufer hinab. Nun nach links, zunächst auf

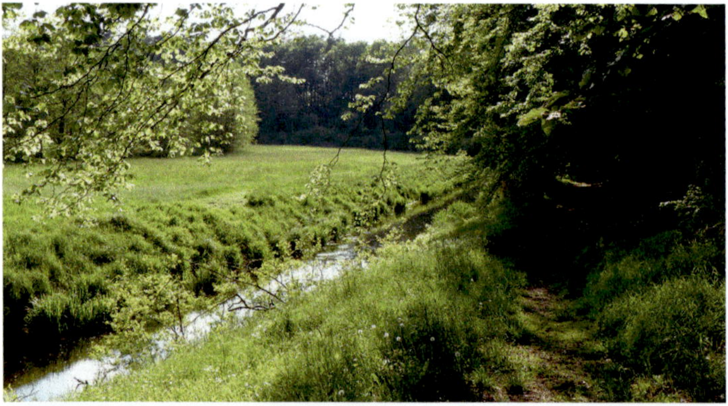

Die Warnow: Hier nennt sie sich noch Bach.

schmalem Pfad am Wandrand oberhalb der Warnow entlang. Die letzten gut 3 km begleitet uns die Warnow bis nach Kladow zurück.
Auf den letzten Metern durchfließt sie noch einmal wildromantisch den Wald, bevor wir uns an der Brücke (Schautafeln) nach links wenden und an der Straße zur Kirche und zum Ausgangspunkt der Wanderung hinaufgehen.

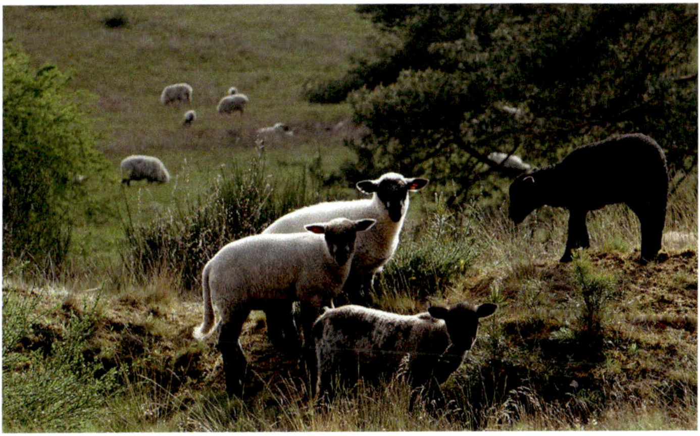

Extensive Beweidung schafft Artenreichtum

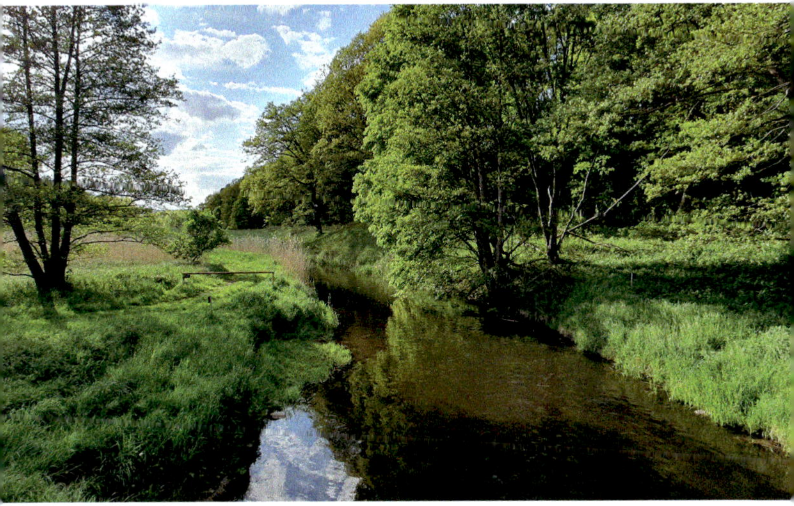

Auch das ist die Warnow: Paddlerparadies für Insider

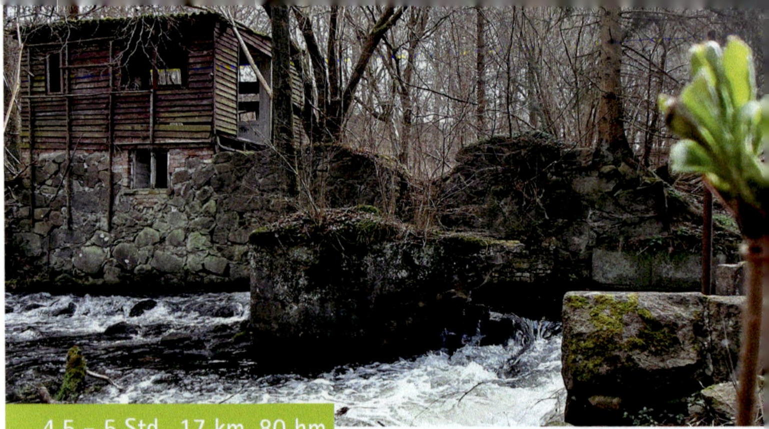

4,5 - 5 Std., 17 km, 80 hm

19. An der Warnow bei Vorbeck und Karnin

Große, stille Runde im Naturpark Sternberger Seenland

Ein alter Kirchsteig führt mit weiten Aussichten bis nach Karnin. Dort, im wildromantischen Warnowtal, fließt die junge Warnow ungezähmt und sprudelnd an den Mauern einer ehemaligen Wassermühle entlang. Auf dem Weg durch die hügelige eiszeitliche Landschaft führt der Weg vorbei an knorrigen alten Baumveteranen, über einen archäologischen Lehrpfad, zu einem Mausoleum mitten im Wald und über einen Golfplatz. Final geht es, wenn gewünscht, etwas abenteuerlich über einen Acker und an einem Wildgehege entlang zum Ausgangspunkt zurück. Mehr Abwechslung wäre kaum auszuhalten ...

Ⓢ Die Tour startet an der Kirche in Langen Brütz, in deren Nähe sich auf dem Seitenstreifen der Kleefelder Straße Richtung Ortsausgang einige Parkmöglichkeiten finden. Es geht links an der Kirche vorbei und auf dem Kirchsteig aus dem

Ausgangspunkt:
Langen Brütz, Kirche
Gehzeiten: 4 ½ bis 5 Std., 17 km,
Anforderungen:
lange Rundtour mit einigen Höhenunterschieden, überwiegend unbefestigte Pfade und Waldwege, im dritten Viertel gut 2 km über einen Golfplatz (kein Schatten) und kurz vor Ende 250 m weglos über ein Feld (Alternative möglich)
Einkehr:
Ⓐ Restaurant Landhaus Bondzio, Hauptstraße 21 a, 19067 Langen Brütz, Tel.: 03866 46050,
Ⓑ Restaurant Kranichhaus auf dem Golfplatz bei Vorbeck, Kranichweg 1, 19065 Gneven, Tel.: 03860 502200

Ort heraus. Der historische Kirchsteig führt nun an Hecken entlang über Felder und an einigen Baumschulflächen vorbei hinauf zu einer Anhöhe mit einer Bank ❶. Hier weitet sich der Blick bereits über das Warnowtal bis hin zu einem deutlich erkennbaren Höhenzug. Nach einer Viertelstunde geht es an einem kleinen See und anschließend einem Moor vorbei. Nach 2 km bzw. einer halben Stunde führt der Weg 300 m durch einen Wald. Dort, wo der Weg aus dem Wald wieder heraustritt ❷, kurz links halten und dann auf dem Feldweg nach rechts in östliche Richtung gehen. Der Weg führt an einem Kiefernwäldchen und einer Heidefläche mit einer Bank entlang. An einem Abzweig geht es links zum kleinen Ort Karnin, wir halten uns jedoch rechts und an der Einmündung in einen breiteren Weg wiederum rechts. Es geht zwischen zwei alten Gebäuden hindurch und direkt in das waldreiche Tal der Warnow. Hier an den Überresten der ehemaligen Richenberger Wassermühle ❸ plätschert die Warnow munter vor sich hin. Nach einer ausgiebigen Rast oder Fotopause geht es 30 m hinter der zweiten Brücke nach links in das Warnowtal hinein und ca. 250 m am Fluss entlang, bis ein schmaler Pfad nach rechts in den Wald abzweigt und sich rasch aus dem Warnowtal und nach 400 m auch aus dem Wald herauswindet. Es geht in einer Rechtsbiegung auf einem Wiesenweg um einen Wald herum.

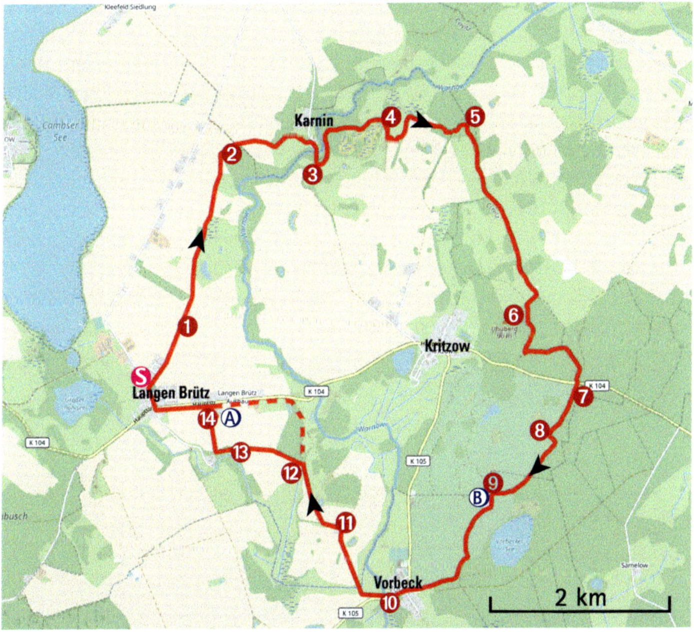

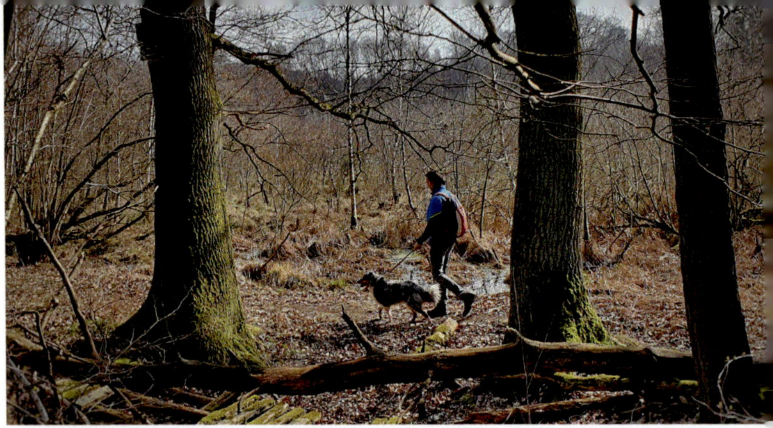

Unberührt und urig: Hier hat man Zeit für sich.

Kurz hinter dem Scheitelpunkt dieser Biegung ❹, also rund 250 m nachdem wir den Wald verlassen haben, geht es auf einem nicht immer deutlich sichtbaren Fahrstreifen quer über eine Wiese. Als Orientierung kann die gegenüberliegende langgezogene Erhebung dienen: Dort, wo sie im Nordosten auf einen Wald zuläuft, führt der Weg an einer originellen Rasthütte hinauf, über eine weitere Wiese und schließlich wieder als deutlich erkennbarer Weg in einen Wald mit einem bemerkenswerten alten Baumbestand hinein. Es geht an einem Hang entlang. An einem Wegweiser ❺ auf dem archäologischen Lehrpfad am Waldrand links Richtung Waldfriedhof halten, auf schmalem Pfad steil hinab und an knorrigen Baumveteranen vorbei. Im fröhlichen Auf und Ab öffnet sich immer wieder der Blick weit über die leicht hügelige mecklenburgische Landschaft. Vor einem größeren Waldgebiet geht es 100 m nach rechts, bevor der Weg in den Wald hineinführt und kurz darauf auf einen Waldfriedhof mit Mausoleum ❻ trifft. Die Gruft ist zwar verschlossen, ein kurzer Besuch des Friedhofes lohnt wegen der Mystik dennoch. Wieder am Eingangstor des Friedhofs noch 150 m Richtung Süden, dann zweigt in spitzem Winkel ein Weg nach links ab. Auf die-

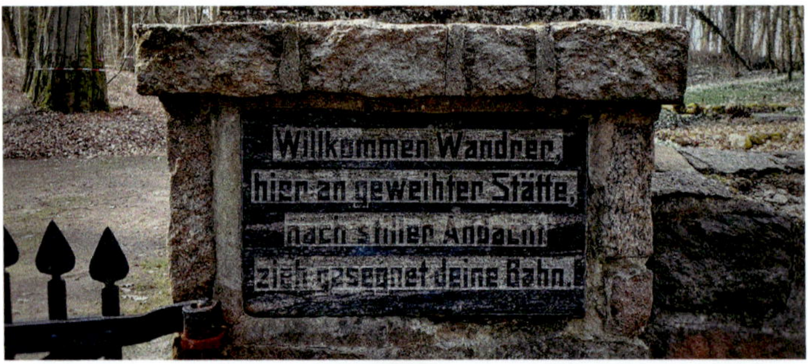

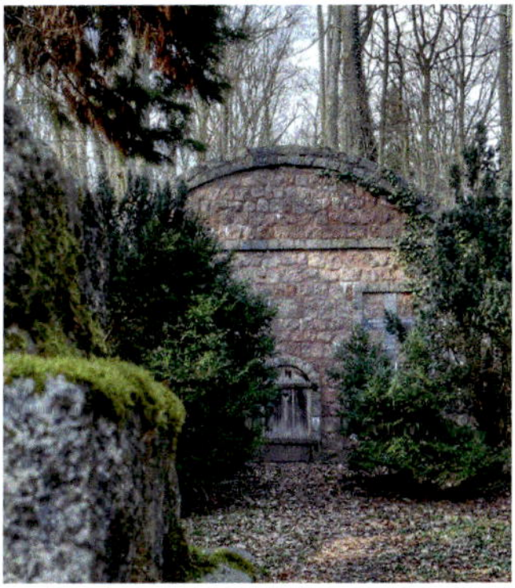

sem weiter, nach 300 m rechts abbiegen und nach weiteren 400 m die Chaussee queren. Nun geht es durch das (bislang unverschlossene) Tor ❼ eines großen Golfplatzes. Hier auf dem Fahrweg zunächst parallel zum Waldrand bis zu einer Schutzhütte ❽, vor dieser leicht links und weiter am Waldrand entlang. An einer Gabelung nicht links zum See hinunter, sondern rechts zum Golfhotel ❾ (mit Restaurant!), über den dahinter liegenden Parkplatz und ca. 1 km auf der Zufahrtstraße bis nach Vorbeck. Hier an der Kreuzung nach halb links auf die Kritzower Straße einbiegen und auf dieser 200 m bis zur Brücke über die Warnow ❿. Hinter dieser rechts auf einen unbefestigten Feldweg einbiegen. Dieser leitet über einen Bach und hinauf zu einer kleinen Anhöhe, dahinter liegen die wenigen Häuser des Hofes „Auf dem Raden" ⓫. Der Weg biegt hier nach links, 200 m weiter nach rechts und führt an einem hübschen kleinen See vorbei. Dort, wo der Weg auf ein Wäldchen trifft ⓬, entweder weiter rechts am Wald entlang bis zur Chaussee und an dieser nach links auf dem Geh- und Radweg 1 km bequem, aber langweilig bis nach Langen Brütz. Oder aber links am Wäldchen entlang und dann weglos 250 m weiter geradeaus über ein Feld, eventuell auf den Fahrspuren der landwirtschaftlichen Maschinen, bis zu einem Taleinschnitt mit Blick hinab in ein Damwildgehege und auf den Bach Motel ⓭. Oberhalb des Taleinschnittes führt wieder ein Weg an einem Beobachtungspunkt entlang, biegt bald darauf nach rechts ab und hält an einer Baumreihe direkt auf das Landhaus Bondzio zu. Über den Hof des Landhotels ⓮ zur Chaussee und auf dem Geh- und Radweg nach links 500 m in den Ort hinein, rechts in die Kleefelder Straße einbiegen, dann ist kurz darauf der Ausgangspunkt an der Kirche erreicht.

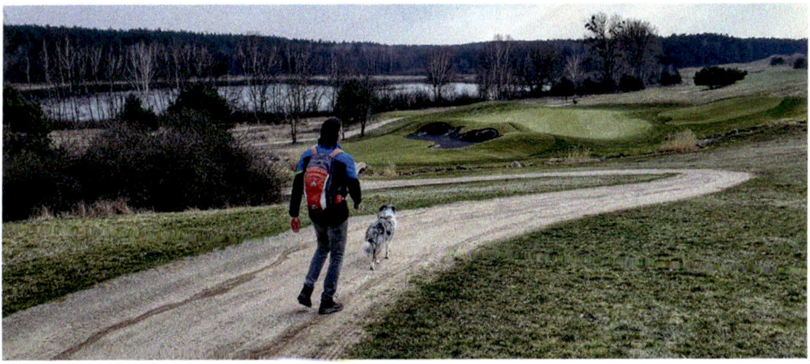

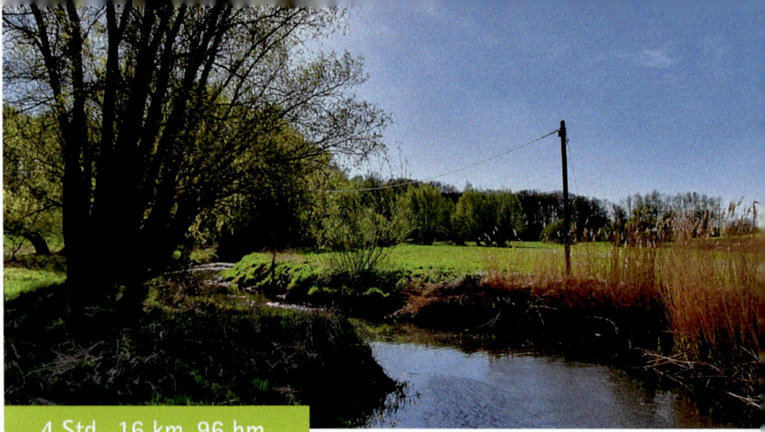

4 Std., 16 km, 96 hm

20. Rund um Hanstorf

Rundwanderung durch verschlafene Dörfer und unberührte Natur an den Niederungen von Maurine und Stepenitz

Was ist ein Os? Wer hier zuerst an die kleine Dorothy denkt, die von einem Sturm in das magische Land Oz getragen wird, liegt leicht daneben. Und in diesem Falle handelt es sich auch nicht um ein Betriebssystem. Aber mystische Orte und seltene Wesen können dem Wanderer auf dieser schönen Tour durch das Naturschutzgebiet „Stepenitz- und Maurine-Niederung" schon begegnen. Das Geheimnis um das Os lüftet sich bereits im ersten Drittel der Tour.

Ⓢ Westlich des Parkplatzes am Gasthaus „Luisenhof" zweigt eine Sackgasse nach Süden ab. Wir folgen dieser wenig befahrenen Asphaltstraße durch den Wald in Richtung Hanstorf. Bereits nach wenigen Metern erwartet uns auf der linken Seite neben einer Rastbank der erste Hingucker: Ein Holzkünstler aus Grevesmühlen hat in einen 1,20 m dicken Eichenstamm in filigraner Feinarbeit die Handelsstraße von Lübeck nach Wismar gesägt ❶. Wer den Stamm um-

Ausgangspunkt:
Parkplatz am Gasthaus „Luisenhof" direkt an der B 105 bei Mallentin
Gehzeiten: 4 Std., 16 km
Anforderungen:
einfache Rundwanderung auf überwiegend unbefestigten Feld- und Waldwegen
Einkehr:
Ⓐ Gasthaus „Luisenhof", Lübecker Straße 1, 23936 Roggenstorf/ Ortsteil Tramm; Tel.: 038824 258

rundet, kann LKW, Kirchen, Bäume, sogar Radfahrer erkennen. Und selbstverständlich findet sich auch das nahe gelegene Gasthaus wieder.

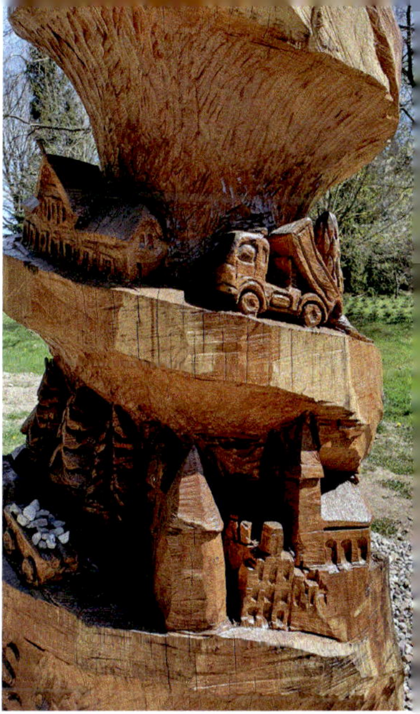

Wir setzen unsere Wanderung an der Straße fort. Nach 5 Minuten lichtet sich der Wald auf der linken, nach weiteren 700 Metern, die Straße macht hier einen leichten Knick nach links, auch auf der rechten Seite. Der Blick reicht weit über die leicht wellige mecklenburger Landschaft. Wir folgen weiterhin der Straße und erreichen 20 Minuten nach dem Beginn unserer Tour den Ortseingang von Hanstorf ❷. Hier folgen wir dem Wegweiser nach rechts in Richtung Seedorf. Ein markanter Stein und ein paar originelle Kunstwerke verraten, dass wir uns jetzt auf dem Jakobsweg befinden.

Der breite, unbefestigte Weg führt uns in einer Viertelstunde, nur beobachtet von ein paar Lamas, aus dem Ort heraus und in sanften Wellen über die Felder nach Seedorf ❸. Hier scheint die Zeit stehen geblieben zu sein. Riesige alte Kastanienbäume säumen die (noch) unbefestigte Dorfstraße und einige Gänse schauen uns schnatternd hinterher. An einem Abzweig folgen wir dem Wegweiser geradeaus Richtung Prieschendorf, bis sich auf der linken Seite der Blick über eine Wiese öffnet.

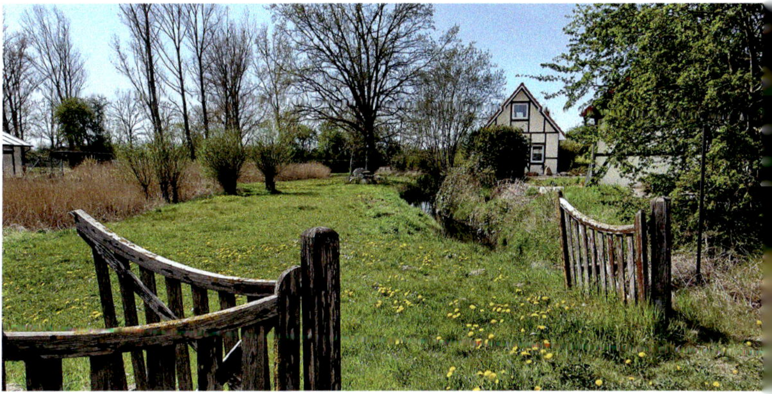

Dorfidyll in Prieschendorf

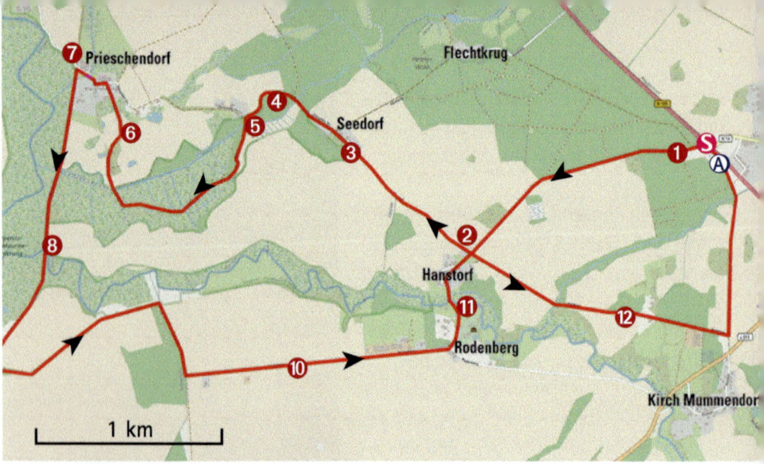

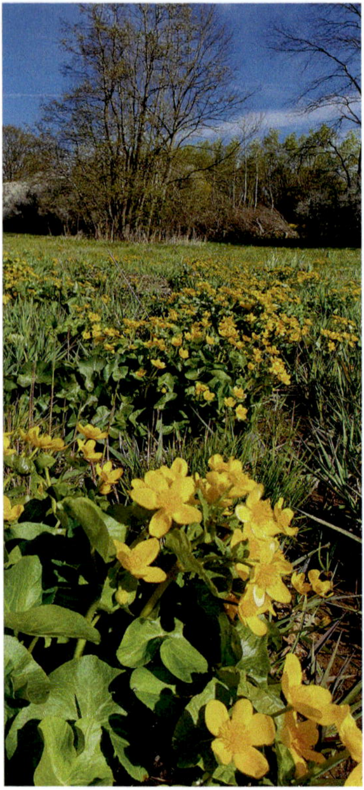

Wir überqueren einen Bach und hier erfahren wir an einer Schautafel auch, was es mit dem Os auf sich hat ❹. Es handelt sich um eine geologische Besonderheit, einen von Schmelzwassern der Eiszeit aufgeschütteten Wall aus Sand oder Kies. Die Tafel klärt uns auch über hier vorkommende seltene Tier- und Pflanzenarten auf. Wie zur Bestätigung klopft hoch über uns in den alten Bäumen ein Kleinspecht.

Am nahen Wegweiser gehen wir weiter Richtung Prieschendorf, biegen dann aber nach knapp 500 Metern am Ortseingang links über eine Brücke in die uralte Kastanienallee ab, an deren Beginn eine massive Holzbank ❺ mit Blick über die Wiesen zu einer Rast einlädt. Direkt geradeaus führt der Hauptweg durch den Ort. Der hier empfohlene rund 2 km lange Umweg durch die Feuchtwiesen der Stepenitz-Niederung, der am Ende wieder auf den Hauptweg trifft, ist landschaftlich sehr reizvoll, sollte allerdings nach starken Regenfällen gemieden werden. Er führt nach dem Ende der Allee in einem weiten Rechtsbogen zunächst auf einem Fahrweg an einem kleinen Graben entlang durch die Feuchtwiesen und später durch den Schilfgürtel des Holmbaches, der hier als Mühlengraben weiter fließt, wobei der Weg hier auf rund 200 m sehr aufgeweicht sein kann. Sobald wir an einem Hochsitz auf einen Querweg treffen, folgen wir diesem nach rechts und haben bald wieder festen Boden unter den Füßen. Auf der rechten Seite stehen die Ruinen zweier alter Gebäude ❻. Da wir uns hier in der 5-km-Sperrzone des ehemaligen Grenzgebietes der DDR befinden, ist naheliegend, dass diese Häuser und Ställe aufgrund der Grenznähe zur DDR-Zeiten geräumt werden mussten oder von den Bewohnern für eine Flucht in den „Westen" verlassen wurden.

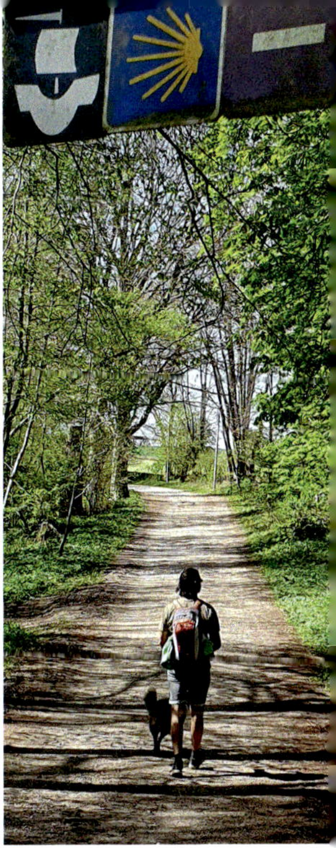

Bald darauf erreichen wir Prieschendorf und gehen direkt auf ein imposantes Stallgebäude zu, an dessen Backsteingiebel die Jahreszahl 1927 prangt. Vor diesem riesigen Gebäude treffen wir wieder auf den Hauptweg und folgen der Straße nach links und in der darauffolgenden Kurve nach rechts durch den Ort. Nach 300 m kreuzt die Straße den historischen Bahndamm. Wo einst eine Dampflok zwischen Schönberg und Dassow schnaufte, verbindet heute ein wunderbar ebener Rad- und Wanderweg entlang des Maurinetals die beiden mecklenburgischen Kleinstädte. Eine Stele informiert hier auch über die wechselhafte Geschichte des Ortes Prieschendorf.

Wir folgen dem Weg auf dem alten Bahndamm ❼ nach Süden (Wegweiser: Lübeck, Schönberg). Auf der rechten Seite blitzt durch den breiten Schilfgürtel der Fluss Maurine hindurch. Nach 10 Minuten queren wir den Mühlengraben und können auf der linken Seite in einiger Entfernung ein Stück des (Um-) Weges erkennen, den wir vor kurzem gegangen sind.

Nach weiteren 600 m führt der alte Bahndamm über die Stepenitz ❽, die hier noch 300 Meter vor sich hat, bevor sie im dichten Schilf mit der Maurine zusammenfließt. Mit etwas Glück lassen sich Eisvögel, Kornweihen und sogar Seeadler beobachten.

Hinter der Holzbrücke, die auf den sichtbaren Fundamenten einer alten Eisenbahnbrücke errichtet wurde, wandern wir noch einen knappen Kilometer auf dem ehemaligen Bahndamm, bevor wir an einem Trafohäuschen links in einen Feldweg einbiegen ❾. Wir folgen diesem Weg, der bald eine leichte Linkskurve beschreibt, zwischen alten Kopfweiden, bis er sich einer der Schleifen der Stepenitz nähert.

Kurz darauf erreichen wir einen Waldrand, gehen gut 100 m an diesem entlang und folgen dann dem Weg scharf nach rechts um den Wald herum.
In der Ferne erkennen wir zwei einzelnstehende Häuser. Sobald diese erreicht sind, biegen wir auf die von rechts kommende Straße ab, lassen die beiden Häuser rechts liegen und gehen rund 1,8 km ostwärts. Die Straße führt leicht ansteigend über Felder, auf der Kuppe ⑩ lohnt sich ein Blick zurück über die eiszeitlich geprägte Landschaft. In der Ferne ist bei guter Sicht das Hochhaus von Travemünde in Schgleswig-Holstein, rechts davor der Kirchturm von Dassow zu erkennen. Auf der gegenüber liegenden Seite der Stepenitz zeigt sich durch die Bäume der erste Teil unseres heutigen Weges, dahinter der dichte Forst des Holmer Waldes.
In Rodenberg gehen wir an einem Landwirtschaftsbetrieb und einigen Häusern vorbei. An einer Kreuzung halten wir uns links, folgen der Straße aber nur ein kurzes Stück. Der Weg führt nun auf einer Wiese hinab zur Stepenitz und quert diese dann über eine schmale Fußgängerbrücke ⑪. Hinter dieser geht es auf einem Wiesenweg kurz hinauf, dann ist Hanstorf erreicht. Hier halten wir uns rechts und sehen bald die Kreuzung, an der wir zu Beginn unserer Wanderung auf den Jakobsweg eingebogen sind. Kurz vor der Kreuzung gehen wir jedoch rechts und dann auf dem breiten Jakobsweg über die Felder nach Osten.
Wir durchwandern ein Tal mit einem Bach und erreichen nach einem kurzen Anstieg einen Wald und bald darauf die schön gelegenen wenigen Häuser von Mummendorf-Ausbau ⑫. Anschließend wird eine Stallanlage passiert. An einem Silo trifft unser Weg auf einen Querweg, dem wir nach links folgen. Er führt uns, zeitweise als Hohlweg, einen knappen Kilometer bis zu einem Wald, an dessen Rand wir noch 300 m weiter gehen. Kurz darauf endet der Weg am Gasthaus „Luisenhof". Dieses ist vor allem regional bekannt durch seine deftige Hausmannsküche.

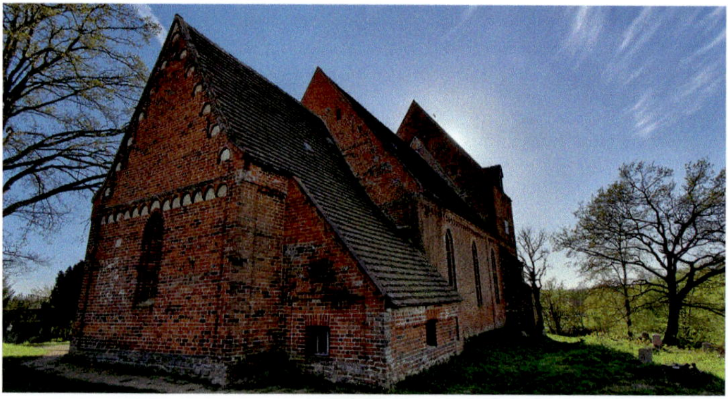

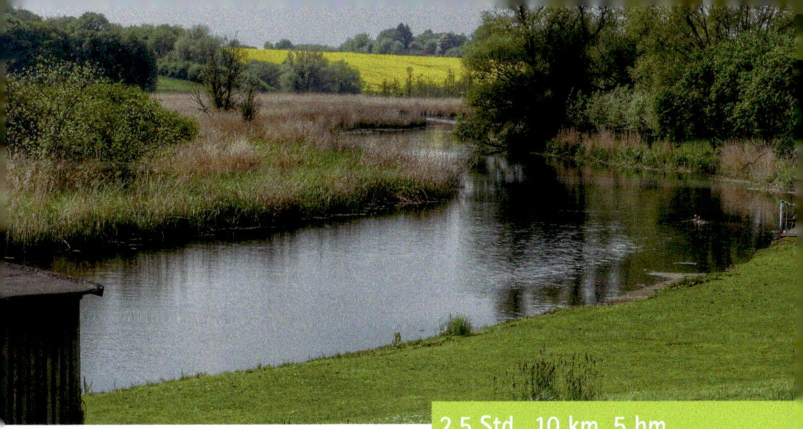

2,5 Std., 10 km, 5 hm

21. Im Naturschutzgebiet Stepenitztal-Maurine-Niederung

Naturerlebnis auf einem alten Bahndamm von Schönberg nach Dassow

Das Naturschutzgebiet umfasst die weitläufigen naturnahen Talniederungen der Stepenitz zwischen Rodenberg und Dassow, der Maurine zwischen Schönberg und Malzow sowie des Mühlengrabens südlich von Prieschendorf. Mit allen drei Gewässern machen wir auf dieser Tour Bekanntschaft.
Die bis zu 25 m breiten und stark mäandernden Flüsse sind von einem bis zu 600 m breiten Schilfgürtel umgeben. Unser Weg führt auf dem Damm der ehemaligen Bahnstrecke Schönberg-Dassow entlang. Der Betrieb wurde 1951 eingestellt und die Gleise für Reparationszahlungen an die Sowjetunion abgebaut. Nach der politischen Wende wurde auf dem durchgängig erhaltenen alten Bahndamm ein Rad- und Wanderweg zwischen den beiden mecklenburgischen Kleinstädten eingerichtet.

Ausgangspunkt:
Innenstadt-Parkplatz an der Fritz-Reuter-Straße
Gehzeiten: 2,5 Std., 10 km
Anforderungen:
einfache Wanderung auf überwiegend unbefestigten Wegen
Einkehr: unterwegs keine,
• in Dassow: Ⓐ Restaurant „Alte Sattlerei", Friedensstraße 24, 23942 Dassow, Tel.: 038826 80607
• in Schönberg: Ⓑ Schönberger Pizzaria und Grillhaus, Am Markt 10, 23936 Schönberg, Tel.: 038828 809420
Hinweis: Streckenwanderung, daher Rückfahrt von Dassow nach Schönberg mit Linienbus empfohlen. Buslinie 300 (Nahbus), fährt fast nur an Schultagen (vorher erkundigen), Alternativ: mit 2 Autos fahren!

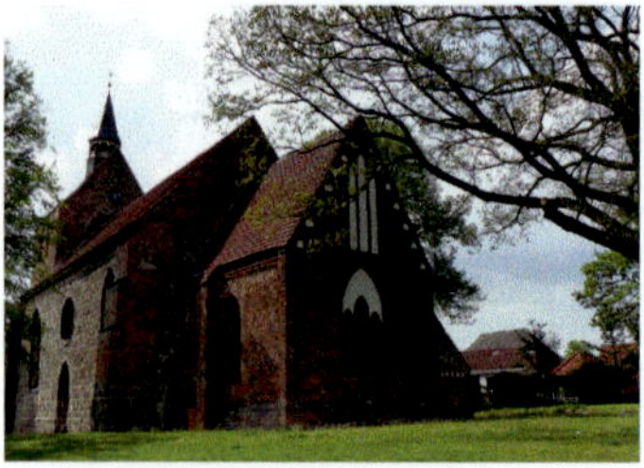

S Vom Parkplatz gehen wir ein kurzes Stück zurück zur Fritz-Reuter-Straße und folgen dieser ca. 400 m nach rechts in östliche Richtung. Vor einem Baumarkt nach links in den Bünsdorfer Weg und auf der wenig befahrenen Straße aus der Stadt hinaus, auf einer Brücke über eine Bahnstrecke und kurz darauf auf einer weiteren Brücke über die Umgehungsstraße, hinter welcher wir nach ca. 80 m links in ein Teersträßchen (Wegweiser: Dassow) einbiegen **1**.

Knapp 500 m weiter geht es hinter einem Regenrückhaltebecken nach rechts ab (Wegweiser). Wir befinden uns jetzt auf dem historischen Bahndamm, der 2001 als Rad- und Wanderweg ausgebaut worden ist, nachdem bereits 1951 der Betrieb zwischen Schönberg und Dassow eingestellt wurde und das Gebiet lange Zeit wegen der Nähe zu innerdeutscher Grenze nur mit Passierschein betreten werden durfte. Die Teerstraße geht schon bald in einen unbefestigten Weg über. Dieser verläuft am östlichen Rand des Maurinetals. Sobald die Hecke den Blick nach links freigibt, schauen wir über den breiten Schilfgürtel des Naturschutzgebietes Stepenitz-Maurine. Nach einer Stunde Gesamtgehzeit ist der Ort Groß Bünsdorf erreicht **2**.

Der Rad- und Wanderweg quert hier die Dorfstraße. Es sei aber ein Abstecher nach links über die Kopfsteinpflasterstraße in das verträumte Dorf mit einigen sehenswerten Fachwerk- und Bauernhäusern empfohlen. Wieder zurück auf dem Hauptweg folgen wir diesem weiter in nördliche Richtung. Auf dem gut erhaltenen Bahndamm geht es weitestgehend geradeaus mit einigen wenigen langgezogenen Kurven. Kurz hinter einem Abzweig nach rechts, den wir aber ignorieren, bietet sich an einer Bank ein weiter Blick über das Maurinetal **3**.

Nach eineinhalb Stunden Gesamtgehzeit erreichen wir eine Holzbrücke. Diese ist auf den alten Widerlagern der ehemaligen Eisenbahnbrücke errichtet worden und führt über die Stepenitz, die wenige hundert Meter weiter auf die Maurine trifft und mit dieser als Stepenitz weiter Richtung Dassower See und Ostsee fließt.

Auf der anderen Seite der Holzbrücke befindet sich auch eine Bank für eine Rast. Gut einen halben km weiter führt der Weg über den Mühlengraben, nach weiteren 700 m treffen wir auf den Ort Prieschendorf. Hinter einer Info-Stele zur Geschichte des Ortes biegen wir links in die Straße nach Lütgenhof ein **4**.

Wir kommen hier dem Fluss noch einmal sehr nahe, der ansonsten im dichten Schilf versteckt in weiten Mäandern ruhig dahinfließt.

Die kleine Straße führt an zwei einzelnstehenden Gehöften (Ziegelei) vorbei und als denkmalgeschützte Allee mit uralten Lindenbäumen Richtung Schloss Lütgenhof, dessen Zufahrt sich auf der linken Seite befindet. Das Herrenhaus im Stil des Klassizismus aus dem 19. Jahrhundert, das viele Jahre als Hotel genutzt wurde und dann leer stand, wurde zuletzt zu einer Klinik umgebaut ❺. Wir folgen der Straße weiter geradeaus durch das Wohngebiet und treffen in Dassow unterhalb der Kirche auf die Lübecker Straße. Hier befindet sich auch die Bushaltestelle ❻, von der aus uns ein Bus nach Schönberg zurück zum Ausgangspunkt unserer Wanderung bringt.

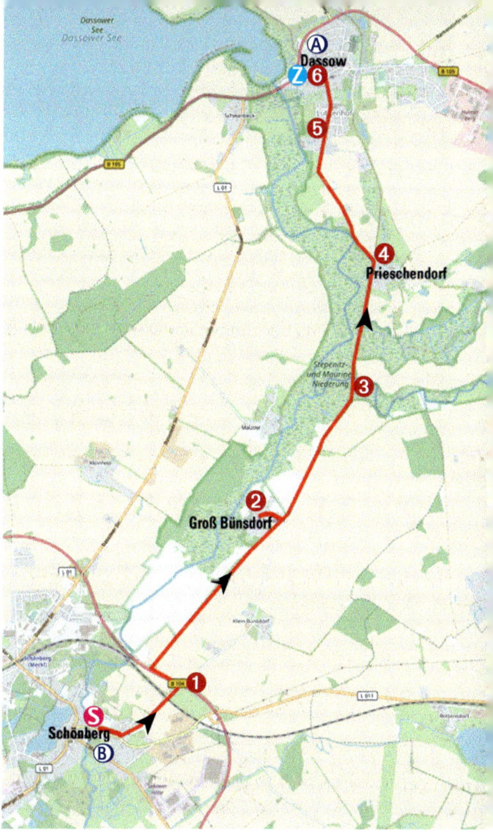

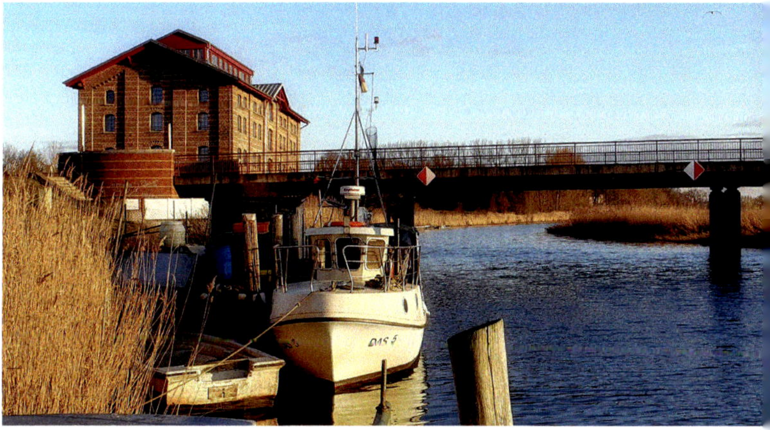

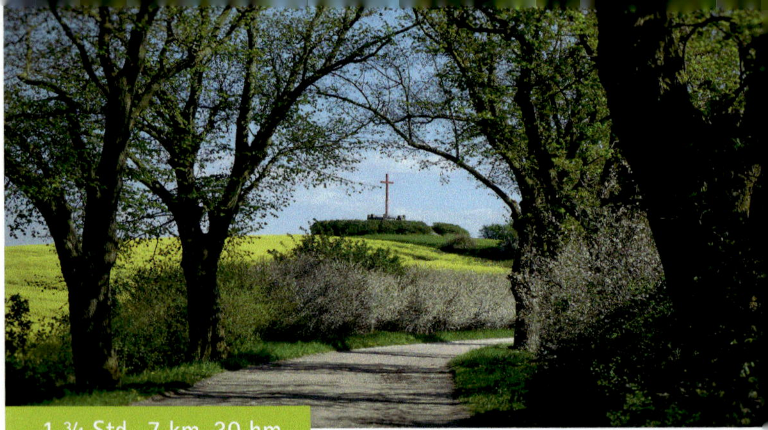

1 3/4 Std., 7 km, 30 hm

22. Im Radegasttal bei Rehna

Flussmäander, Kriegerdenkmal mit Rundumblick und ein malerisches Klosterstädtchen

Diese schöne Rundtour auf ausschließlich unbefestigten Wegen bietet Landschaft pur. Der Weg führt durch das Naturschutzgebiet Radegasttal, durch Wald, über Wiesen und Felder und schließlich zu einem Kriegerdenkmal für die im 1. Weltkrieg gefallenen Soldaten aus Rehna und Umgebung, das einen traumhaften 360-Grad-Ausblick über die eiszeitlich geprägte Hügellandschaft bietet. Im Anschluss an die Tour empfiehlt sich ein Besuch der Klosterstadt Rehna mit Fachwerkhäusern, der Klosterkirche, dem Klostergarten und einem preisgekrönten Renaturierungsprojekt inmitten der Stadt.

S Die Tour beginnt direkt am Parkplatz vor dem Eingang zum Schul- und Sportkomplex. Nach wenigen Schritten zweigt am Ende der Asphaltstraße rechts hinter den Garagen ein Fahrweg ab. Wir wechseln kurz darauf auf den unterhalb des Fahrweges parallel verlaufenden Pfad und wandern an den Radegastwiesen mit dem in Mäandern dahinfließenden Fluss entlang. Nach ca. 10

Ausgangspunkt:
Parkplatz am Schulkomplex im Osten der Stadt, Benziner Weg
Gehzeiten: 1 3/4 Std., 7 km, 30 hm

Anforderungen:
einfache Tour mit leichten Höhenunterschieden auf ausschließlich unbefestigten Wegen
Einkehr: unterwegs keine

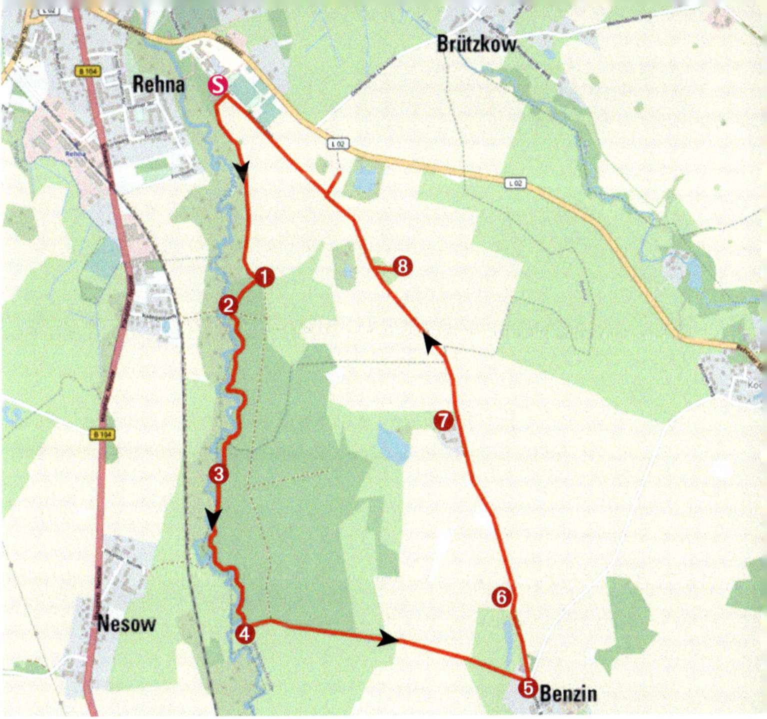

Minuten treffen Pfad und Fahrweg wieder zusammen, überqueren einen Bachlauf und gabeln sich dann. Wir folgen dem Pfad nach rechts ❶. Kurz darauf gabelt sich der Weg ein zweites Mal. Folgt man dem Weg nach rechts, gelangt man auf eine kleine Brücke, von der sich ein schöner Blick über die Radegastwiesen bietet ❷.

Wir gehen jedoch geradeaus und wandern stets am Rand der Feuchtwiesen, meist durch lichten Wald, entlang. Nach kurzer Zeit trifft der Pfad wieder auf den Forstweg, um kurz darauf nochmals rechts abzuzweigen. Nach ca. 30 Minuten Gehzeit trifft unser Pfad ein drittes Mal auf den Forstweg, dem wir ein kurzes Stück durch eine Niederung und über einen Bach folgen, um anschließend wieder rechts in den Pfad einzubiegen, der uns erneut zur Radegast führt ❸.

Wir wandern noch ca. einen halben Kilometer am Fluss entlang, bis der Wald endet und wir auf eine

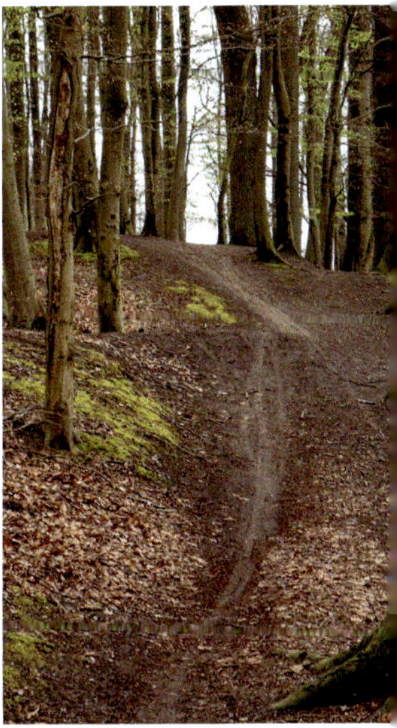

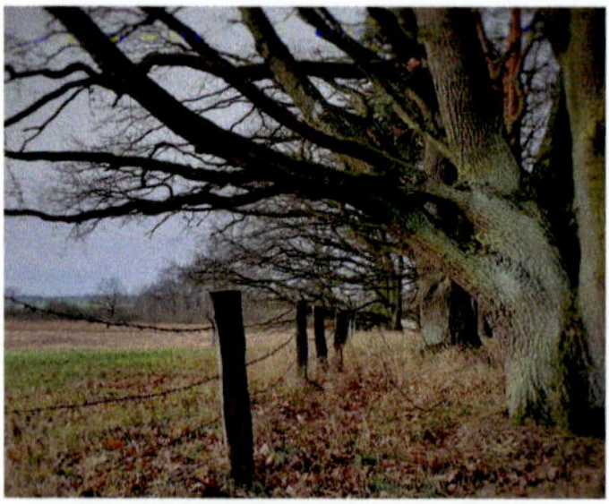

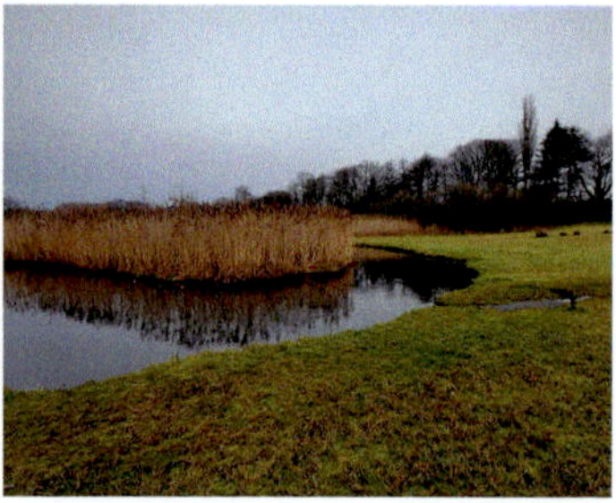

Uns erwartet ein abwechslungsreiches Landschaftsbild

weite Wiesenlandschaft ❹ blicken. Hier biegt unser Weg nach links und wir verlassen die Radegast endgültig. Zunächst führt unser Weg am Waldrand mit sehenswerten alten Eichen entlang, dann über Felder und Wiesen zum kleinen Ort Benzin (1 Std. ab Start, 3,5 km). Nach dem ersten Haus trifft der Weg auf eine Kurve der Kreisstraße, nach wenigen Schritten biegen wir scharf links in den Feldweg ein ❺.

Wir lassen ein Haus mit Stallgebäude links liegen und gehen an einem Dammwildgehege ❻ mit einem großen Teich vorbei. Der breite Fahrweg windet sich durch Wiesen und Felder, führt nach einer Viertelstunde an einem einzelnstehenden Haus und kurz darauf an einem alten Dreiseitenhof ❼ vorbei und steigt anschließend bis zu einer Kuppe an. Von hier aus ist bereits das rote Eisenkreuz des Kriegerdenkmals zu sehen. Nach weiteren 500 m durch eine alte Kastanienallee zweigt rechts der kurze, aber knackige Anstieg zum Denkmal ab. Von hier bietet sich ein traumhafter Ausblick auf die sanfte Hügellandschaft ❽. Dieser besondere Ort bietet sich für eine Rast an. Anschließend folgen wir der schönen Allee noch einen Kilometer und treffen am Ortseingangsschild von Rehna auf unseren Ausgangspunkt. Im Anschluss an die vergleichsweise kurze Tour bietet sich ein Stadtbummel durch die Klosterstadt an.

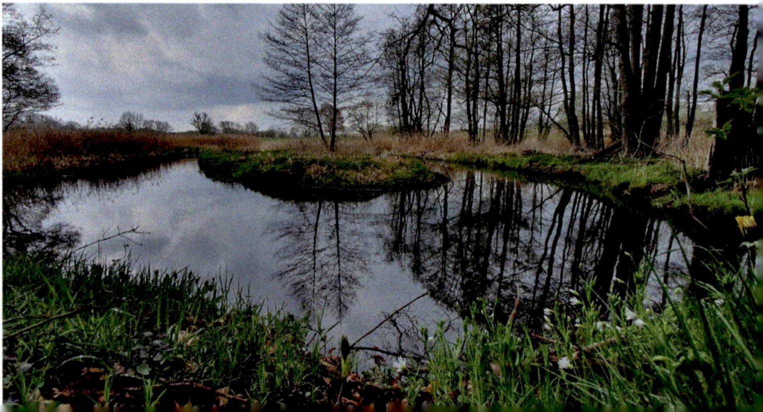

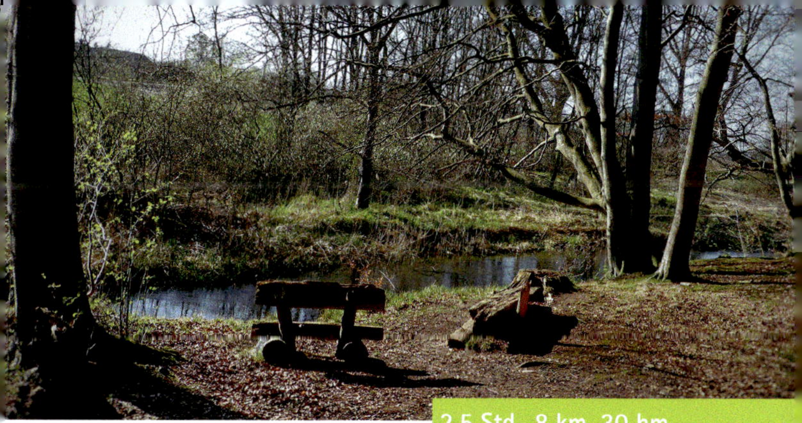
2,5 Std., 8 km, 30 hm

23. Im Radegasttal bei Holdorf

Am kleinen Fluss zu jungsteinzeitlichen Großsteingräbern, einem wildromantischen Urstromtal und einer alternativen Dorfgemeinschaft

Die zweite Tour im Naturschutzgebiet Radegasttal bietet zunächst wieder schöne Blicke auf die Mäander der Radegast. Sie streift aber auch durch die Geschichte dieses Landstrichs: Vorbei an mehrere tausend Jahre alten Großsteingräbern, durch ein kleines eiszeitliches Urstromtal, zu einer ehemaligen mittelalterlichen Landmühle und letztendlich führt der Weg über eine ebenfalls mittelalterliche Landwehr. Und obendrauf gibt's noch Aussteigerfeeling in einer kleinen Dorfgemeinschaft. Das NSG umfasst übrigens das Radegasttal vom Neddersee, den wir zur Hälfte der Strecke kurz tangieren, bis zur Einmündung der Radegast in die Stepenitz bei Börzow.

S Die Wanderung beginnt an der kleinen Straßenkreuzung auf der dem Abzweig nach Benzin gegenüberliegenden Seite. Sie führt über Wiesen und an

Ausgangspunkt:
Radegastbrücke in Holdorf: auf der B 104 von Gadebusch Richtung Rehna in Holdorf rechts vor dem alten Bahnhof abbiegen, die Brücke befindet sich unmittelbar hinter dem Bahnübergang, hier Parkmöglichkeit an der kleinen Kreuzung

Gehzeiten: 2,5 Std., 8 km, 30 hm
Anforderungen:
einfache Tour auf überwiegend unbefestigten Wegen, von Klein Hundorf bis Neu Benzin wenig befahrene Straße
Einkehr: keine

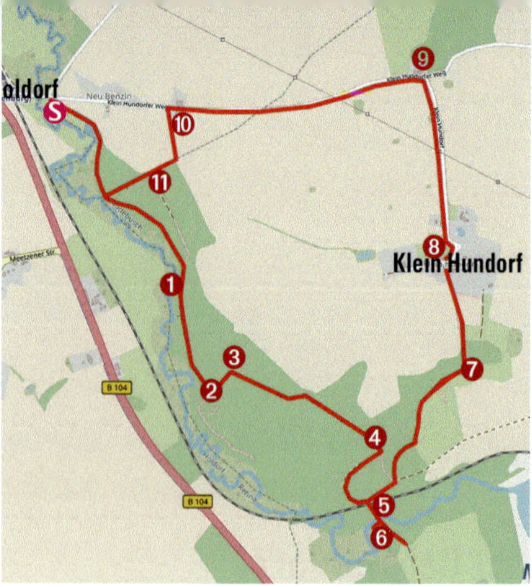

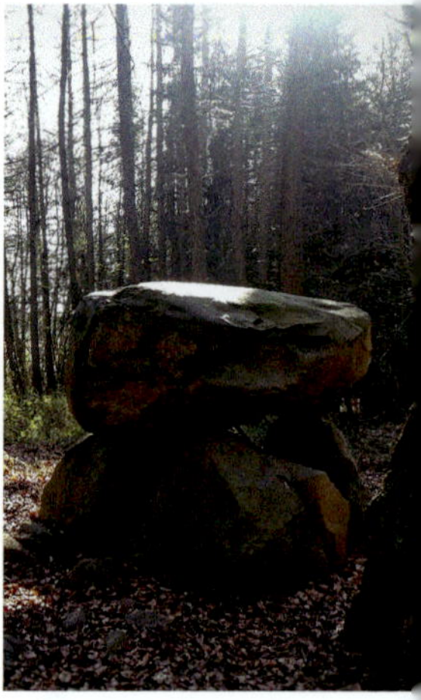

einer Reihe Eichen bis zu einem Wald und kurz darauf in diesen hinein. Rechts eröffnen sich schöne Blicke auf die in Mäandern dahinfließende Radegast. An einem Abzweig dem Pfad geradeaus folgen, der sich an alten Baumriesen vorbeischlängelt und schließlich nach ca. 10 min wieder auf den Fahrweg trifft, hier rechts halten. Ein Rastplatz unter alten Buchen direkt am kleinen Fluss lädt bald darauf etwas abseits des Weges zum Verweilen ein ❶. Vor einer Schonung gabelt sich der Weg, hier ebenfalls rechts halten.

Nach zwei kurzen sumpfigen Abschnitten weist ein Schild an einer Kreuzung mit einem Unterstand auf Großsteingräber ❷ hin. Der kleine Abstecher führt in nur wenigen Schritten zu den Bodendenkmälern. Man vermag sich kaum vorzustellen, wie in der Jungsteinzeit, also 4000 Jahre vor unserer Zeit, mit einfachsten technischen Mitteln aus tonnenschweren Findlingen diese Grabstätten errichtet wurden.

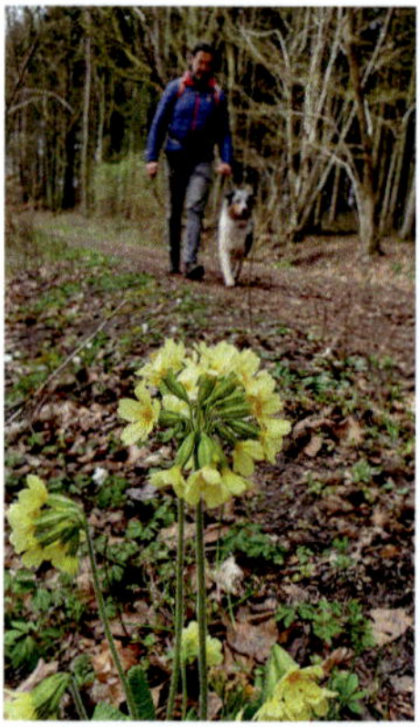

Wieder zurück an der Kreuzung rechts an der Hütte vorbei Richtung Norden wenden und nach ca. 150 m vor einer umzäunten Schonung rechts abbiegen (Wegweiser „Gadebusch/Landmühle") ❸. Der Pfad führt oberhalb eines Erlenbruchs und anschließend am recht steilen Hang eines Urstromtales mit etwas Auf und Ab entlang und weiter durch eine moorige Senke. An einem Abzweig mit einem etwas versteckten Wegweiser dem Pfad geradeaus Richtung Landmühle folgen. Kurz darauf quert eine Brücke ❹ einen zwischen bewaldeten Hügeln dahin plätschernden Bach, dann geht der Weg rechts in einem Bogen zunächst am Bach entlang und um den Wald herum. An einer alten Schautafel zweigt rechts ein Pfad ab, der die Bahngleise mit einem Übergang ❺ kreuzt und nach wenigen Metern zu einem Wehr, der so genannten Landmühle führt. Hier wurde die Radegast etwa 1,5 m hoch aufgestaut ❻.

Die Radegast tritt ein Stück weiter aus dem nördlich von Gadebusch liegenden Neddersee aus, den sie zuvor durchfließt. Einen Rundweg um den Neddersee gibt es leider nicht. Daher ist es sinnvoll, am Wehr umzukehren und den Weg über die Bahngleise zurück zu gehen. Hinter den Gleisen rechts halten und kurz darauf links in den Wald einbiegen. Am Hang über dem Bach nach rechts entlang und nun auf schmalem Pfad immer am Bach entlang, diesen über ein paar Steine queren, bis zu einem gemauerten Durchlass ❼. Hier nach links wenden und zwischen Wald und Wiesen an einer Hecke entlang und auf dem Grasweg am Waldkindergarten vorbei zum Aussteigerdorf Klein Hundorf ❽. Hier gibt es eine kleine, in einer Genossenschaft organisierte Dorfgemeinschaft mit dem alten Gutshaus als Zentrum und weiteren Behausungen vom Bauwagen bis zum Strohballenhaus auf dem Gelände.

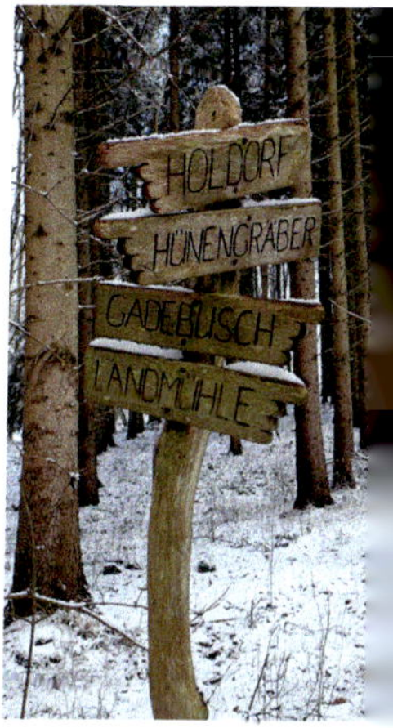

Am Ende des Weges rechts zum Gutshaus einbiegen und direkt vor diesem links zur Teerstraße. Nach ca. 400 m vor einem einzeln stehenden Haus ❾ am Wald links abbiegen. Von hier führt die kleine, wenig befahrene Straße mit wunderschönem Blick auf die sanfte mecklenburgische Landschaft hinab zum Radegasttal. Wer die Tour zum Abend hin macht, wandert auf diesem Stück des Weges direkt in den Sonnenuntergang. Hinter den ersten Häusern von Neu Benzin links in einen Landweg einbiegen ❿ und am Wald rechts gehen. Den Abzweig Richtung Großsteingräber ignorieren und geradeaus auf einer gut erhaltenen mittelalterlichen Landwehr ⓫, einer Art Befestigung aus dem 14. Jh., die die Grenzen eines Territoriums manifestieren und den Viehdiebstahl verhindern sollte, bis hinab zur Radegast gehen. Dort rechts auf dem bekannten Weg bis zur Radegastbrücke, an der das Auto wartet.

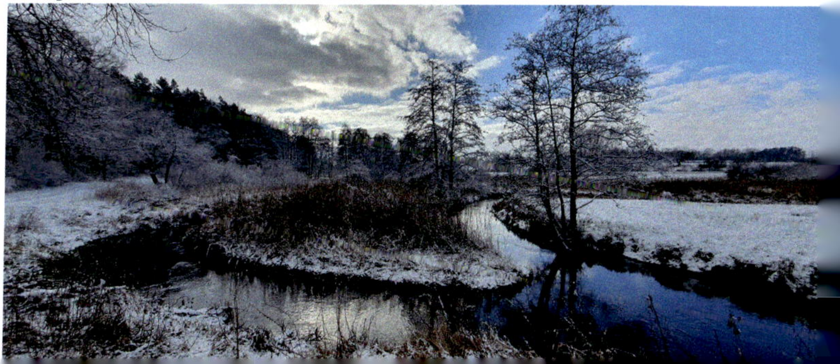

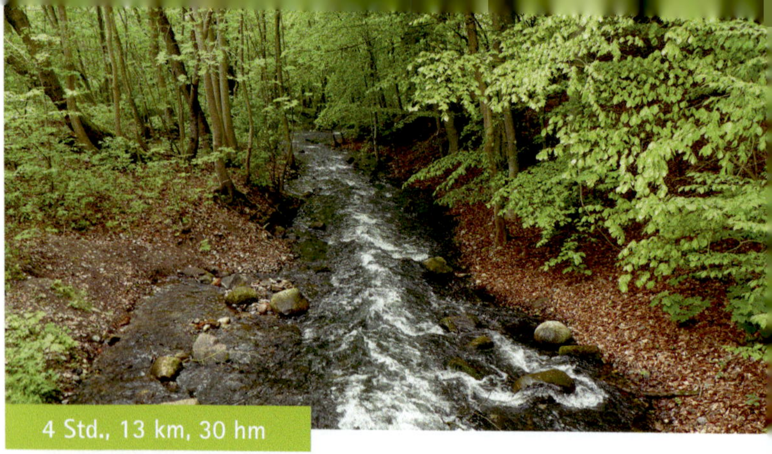

24. Am historischen Wallensteingraben

Von Dorf Mecklenburg nach Bad Kleinen

Warum heißt der Wallensteingraben Wallensteingraben? Zwar soll Wallenstein während seiner kurzzeitigen Herrschaft im 17. Jhd. in Mecklenburg die strategische Bedeutung des künstlichen Gewässers bewusst gewesen sein, aber zu seiner Zeit wurde nicht am Kanal gewerkelt. Bis heute ist die Umbenennung der Viechelnschen Fahrt in Wallensteingraben ein Rätsel. Geschichtsträchtig ist der schöne Wasserlauf aber allemal. Bereits im 10. Jh. träumte man von einer schiffbaren Verbindung zwischen Schweriner See und Ostsee, nicht zuletzt, um den Salztransport über Wismar zu ziehen. Doch erst 1582 konnte der Kanal mit seinen 12 Schleusen zur Überwindung von fast 40 m Höhenunterschied nach 5jähriger Bauzeit größtenteils fertig gestellt werden. Doch noch vor seiner endgültigen Fertigstellung soll das Interesse am Kanal geschwunden sein. Er verfiel binnen weniger Jahre und verwandelte sich wieder in ein Biotop. Von daher sieht der Wallensteingraben heute nahezu wie ein natürlicher Bachlauf aus und lädt mit seiner schönen Flora und Fauna zu einer wunderbaren Wanderung ein. Das Fließgewässer setzt sich aus dem künstlich erschaffenen Abfluss des Schweriner Sees und dem weitgehend ursprünglichen Verlauf des einst Stivine (je nach Quelle auch: Steffine oder Stevina) benannten Baches zusammen. Die hier vorgeschlagene Tour führt am wohl urigsten Abschnitt des Bachlaufes entlang und berührt mit dem Lostener und dem Schweriner auch noch zwei Seen. Wer mehr über den Wallensteingraben wissen möchte, dem sei ein Besuch im Kreisagrarmuseum Dorf Mecklenburg (03841 790020, www.kreisagrarmuseum.de) empfohlen.

Ausgangspunkt:
Bahnhof Dorf Mecklenburg
Gehzeiten: 4 Std., 13 km, 30 hm
Anforderungen:
lange, aber gut ausgeschilderte Wanderung, bis auf Start und Ziel auf unbefestigten und teilweise feuchten oder zugewachsenen Wegen, daher feste Schuhe dringend empfohlen
Einkehr:
Ⓐ Restaurant Seeblick, Uferweg 24a, Bad Kleinen, Tel: 038423/442),
Ⓑ Kneipe zum Bierbug (Vereinsgaststätte) am Seeufer nähe Eiertunnel in Bad Kleinen

Hinweis: Streckenwanderung. Wir haben unser Auto in Bad Kleinen auf dem Parkplatz am Ortsausgang Richtung Gallentin (5 Gehminuten vom Bahnhof entfernt) abgestellt und sind mit der Bahn von Bad Kleinen nach Dorf Mecklenburg gefahren, (Ⓩ Zug Richtung Wismar fährt stündlich)

Ⓢ Vom Bahnhof in Dorf Mecklenburg der Bahnhofstraße ca. 100 m in südwestlicher Richtung in den Ort folgen und dann links in die Straße „Am Burgwall" einbiegen. An der Kirche ❶ vorbei und geradeaus durch ein Wohngebiet. Nach 8 min Gehzeit östlich den Burgwall umgehen (Schild Schweriner See, Bad Kleinen) und nach 100 m ❷ links über eine Wiese Richtung Bahndamm. Der Pfad ist hier nicht immer gut erkennbar, daher auf die linke Ecke des gegenüberliegenden Wäldchens zuhalten. Einen Graben über einen Durchlass queren und anschließend unterhalb des Bahndammes nach rechts entlangwandern. Nach einer halben Stunde Gesamtgehzeit führt der Pfad halb rechts in den Wald hinein.
Der Wallensteingraben wird erstmals über eine Brücke ❸ gequert und es beginnt der wirklich romantische Teil der Wanderung. Auf der anderen Seite wieder hinauf und durch den schönen Buchenwald bis zu einer Straße. Auf der gegenüberliegenden Seite wenige Meter

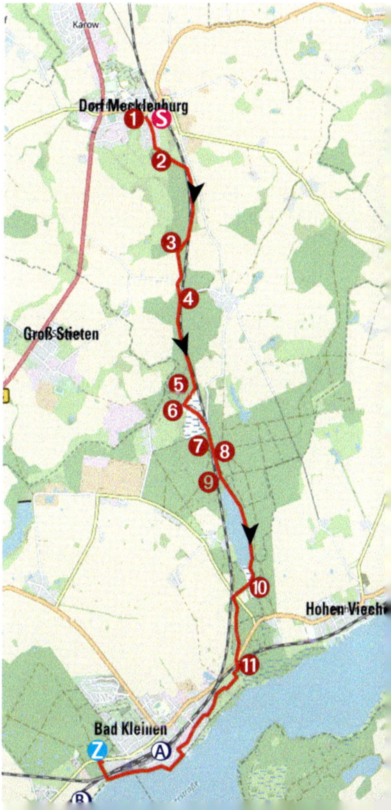

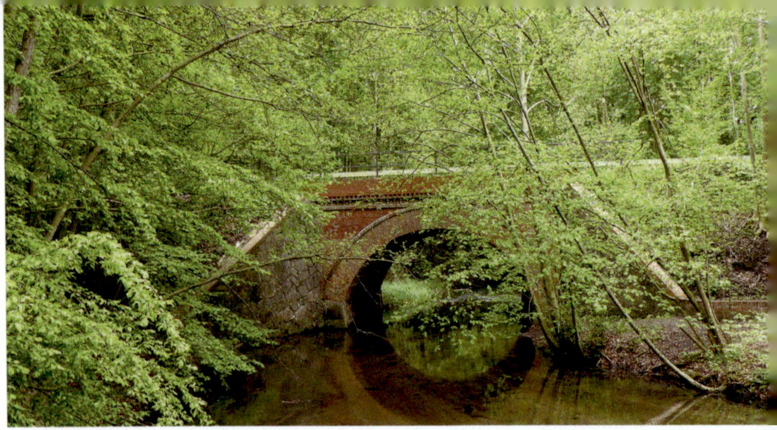

weiter links an einem Rastplatz mit Bänken und Wandertafel ❹ wieder in den Wald hinein. Bald darauf wird der Bach ein zweites Mal über eine Brücke ❺ gequert. Hinter dieser führt der Pfad kurzzeitig durch einen feuchten Erlengrund und an einer Gabelung rechts um den Erlenbruch herum in den Buchenwald hinein. Ein kräftiges Rauschen kündigt uns an, dass wir die ehemalige Brusebecker Mühle ❻ erreicht haben. Von dieser zeugen lediglich eine Infotafel, die Reste der Grundmauern, der Mühlstein und das Wehr mit der dritten Brücke, das den Bach hier zu einem kleinen Teich anstaut.
Weiter durch ein sumpfiges Gebiet zur vierten Brücke. Hinter dieser über eine Wiese zum Haltepunkt Moidentin ❼. Am Bahnsteig entlang und am Bahnübergang über die Schienen und an diesen parallel auf dem Fahrweg gehen. Am Wegweiser dem Schild „Waldfriedhof" ❽folgen. (Achtung: Wer den Weg in umgekehrter Richtung wandert, sollte hier nicht dem Wegweiser nach rechts (Dorf

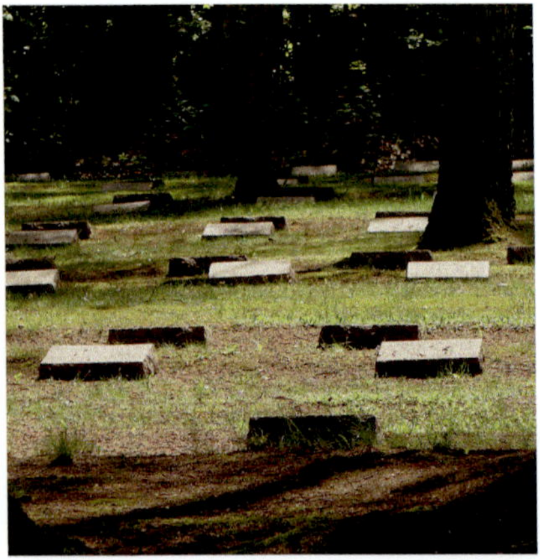

Mecklenburg, Wismar) folgen, da der Weg nach anfangs schöner Strecke am Wallensteingraben in weglosem Gelände endet; daher wie beschrieben direkt zum Haltepunkt wandern.)
Unser Weg führt kurz aufwärts und an der nächsten Gabelung rechts zum Waldfriedhof, auf dem Menschen, die nach Ende des 2. Weltkrieges im Lostener Auffanglager nach ihrer Flucht starben, bestattet sind. An der Rückseite des Waldfriedhofes führt ein Grasweg entlang, der bald darauf

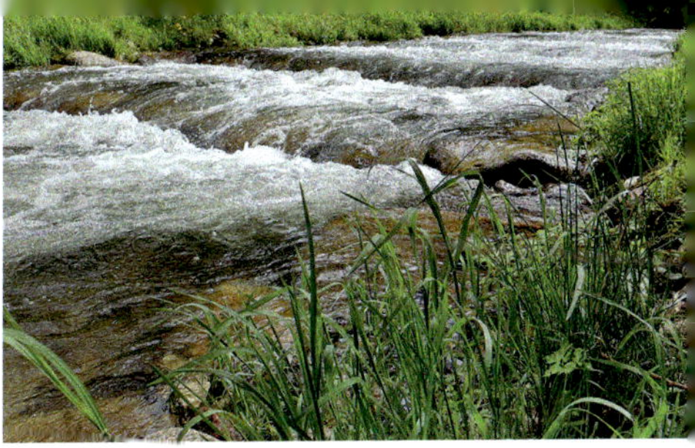

wieder rechts zum Hauptweg absteigt. An einer Gabelung links halten und am Ostufer des Lostener Sees entlang.

Ein Abstecher nach rechts bringt uns zu einem Renaturierungsprojekt mit Fischtreppe ❾. Hier bietet sich eine Rast mit wunderschönem Blick über den Lostener See an. Am südlichen Seeende trifft der Pfad auf eine breite Forstpiste, von der nach 50 m ein Pfad in den Wald abzweigt, durch ein Reitwegzeichen und ein etwas verstecktes Wanderwegzeichen gekennzeichnet. Hier entlang, an der nächsten Gabelung rechts und über die 5., etwas klapprige Brücke ❿. Über eine feuchte Wiese, durch den Kiefernwald und auf eine Straße. Auf dem Kopfsteinpflaster nach links gehen und nach 100 m am Wanderwegzeichen und grünem Pfeil rechts in den Wald einbiegen, an einer größeren Kreuzung dem blauen Wanderwegzeichen auf dem Forstweg nach rechts bis zur Landstraße folgen. Hier wenige Schritte auf dem Radweg nach rechts und am Wegweiser „Wanderweg Schweriner See, Rastplatz Schwedenschanze" über die Straße und unter dem Bahndamm hindurch. Am Rastplatz rechts halten, an einer Infotafel ein paar Stufen hinauf zur Schwedenschanze mit fantastischem Ausblick über den Schweriner See ⓫. Wieder zurück auf dem Rad- und Gehweg führt uns dieser am Schweriner See direkt nach Bad Kleinen, alternativ zweigt bald links ein schöner Fußweg ab. Dem Weg nah am Seeufer bis zum „Eiertunnel" folgen, durch diesen hinauf und 170 m hinter diesem ist der Parkplatz erreicht. Ⓩ

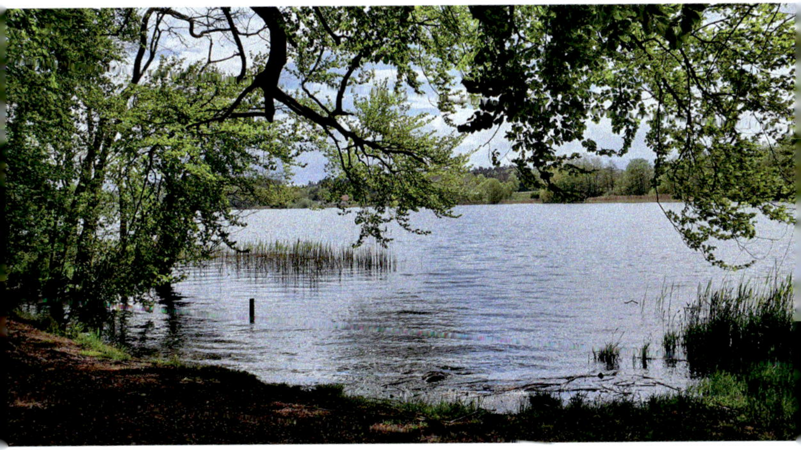

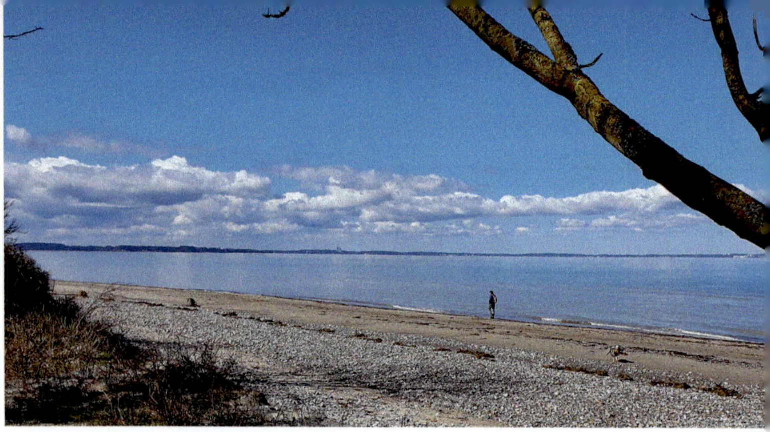

Typisch Westmecklenburg: Küstenwandern an der Ostsee

Das bietet nur Deutschlands Norden: Strandwanderungen, so unterschiedlich wie die Küstenlandschaft selbst. Breite flache Bilderbuch-Sandstrände, schmale steinige Streifen unterhalb hoher Steilküsten, Naturdünen, Lagunen, Salzwiesen, Schilfgürtel und Küstenwälder - Westmecklenburgs Küste überrascht mit unerwarteter Vielfalt.
Aber Achtung: Je nach Wind- und Strömungsverhältnissen sorgt der Wasserstand der Ostsee für unterschiedliche Strandbreiten. Nach Stürmen und Frost- oder Regenperioden können die Steilufer abrutschen und der Strand dadurch schwierig oder gar nicht begehbar sein. Bei Hochwasser ist besondere Vorsicht geboten, die Gefahren durch Rutschungen sollten nicht unterschätzt werden.
Die schönste Zeit für Strandwanderungen liegt definitiv in der rauheren Jahreszeit zwischen September und Mai. In der Sommersaison sorgen begrenzte Parkmöglichkeiten und rappelvolle Strände nicht wirklich für unbeschwertes Wandervergnügen.
Und noch ein Hinweis: Wanderungen auf Sand und Feuersteinfeldern sind anspruchsvoll und dauern gewöhnlich länger, als auf festen Untergründen. Planen Sie mehr Zeit ein!

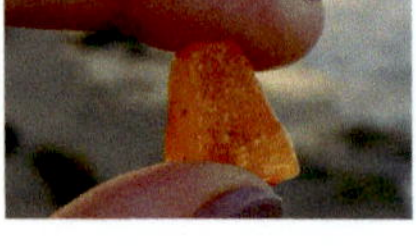

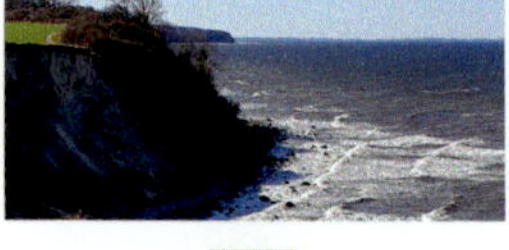

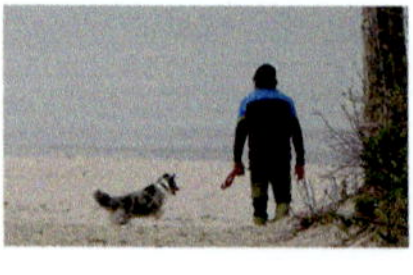

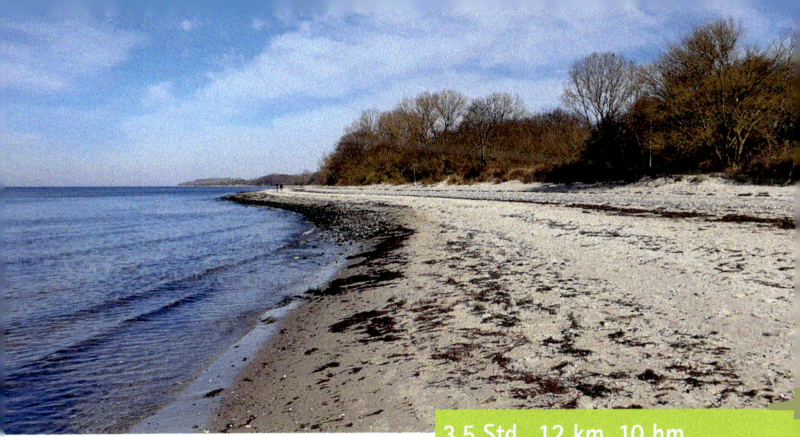

3,5 Std., 12 km, 10 hm

25. Von Rosenhagen zum Priwall

Beliebtes Ausflugsziel zwischen zwei Bundesländern

Was zunächst sanft mit einer ländlichen Idylle beginnt, steigert sich mit einem alten Gutshaus, einem naturbelassenen breiten Traumstrand und einer wahren Grenzüberschreitung bis hin zur mondänen Hafenromantik mitsamt eines weltbekannten historischen Viermasters. Zu allem Glück führt der Rückweg lange Zeit am wunderschönen Strand entlang. So lässt es sich wieder langsam in die Ruhe der mecklenburgischen Landschaft abtauchen.

S Links vor dem Parkplatz geht es zunächst auf der Straße des Friedens 450 m durch den kleinen Ort Rosenhagen Richtung Norden. An einem Wegweiser (Schönberg, Pötenitz) zweigt links ein Feldweg ab, der an einer Hecke entlang-

Ausgangspunkt:
gebührenpflichtiger Parkplatz am Ortseingang von Rosenhagen
Gehzeiten: 3,5 Std., 12 km, 10 hm
Anforderungen:
Einfache Wanderung auf Wald- und Feldwegen, am Strand und in Ortschaften, keine nennenswerten Höhenunterschiede
Einkehr:
Ⓐ Café Strandgut, selbstgebackener Kuchen, Straße des Friedens 14, 23942 Dassow, Ortsteil Rosenhagen, Tel.: 038826 86274
Diverse Restaurants an der Priwall-Promenade in Travemünde
Ⓑ Pötenitz: Alles gewollt. Café und mehr, hausgeb. Kuchen und kleine Köstlichkeiten, Bergstraße 16, 23942 Pötenitz, Tel.: 0162 134 6733

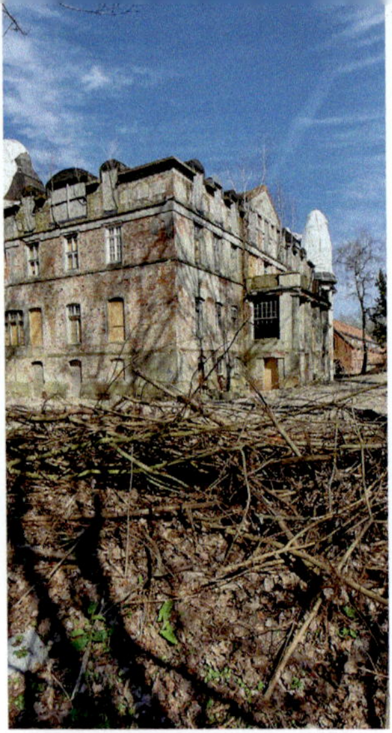

führt und schließlich auf ein Wäldchen trifft. An diesem knickt der Weg nach links und führt in das Wäldchen hinein. An zwei Abzweigen dem Weg nach Pötenitz weiterhin geradeaus folgen. Der Weg tritt aus dem Wald heraus, führt kurz über eine Wiese, durch ein zweites Wäldchen hindurch und wieder über Wiesen. Nach einer Gesamtgehzeit von 30 Minuten befindet sich hinter einer weiteren Baumgruppe eine große Holzbank ❶. Von hier aus bietet sich ein weiter Blick bis hin zum Hochhaus „Hotel Maritim" in Travemünde. Kurz darauf sind die ersten Häuser von Pötenitz erreicht.

Unser Weg trifft auf eine Straße (Bergstraße), der wir auf dem Gehweg nach rechts folgen. Knapp 300 m weiter führt die Schlossallee rechterhand durch einen imposanten Backstein-Torbogen zum Gutshaus Pötenitz, das auch gern als Schloss Pötenitz ❷ bezeichnet wird.

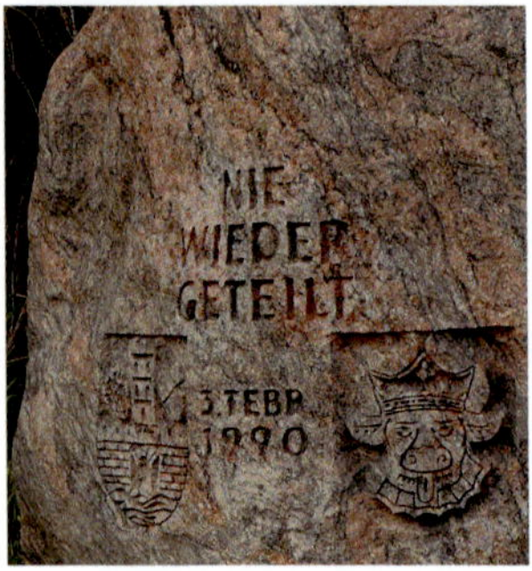

Zum Zeitpunkt unserer Wanderung im Mai 2021 war der Zugang versperrt, neue Investoren wollen das historische Gebäude vor dem bereits sichtbaren Verfall retten. Wir gehen daher noch 100 m an der Bergstraße weiter und biegen dann hinter dem Schloss rechts in den Strandweg ein. Nach 600 m gabelt sich der unbefestigte Fahrweg, hier halten wir uns zunächst auf dem Grasweg links, gehen zwischen zwei Gräben hindurch, dann geradeaus und in einem Rechtsbogen weiter an einem Graben entlang.

Rechts des Weges befindet sich ein schilfbewachsenes Sumpfgebiet, das später in einen Erlenbruch übergeht. Nach ca. 1 Std. Gesamtgehzeit trifft der Weg auf den Küstenradweg, diesem ca. 30 m nach links folgen und dann nach rechts auf dem Holzplankenweg ❸ 200 m zum schönen Sandstrand. Der Blick fällt weit über die Lübecker Bucht. Wir wenden uns nach Westen, hier wird die Grenze zwischen Mecklenburg-Vorpommern und Schleswig-Holstein überschritten, die bis 1990 auch die innerdeutsche Grenze bildete. Wir befinden

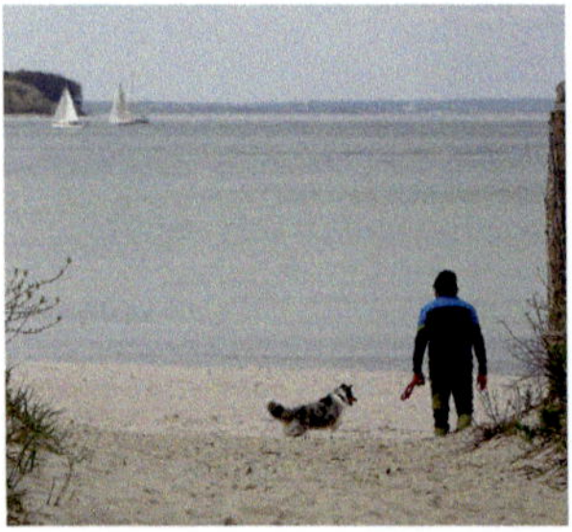

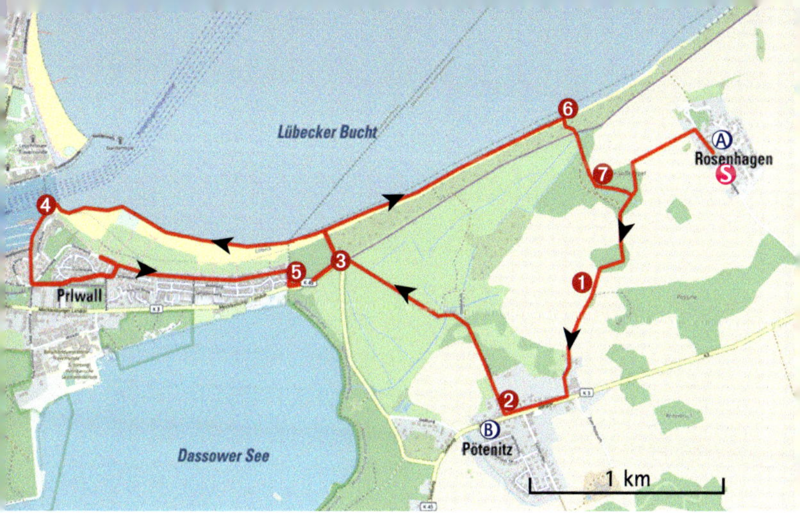

uns nun auf dem Priwall, einer Halbinsel zwischen Trave und Ostsee.
Wir laufen nun knapp 2 km am ursprünglichen Sandstrand mit sanften Dünen entlang, bis wir an einer kleinen Mole über ein paar Stufen auf den Beginn der modern gestalteten Priwall-Promenade treffen (Gesamtgehzeit ca. 1 Std. 45 Min.). 100 m weiter liegt das Museums-Schiff „Passat", eine 1911 erbaute Viermastbark, die 1959 außer Dienst gestellt wurde und seitdem als Museumsschiff und Veranstaltungsort zahlreiche Besucher anlockt.
Wer möchte, schlendert hier noch gemütlich auf der Promenade ❹ an der Trave entlang. Mit der Passat, den vielen Booten und Schiffen und der historischen Häuserzeile von Travemünde auf der gegenüberliegenden Seite der Trave bieten sich hier attraktive Fotomotive.
Für den Rückweg 400 m nach der Passat links an einem Parkplatz auf gepflas-

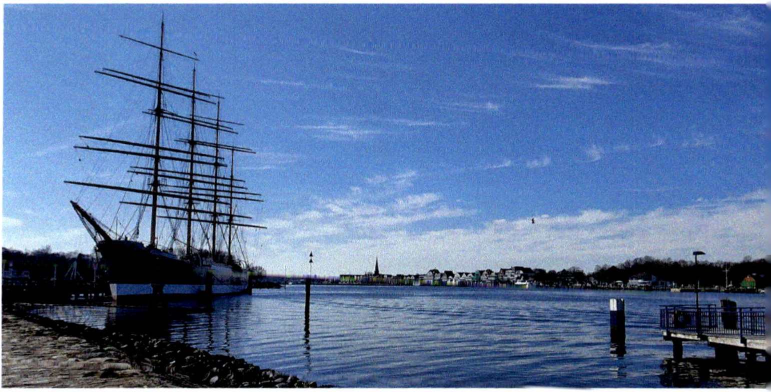

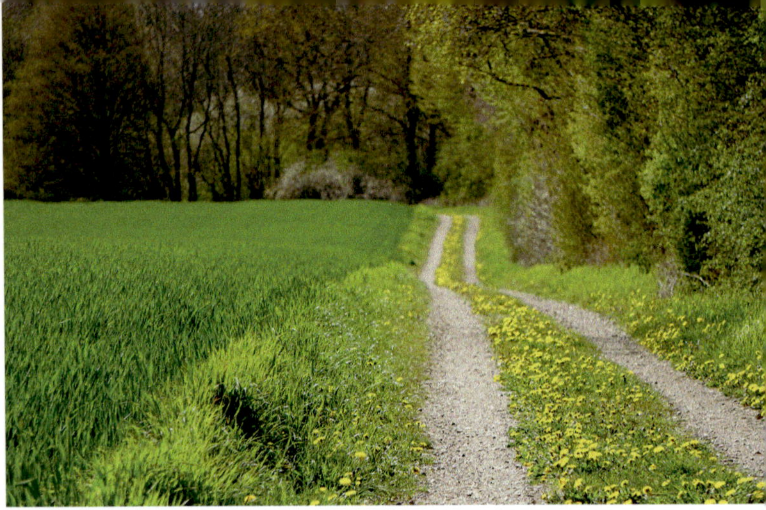

terter Straße in den Wald hinein und nach weiteren 100 links in den Waldweg einbiegen. Knapp 400 m weiter wird wieder eine Straße gequert, es geht nun leicht nach links versetzt auf dem Weg am Wandrand entlang. Auch an der nächsten Querstraße geradeaus, dann nach links durch die Ferienhaus-Siedlung bis zum Seeweg, der uns als Promenade mit Meerblick bis zum Ende der Siedlung führt. Kurz nach rechts und dann am Gedenkstein zur Teilung Deutschlands ❺ ca. 300 m an der Straße weiter bis zum Holzplankenweg ❸, den wir schon vom Hinweg kennen. Jetzt hinunter an den Strand und nach rechts wenden. Hier bleiben wir am Ufer, bis kurz vor Rosenhagen an einem Schild mit der Naturschutz-Eule ❻ ein breiter Sandweg in den Küstenwald hineinführt. Wir treffen wieder auf den Küstenradweg und überqueren diesen (Wegweiser Pötenitz 1,5).

Es geht bald in einen Wald hinein, links befindet sich etwas versteckt ein kleiner Bunker ❼. Wir folgen an der kleinen Kreuzung dem Weg halb links und an der nächsten Kreuzung wiederum links. Wir befinden uns nun wieder auf dem bekannten (Hin-)Weg, dem wir aus dem Wald heraus, dann an der Hecke entlang und in Rosenhagen nach rechts bis zum Parkplatz folgen.

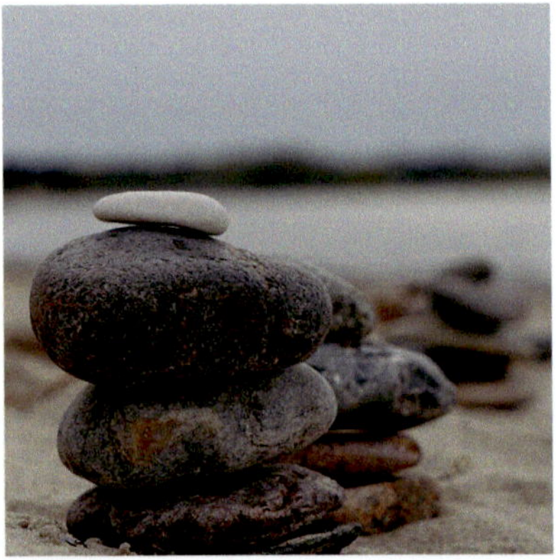

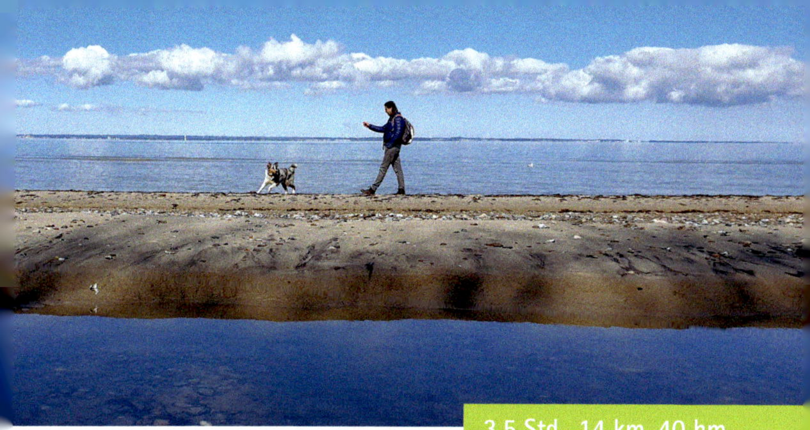

3,5 Std., 14 km, 40 hm

26. Von Groß Schwansee nach Barendorf

Vom Strand ins Binnenland - Schloss inklusive

Dieser Spaziergang beginnt an einem Schlosspark und führt in seiner ersten Hälfte über einem schönen naturbelassenen Sandstrand mit Naturdünen und Küstenwald. Auf dem Rückweg geht es durch zwei Dörfer, die zur Zeit der deutschen Teilung wegen ihrer Lage in der Sperrzone nicht ohne weiteres zu besuchen waren. Zwischen diesen Dörfern folgt die Route ein ganzes Stück dem Ostseeküstenradweg, auf welchem es sich auch hervorragend wandern lässt. Dieser verläuft zwischen Steinbeck und Dassow auf dem ehemaligen Kolonnenweg, der zu den letzten Resten der DDR-Grenzsicherungsanlagen zählte. Auf ihm fuhren die Kontrollposten der Grenztruppen der Nationalen Volksarmee zu den Beobachtungspunkten. Das Gebiet war streng bewacht und auch für Besucher aus der DDR nur mit Passierschein zu betreten. Zum Abschluss wartet ein Spaziergang durch das Schlossgut Groß Schwansee mit dem zentralen klassizistischen Gutsgebäude aus dem Jahr 1748, einem umgebauten ehemaligen Pferdestall und Schlosspark.

Ausgangspunkt:
gebührenpflichtiger Parkplatz Am Schlossgut Groß Schwansee hinter dem Schlosspark (Am Kreisel zweite Ausfahrt)
Gehzeiten: 3,5 Std., 14 km, 40 hm
Anforderungen:
Einfache Wanderung auf guten Wegen und am Sandstrand
Einkehr:
Ⓐ Schlossgut Groß Schwansee: Schlossrestaurant 1745 (Gourmetrestaurant) und gemütliche Brasserie, raffinierte regionale Küche, Lindenstraße 65, 23942 Kalkhorst, 038827 88480.

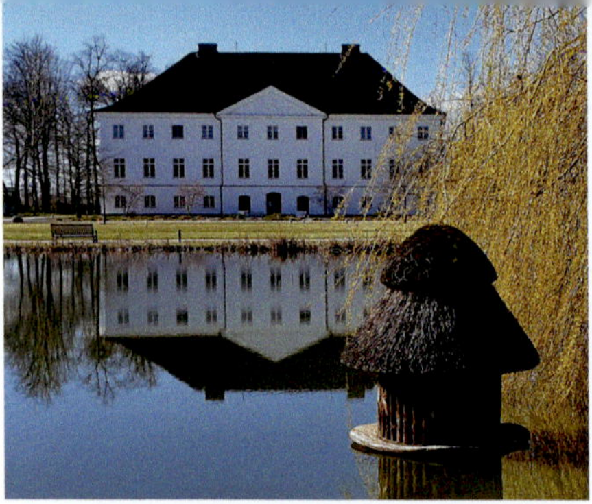

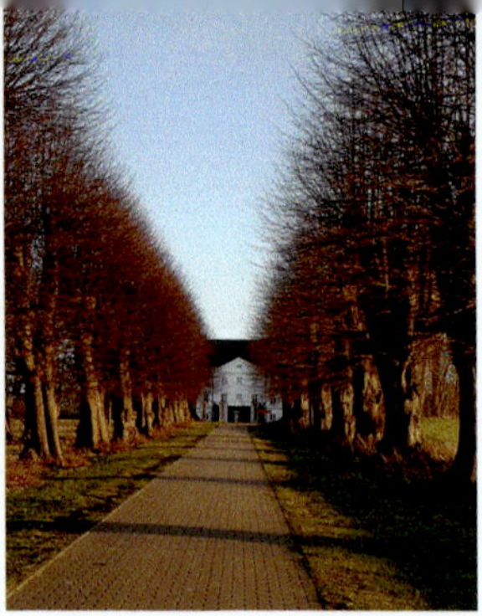

Tritt ein: Für eine kulinarische Leckerei oder einen längeren Aufenthalt

S Am Parkplatz führt ein gepflasterter Weg in nördliche Richtung am Rand des Schlossparks entlang und biegt dann vor dem großen Tor der Gutsanlage in eine schöne gerade Allee ein. Der Weg kreuzt am Küstenwald den Ostseeküsten-Radweg und führt direkt zum Strand hinab **1**. Von hier geht es für 4 km nach Westen am Strand entlang. Der Blick reicht bei klarem Wetter weit über die Lübecker Bucht zur ostholsteinischen Küste und mit etwas Glück bis zur Insel Fehmarn. Nach ca. 1,5 Std. ist der Strandaufgang von Barendorf erreicht. Er befindet sich dort, wo der Küstenwald in eher lichtes Buschwerk übergeht **2**. An der Querung des Küstenradweges dem Wegweiser (Barendorf 0,8) ins Landesinnere folgen. Ein unbefestigter Weg führt durch ein Schilfgebiet und anschließend durch Felder und Wiesen.

Kurz vor Barendorf geht der Weg bei einem Rastplatz in eine Straße über. Im Ort an der Kreuzung nach links (Wegweiser Groß Schwansee 5,0) **3** in die Seestraße einbiegen. Diese führt bald aus dem Ort heraus und fast 1 km über Felder. An einer Gabelung vor einer Häusergruppe rechts und nach 50 m dort, wo die Straße in einen Feldweg übergeht, nach links abbiegen und auf einem Plattenweg am „Alten Zollhaus" **4** vorbei.

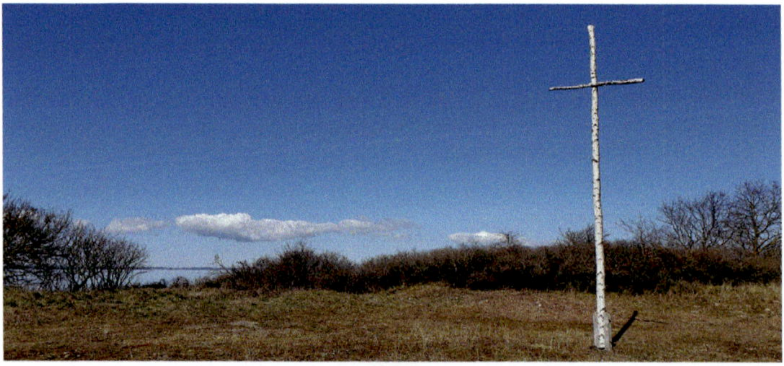

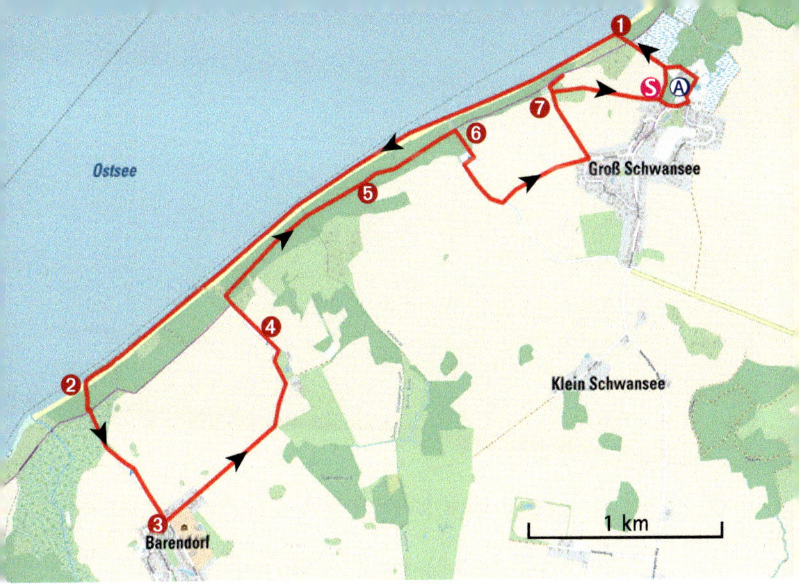

Am großen Parkplatz entlang und auf den Ostseeküstenradweg nach rechts einbiegen. Diesem für 1,5 km folgen. Ein 6 m hohes Birkenkreuz und ein Infokasten erinnern an die Opfer der Katastrophe vom 3. Mai 1945, als britische Flugzeuge die Schiffe Thielbek und Cap Arcona beschossen. Von den 9000 KZ-Häftlingen an Bord verloren etwa 7000 bei diesem Angriff ihr Leben ❺.

Wenig später bei einem Wegweiser (Minimare Erlebnispark) in den Weg parallel zum Bach ins Landesinnere einbiegen ❻. Den Parkplatz nach schräg rechts queren und auf der schmalen Teerstraße aufwärts. Nach 300 m links in einen Betonspurweg einbiegen, der an alten Bäumen auf Groß Schwansee zuhält. Vor den ersten Häusern des Ortes wieder nach links Richtung Ostsee ab- und direkt vor der Naturstation ❼ an einigen Weiden auf den (nicht immer deutlich erkennbaren) Grasweg einbiegen und auf diesem gut 500 m zum Schlossgut. Empfehlung: Hier nicht sofort nach links auf den Parkplatz, sondern halb rechts auf der Zufahrtstraße am Waldrand weiter und dann nach links zum Schlossgut. An der Brasserie vorbei, um den Schlossteich und rechts am alten Gutsgebäude durch den Park zurück zum Parkplatz.

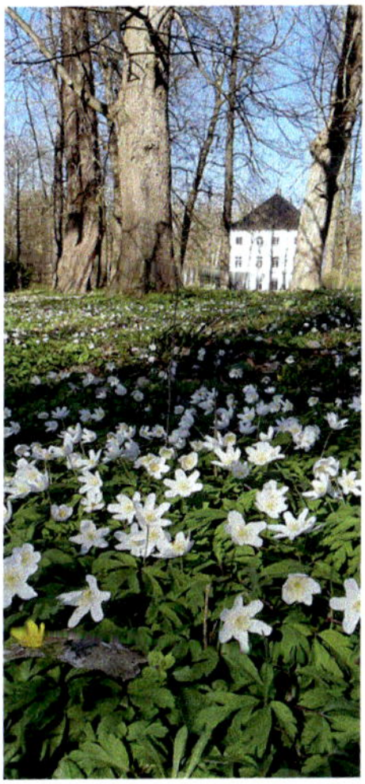

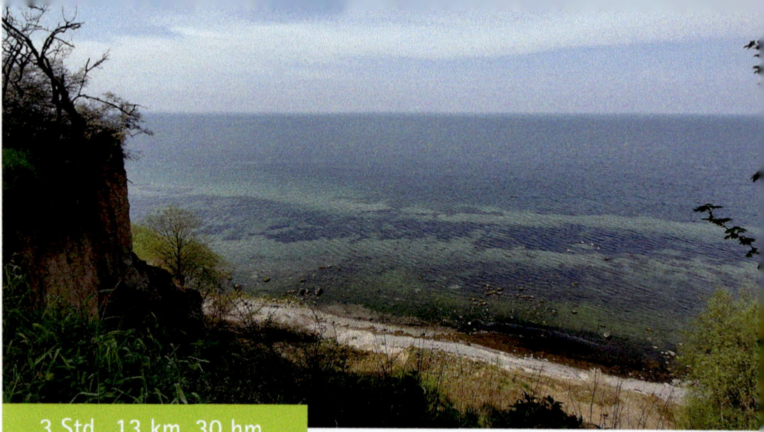

3 Std., 13 km, 30 hm

27. Von Steinbeck nach Warnkenhagen

Bernstein, Donnerkeil, Hühnergott – auf Schatzsuche im Reich der Steine

Bevor es zu Missverständnissen kommt: Auch wenn der Name anderes vermuten lässt: Nein, Bernstein ist kein Gestein. Er ist eigentlich nur ein sehr, sehr altes fossiles Harz, wird aber zu den Schmucksteinen gezählt. Der Bernstein der Ostsee entstand vor rund 30-50 Mio. Jahren, als subtropische Wälder einer Kiefernart im Meer versanken. Die Schatzsucher-Saison beginnt im Herbst, wenn nach Stürmen mit auflandigen Winden das „Gold der Ostsee" mit Seegras, Tang und Treibholz aus dem kalten Wasser an den Strand gespült wird.
Farblich lässt sich das begehrte fossile Harz gut mit Honig vergleichen, die Bandbreite reicht von klar bis undurchsichtig, von fast weiß über honiggelb, goldbraun und rot bis fast schwarz. Wer sich nicht sicher ist, ob es sich um einen Stein, Seeglas oder tatsächlich Bernstein handelt: Bernstein ist weicher und leichter (vorsichtiger Bisstest möglich), lädt sich bei Reibung (z.B. an Wolle) statisch auf und ist brennbar (als Test wohl eher nicht zu empfehlen, wenn Sie die Trophäe mit nach Hause nehmen wollen). Wer auf Bernsteinsuche geht, sollte früh starten und definitiv mehr als die angegebene Gehzeit einplanen, denn dann heißt es „Nase weit nach unten und gaaanz langsam gehen". Wer mit den meist nur sehr kleinen Bernstein-Splittern kein Sammlerglück hat, kann auch in den Steinfeldern am Ufer nach Hühnergöttern suchen. Ein Blick durch die Löcher in den schwarz-weißen Feuersteinen soll angeblich Glück bringen. Und zwischen den Steinen findet sich manchmal noch ein gut erhaltener weiterer Gruß aus der Urzeit - der Donnerkeil. Dies wiederum sind gelblich-braune, bis zu fingerdicke zylindrische und am Ende spitz zulaufende versteinerte Teile fossiler urzeitlicher Tintenfische.

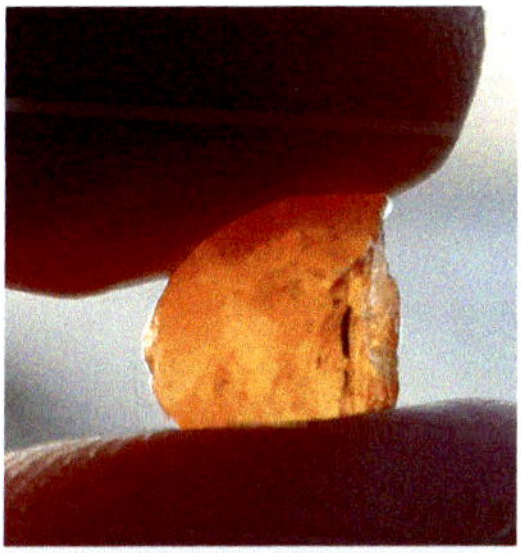

Die vorgeschlagene Tour ist an sich allerdings landschaftlich so reizvoll, dass man den Blick von den zweifellos faszinierenden Schönheiten am Boden zumindest ab und zu für die hier sehr ursprüngliche Küstenlandschaft heben sollte.

Ausgangspunkt:
Parkplatz Steinbeck (in der Saison gebührenpflichtig) nördlich der Ortschaft kurz vor dem Strand
Gehzeiten: 3 Std., 13 km, 30 hm
Anforderungen:
Moderate Wanderung auf unterschiedlichen Untergründen am Strand (Sand, Schlick, Steine). Der Ostseeküstenradweg ist relativ hügelig, aber asphaltiert und daher bei jedem Wetter gut begehbar.

Einkehr: Direkt am Weg keine, jedoch liegt 1,7 km vor der Zufahrt zum Parkplatz der Bauernhof der Familie Mann mit Hofladen und Hofcafé. Es lohnt sich also, auf der Rückfahrt einen Halt einzulegen.

Ⓐ *Steinbecker Hofladen, Direktvermarktung von hofeigenen und regionalen Produkten mit Hofcafé; Spezialität: Himmelstorten; Dorfstraße 10, 23948 Klütz, Ortsteil Steinbeck, Tel.: 038825 23340*

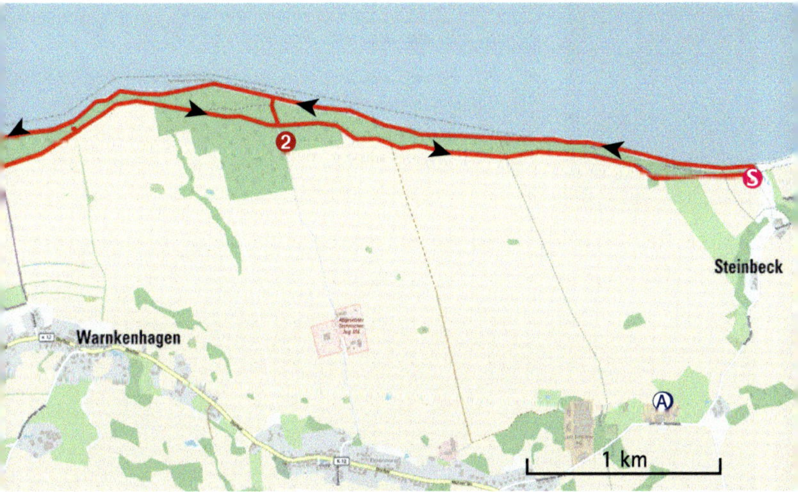

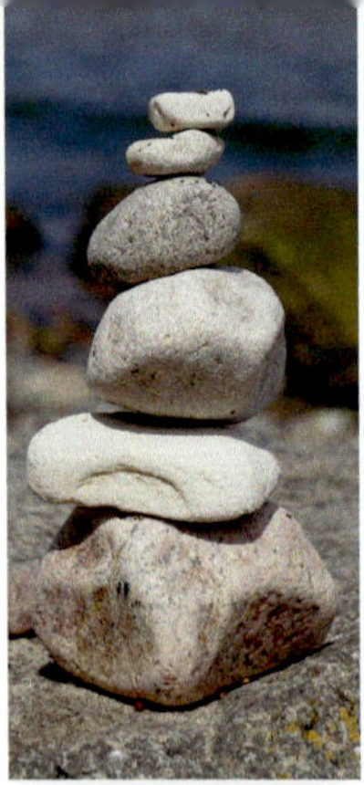

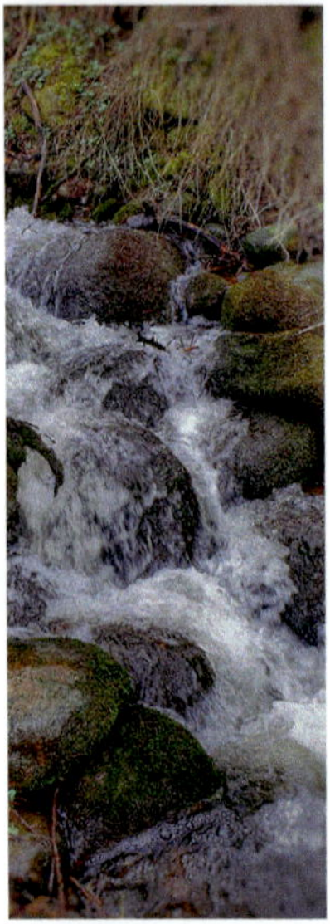

Vom Parkplatz **S** geht es auf dem Geh- und Radweg auf dem Hochufer zunächst in östliche Richtung und an einem Abzweig zu einem Aussichtspunkt vorbei. Nach ca. 70 m führt hinter einer Brücke ein Weg an einem Bach mit vielen Steinen („Stein-Bäk") zur Ostsee hinab. Hier nach Westen über den Bach (Trittsteine). Jetzt geht es für ca. 5 km direkt unterhalb der Steilküste am Ufer entlang. Nach 1,5 Std. (je nach Gehtempo und Zustand des Strandes) geht es an einer Treppe zum Küstenradweg hinauf **1**. Hier findet sich eine Bank und eine Schautafel. Der Radweg wird wegen eines Küstenabbruchs über Warkenhagen umgeleitet. Hinter einer Steinmauer führt ein Wanderpfad auf dem für Radfahrer gesperrten Abschnitt des ehemaligen Radwegabschnitts nach Osten weiter. Dieser erweitert sich hinter dem Abbruchgebiet und führt bald als Ostseeküstenradweg parallel zur Steilküste zeitweise durch den Küstenwald oder hinter diesem am Feldrand entlang. In unregelmäßigen Abständen leiten kleine Abzweige direkt an die Kliffkante. Von hier bieten sich wunderbare Ausblicke über die Ostsee. Aber Vorsicht, die Steilküste ist oft unterspült und der obere Teil überhängend, so dass hier Abbruchgefahr besteht. Also bitte immer ein paar Schritte vor der Kante stehen bleiben. Nach knapp 7 km (2 Std.) zweigt an einem Rastplatz mit Bänken rechts ein breiter Weg ab (Wegweiser Elmenhorst **2**), der Ort ist durch seine markante „Knolle", eine Radarstation, gut zu erkennen. Hier (Wegweiser Steinbeck) weiter auf dem Küstenradweg bleiben. Nach gut 12 km (Wäldchen rechts) sind die Felder des Hofes Steinbeck gut erkennbar. Von hier aus sind es noch 500 m bis zum Ausgangspunkt auf dem Parkplatz.

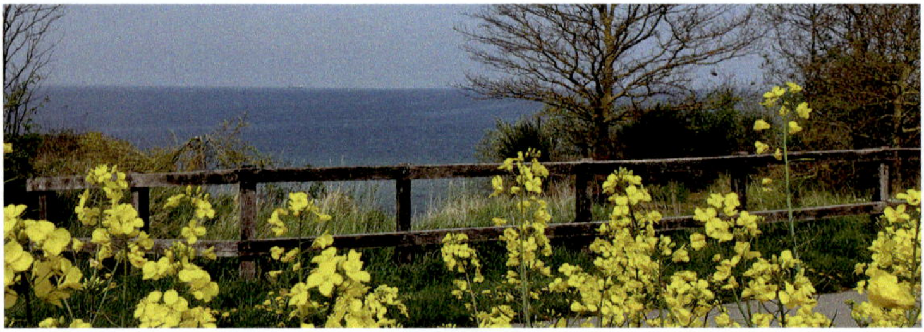

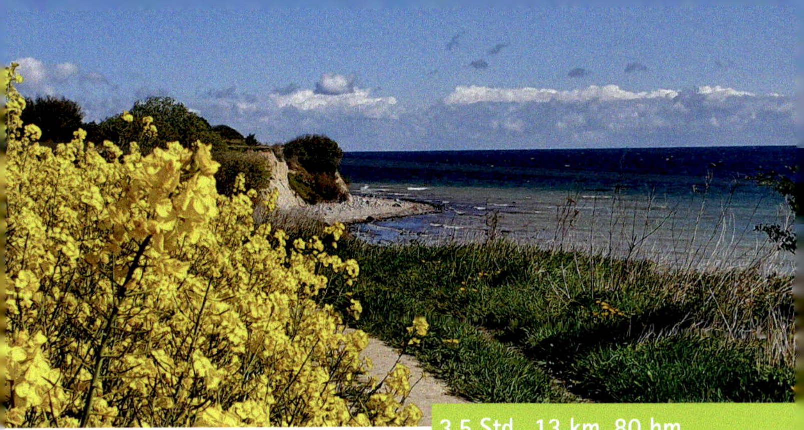

3,5 Std., 13 km, 80 hm

28. Von Boltenhagen nach Steinbeck

Kliffwanderung mit Tief- und Ausblicken, ein steinerner Bach, hübsche Dörfer und ein abschließender Strandspaziergang

Das Kliff am Großklützhöved westlich von Boltenhagen ist die höchste Steilküste an der mecklenburgischen Ostsee. Bis zu 37 m ragen die Klippen über dem Meer in die Höhe. Ab er es ist auch eines der „bewegtesten" Steilufer, immer wieder kommt es hier zu starken Rutschungen und Abbrüchen. Vor allem nach starken Niederschlägen und während oder nach Hochwasser und Sturmfluten gleiten meist große Schollen ab. Durchschnittlich weicht das Ufer hier im Jahr um

Ausgangspunkt:
Boltenhagen, gebührenpflichtiger Parkplatz am Fischimbiss im Ortsteil Redewisch an der Dorfstraße
Gehzeiten: 3,5 Std., 13 km, 80 hm
Anforderungen:
Einfache Rundwanderung, im ersten Drittel auf einem Pfad oberhalb der Steilküste, von Steinbek nach Redewisch-Ausbau und ab Wichmannsdorf befestigte Wege/Straße, ansonsten Feld- und Waldwege
Einkehr:

Ⓐ *Café Großklützhöved am Swin Golf Platz, frische Kuchen und Torten, Ausbau 16, 23946 Boltenhagen, Tel.: 038825 979787*

Ⓑ *Café House Karin, hausgemachte Kuchen und Torten sowie Kaffeespezialitäten, Redewisch-Ausbau 12, 23946 Boltenhagen, Tel.: 0176 43512320*

Ⓒ *Gutshaus Redewisch, mecklenburger Küche, Redewischer Straße 46, 23946 Boltenhagen, Tel.: 038825 3760*

durchschnittlich 30 cm zurück. Daher ist es auch etwas gewagt, hier eine genaue Wegbeschreibung anzubieten, denn ein großer einzelnstehender Baum auf dem Steilufer, der heute noch als Orientierung dient, kann bald schon eine „Etage" tiefer zu finden sein. Inwieweit der aktuelle Hochuferweg und der Ostseeküstenradweg in einzelnen Abschnitten wegen neuer Abbrüche gesperrt sein könnte, sollte vor der Tour in der Tourismusinformation erfragt werden, in der Regel sind aber Umleitungen ausgeschildert.

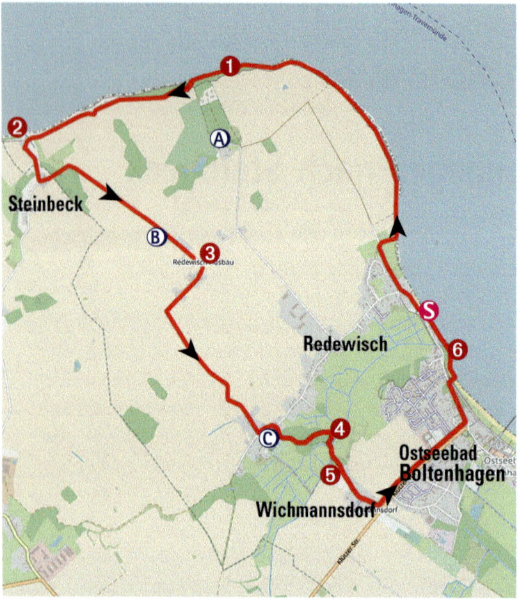

S Vom Parkplatz geht es zunächst 100 m parallel zum Strand auf der Dorfstraße in nordwestliche Richtung. Hier liegt die Steilküste, auf der unser heutiger Weg entlangführt, direkt vor uns. Die Straße führt dann aber zunächst ins Landesinnere. Hinter der Kurve rechts in den Haubenweg einbiegen. 150 m weiter führt an einigen Findlingen ein Pfad nach rechts direkt zum Steilufer.

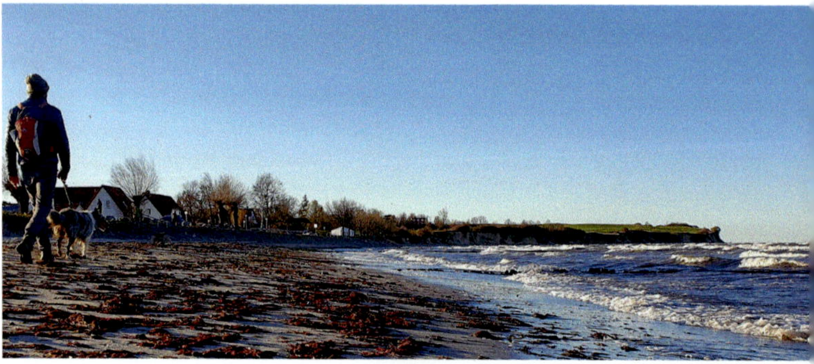

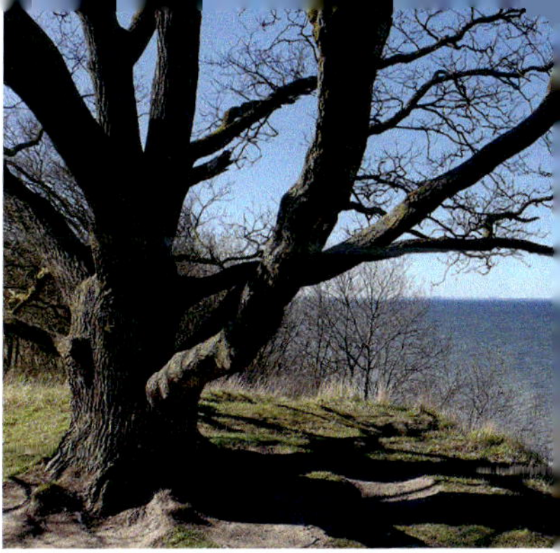

Hier beginnt der eigentliche Hochuferweg, der nun auf den folgenden rund 4 km mit traumhaften Ausblicken über die Ostsee aufwartet. Der Pfad verläuft zunächst durch einige Hecken, danach an einem Feldrand stets in der Nähe der Abbruchkante. Hier ist besondere Vorsicht geboten, da unterspülte Überhänge von oben oft nicht als solche erkennbar sind. Daher unbedingt nicht unmittelbar an die Kliffkante treten.

Nach 45 min Gesamtgehzeit wird zunächst ein schöner ausladender Solitärbaum ❶ direkt an der Kliffkante, kurz darauf ein kleines Wäldchen erreicht, in dem sich alte Bunkeranlagen und eine Radarstation verstecken. Ein großer Findling empfiehlt hier einen Abstecher nach links zum Café am Swingolf-Platz, der sich hinter dem Wäldchen erstreckt. Hier aber rechts am Hochufer und dann weiter auf dem Steiluferpfad entlang. In einer Senke über einen Bach und an den Hecken weiter parallel zum Ufer.

Bald darauf ist die kleine Brücke über die Steinbek ❷, was nichts anderes als „Steinerner Bach" bedeutet, erreicht. Hier lohnt ein Abstecher hinunter an den Strand. Ein Weg führt am sprudelnden Bach steil hinab, kurz vor der Mündung geht es mit ein paar beherzten Sprüngen über den Bach. Diese ursprüngliche Landschaft mit ihren umgestürzten Bäumen und den vielen Steinen unter der wilden Steilküste hat einen bezaubernden Reiz und so gar nichts mit den uniformen breiten Stränden der Tourismushochburgen gemein.

Wieder zurück auf der Brücke ❷ geht es auf einer schmalen Zufahrtsstraße ins Landesinnere. An einer Gabelung links halten und auf der schmalen Straße gut 1 km aufwärts. Auf einer Anhöhe schweift der Blick weit über die Ostsee und das Hinterland. In Redewisch-Ausbau (hier sei in der kleinen Radlerpension „Karin" Ⓑ ein Stück des hausgemachten Kuchens dringend zur Stärkung empfohlen), geht es an der Querstraße nach rechts ❸.

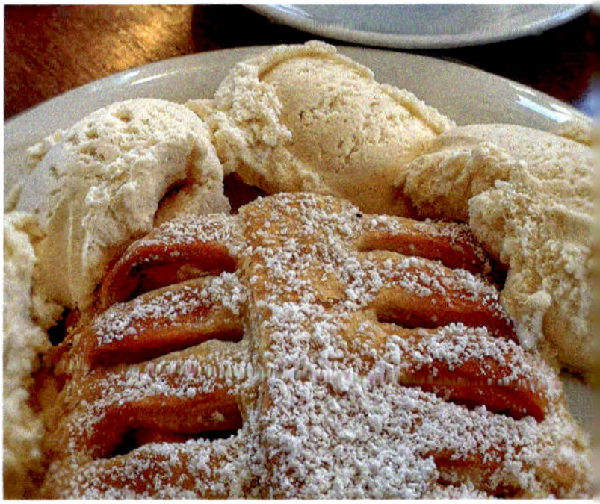

Die Straße geht an den letzten Häusern in einen Landweg über, der nach 500 m links abbiegt und nach 1 weiteren km den alten Ortskern von Redewisch erreicht. Hier wenige Schritte nach rechts und dann links direkt auf das Gutshaus Redewisch zu, das heute ein Hotel und

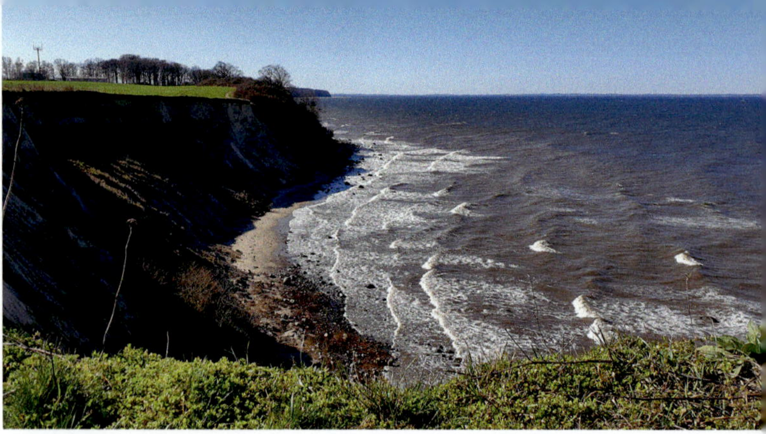

Früher gefährliches Grenzgebiet – heute grenzenlose Wanderlust.

Restaurant ist ©. Direkt vor dem Gutshaus nach links und hinter dem zweiten Haus nach rechts in den Waldweg einbiegen. An zwei Abzweigen rechts bzw. geradeaus gehen. Am Ende des Wäldchens führt der Weg über eine Brücke und anschließend auf den Klützer Bach mit einem Rastplatz zu ❹. Hier nicht sofort über die Brücke, sondern zunächst 80 m am Bach entlang und am Wäldchen über die nächste Brücke. Hinter dem Wäldchen, in dem im Frühjahr unzählige Sumpfdotterblumen sattgelb leuchten, trifft der Weg auf das Gutshaus Wichmannsdorf ❺. Hier der Straße geradeaus ca. 500 m durch das Wohngebiet folgen, an der Klützer Straße nach links abbiegen und auf dem Geh- und Radweg ca. 1 km geradeaus bis in den Ortskern von Boltenhagen laufen. Am Kreisverkehr auf der gegenüberliegenden Seite am Imbiss weiter geradeaus zur Strandpromenade und hinab zum Strand. Nach links bis zur Mündung des Klützer Bachs ❻ gehen, hier kurz aufwärts zur Brücke an der Straße und hinter dieser wieder hinunter und noch weitere 300 m am Strand entlang. Über ein paar Stufen hinauf zur Straße, auf deren gegenüberliegenden Seite der Ausgangspunkt der Wanderung erreicht ist.

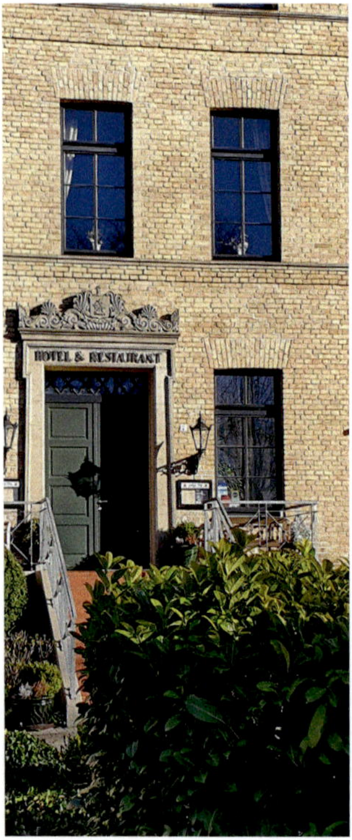

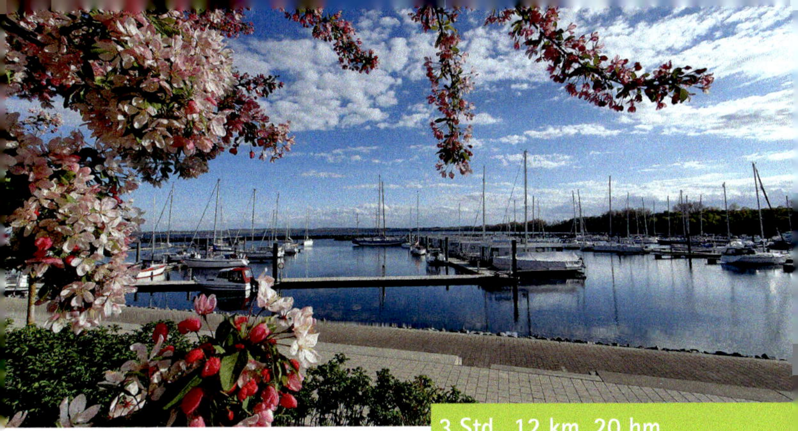

3 Std., 12 km, 20 hm

29. Boltenhagener Spaziergang

Urwald und mondänes Flair: Boltenhagen und Tarnewitz

Das Ostseebad Boltenhagen ist zweifellos einer der bekanntesten touristischen Orte im Nordwesten Mecklenburgs. Diese Wanderung durch den Osten des Ortes bringt rustikales Wandern und kultiviertes Promenieren unter einen Hut und

Ausgangspunkt:
Parkplatz an der Sportanlage am Ortseingang aus Klütz kommend
Gehzeiten: 3 Std., 12 km, 20 hm
Anforderungen:
Einfache Wanderung, auf Wald- und Wiesenwegen, ab Tarnewitz zur Weißen Wiek und bis zum Deich auf befestigten Wegen, dann Strandwanderung, abschließend befestigter Weg/Straße zum Ausgangspunkt.
Einkehr:

- Ⓐ *Zum Klausner, urige Kneipe mit kleinen Speisen und großem Bier- und Whiskyangebot; Tarnewitzer Straße 18, 23946 Boltenhagen, Tel.: 038825 29852*
- Ⓑ *Hotel Tarnewitzer Hof, mediterrane und italienische Küche; Tarnewitzer Straße 15, 23946 Boltenhagen, Tel.: 038825 29841*
- Ⓒ *Fischereihof Kamerun, fangfrischer Fisch und mehr, Zum Hafen 1a, 23946 Boltenhagen; Tel.: 038825 267231*
- Ⓓ *Restaurant Fine Art im Iberotel Boltenhagen, gehobene Küche, Baltische Allee 1, 23946 Boltenhagen, Tel.: 038825 3840*

- *Diverse Cafés, Bars und Restaurants in der Nähe der Seebrücke und an der Promenade*

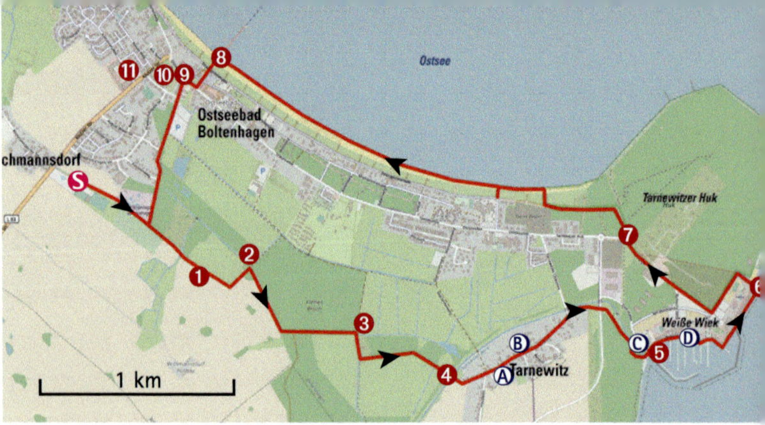

nimmt uns mit zu einigen Plätzen, die man in Boltenhagen unbedingt gesehen haben sollte. Insoweit ist diese Tour die ideale Ergänzung zur Tour Nr. 28, die den westlichen Teil des Ostseebades streift.
Die ersten 3 km führen durch das eher stille Boltenhagener Hinterland und durch den eigentümlichen Tarnewitzer Urwald. Besonders im Frühjahr finden sich hier dichte Teppiche von weißen und gelben Buschwindröschen. Der Natur überlassene umgestürzte Bäume und ausgedehnte moorige Bereiche zaubern eine mystische Atmosphäre. Anschließend geht es durch den kleinen Ortsteil Tarnewitz mit einigen historischen Häusern und dem legendären „Klausner" (Achtung: Wer hier einkehrt, könnte nach einer zugegebenermaßen äußerst empfehlenswerten Bierverkostung Probleme mit der Fortsetzung der Tour haben, also den Besuch besser auf den Abend verschieben!) weiter zu einer Halbinsel, die in den 1930er Jahren aufgespült wurde und bis 1945 als militärischer Versuchsflughafen zum Test von Bordwaffen herhalten musste. Davon ist heute außer einem östlich abgesperrten Bereich nicht mehr viel zu spüren. Stattdessen flanieren wir auf den mondänen Promenaden an der Hotelanlage der „Weißen Wiek" mit Blick auf den beschaulichen Fischereihafen und die schicke Marina Boltenhagen entlang. Wenig später erkunden wir noch einen Teil des fünf Kilometer langen Vorzeige-Sandstrandes von Boltenhagen, blicken von der 290 m langen Seebrücke über die Ostsee und zurück auf das Ostseebad und schlendern zuletzt unter dem Eindruck der Bäderarchitektur durch den Kurpark.

Vom Parkplatz **S** geht es zunächst auf der kleinen Straße an der Sportanlage vorbei in Richtung Südosten auf einen Funkmast zu. Nach 200 m geht die Straße in einen sandigen Fahrweg über und dieser durch einige Findlinge hindurch. Der Weg führt nun an einer Kleingartenanlage entlang und nach einem halben km an einer Kreuzung geradeaus (Wegweiser „Urwald").
Nach den letzten Kleingärten geht es durch eine noch junge Allee **1** und in

einem großen Bogen zwischen Wiesen und Feldern bis zu einem Waldrand, an dem sich auch ein Rastplatz ❷ befindet (1,3 km, 20 min). Nur wenige Schritte später geht es an einer Kreuzung nach rechts in den Wald hinein und dann an dessen Rand entlang. Warum dieser gern als Urwald bezeichnet wird, lässt sich auch vom Weg aus erahnen: Zwischen imposanten Baumriesen vermodern die der Natur überlassenen Reste toter Bäume und in den sumpfigen Niederungen des kleinen Bruches blühen im Frühjahr Sumpfdotterblumen. Der Weg macht einen Linksbogen in den Wald hinein, kurz darauf wird ein Abzweig nach rechts ignoriert. Bald öffnet sich rechts der Blick über eine Wiese und nach gut 35 min geht es auf einem Querweg nach halb rechts (Wegweiser „Tarnewitz") ❸.

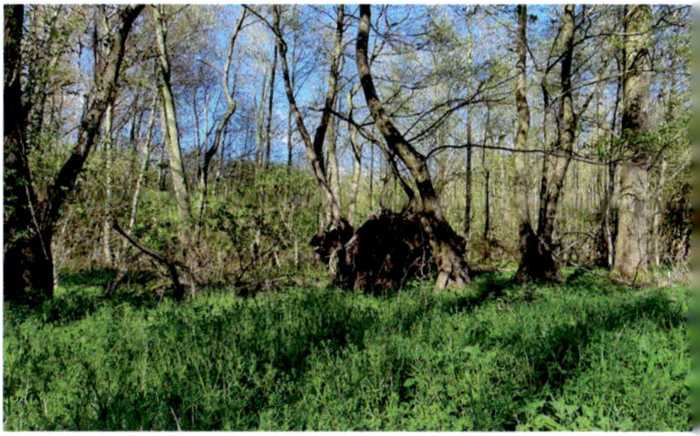

Der unbefestigte Weg führt bald wieder an einem Waldrand entlang, über eine kleine Steinbrücke und quert 100 m weiter über eine weitere Brücke den Tarnewitzer Bach ❹. Kurz darauf (3 km, 45 min) ist der Ortseingang von Tarnewitz erreicht. Hier für die nächsten 900 m immer dem Fußweg der Tarnewitzer Straße gerade aus durch das dörfliche Idyll folgen, am urigen „Klausner" Ⓐ und dem „Tarnewitzer Hof" Ⓑ vorbei, bis zu einer Bushaltestelle. Hier nicht auf der Hauptstraße weiter, sondern an einer großen Trauerweide auf der schmalen Straße geradeaus halten. 200 m danach wird eine größere Straße überquert. Hier 50 m an der Straße nach links gehenund dann auf der gegenüberliegenden Seite in die Straße „Zum Hafen" einbiegen. Diese führt direkt zum kleinen Fischereihafen ❺ und zur Marina Boltenhagen.

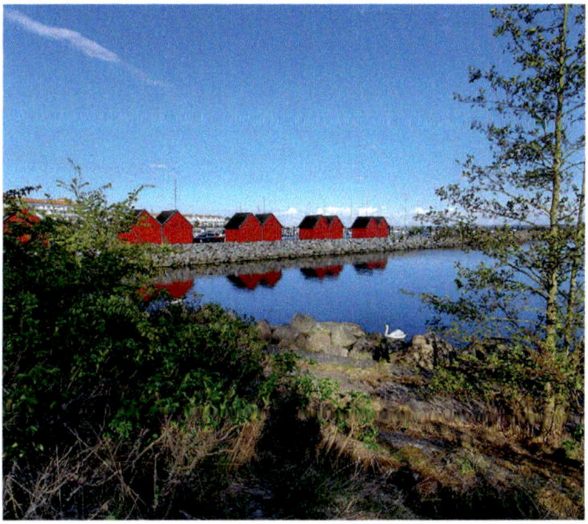

Hier lohnt es sich, etwas auf dem Bootssteg zu bummeln oder den frischen Fisch im Restaurant zu genie-

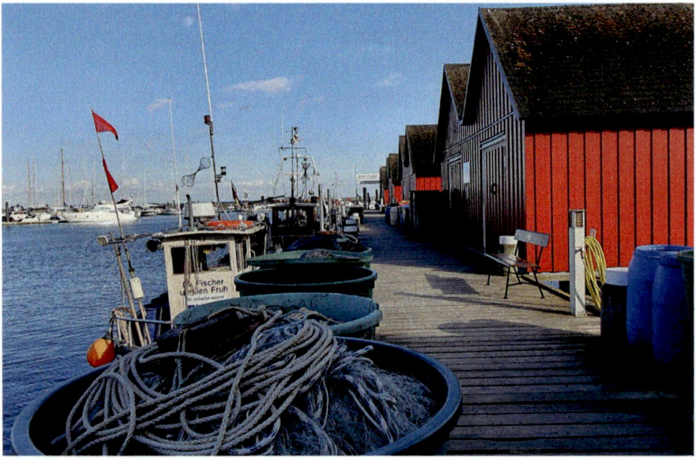

Hier gibt es den frischen Ostsee-Fisch – im Restaurat oder zum Mitnehmen.

ßen. Der Weg ist nun nicht zu verfehlen: Es geht vor der Hotelanlage direkt über die elegante Promenade der Weißen Wiek, mit Blick auf die Marina und weit über die Ostsee bis hinüber zur Insel Poel. Nach insgesamt 5,5 km und ca. 1,5 Std. ist am kleinen Hotelstrand ❻ das Ende der Promenade erreicht, hier geht

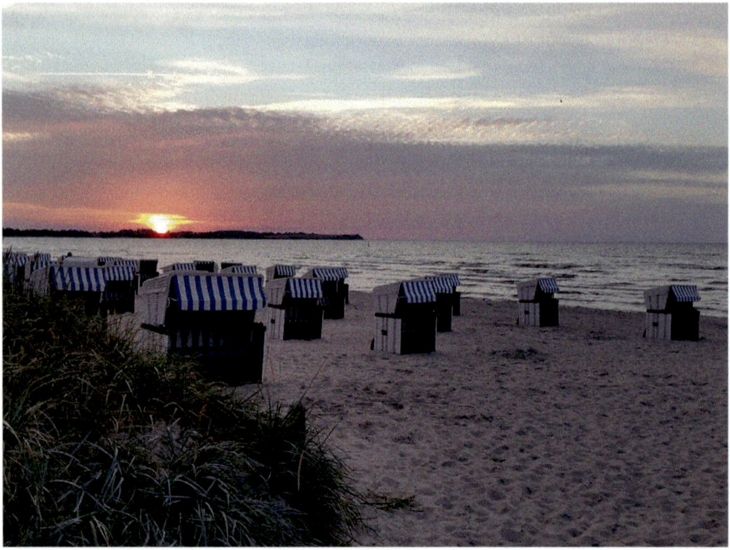

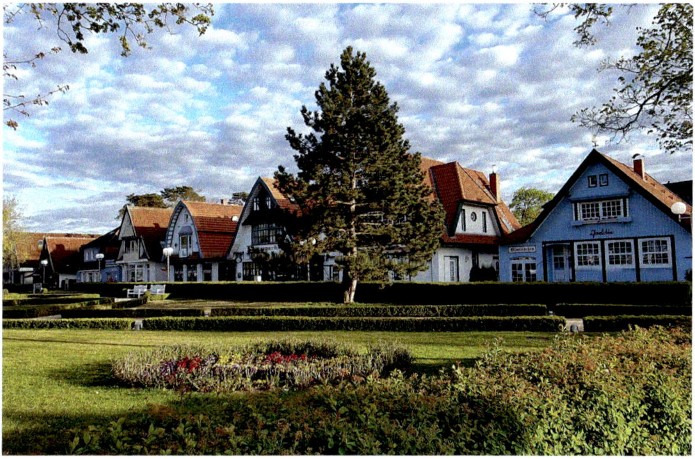

Häuser am Kurpark: Hier werden wohl die meisten Erinnerungsfotos geschossen.

es nach links und nach 150 m hinter der Hotelanlage am Waldrand wiederum nach links. Vor dem Haupteingang des Hotels nach rechts weiter am Waldrand nun ca. 600 m auf dem Geh- und Radweg parallel zur Zufahrtsstraße entlang gehen (an einem Kreisverkehr geradeaus) und nach ca. 1 Std. 45 min rechts zwischen zwei Schranken auf einen Deichweg ❼ abbiegen.

Auf dem Deich zunächst 200 m geradeaus, der Weg biegt dann nach links und geht nach weiteren 200 m auf dem Deich in eine Strandpromenade über. Nochmals 200 m weiter führt der erste Strandabgang zum breiten Sandstrand hinunter. Nun geht es fast 2,5 km am Strand entlang bis zur Seebrücke ❽ von Boltenhagen. Alternativ kann auch auf dem Promenadenweg weiter gegangen werden.

Nach einem Abstecher auf die Seebrücke geht es dann über deren Zugang geradewegs durch den schönen Kurpark in den Ort hinein. Vor dem Kurhaus an einer Ampel die Ostseeallee queren, 50 m nach rechts gehen und vor einer Springbrunnen-Anlage ❾ nach links in den Weidenstieg einbiegen. Zu empfehlen ist aber auch ein kurzer Abstecher geradeaus zur nur 100 m entfernten neugotischen Kirche ❿. Die hübsche rote Backsteinkirche von 1873 liegt auf einer „Zur Paulshöhe" genannten kleinen Erhebung.

Zurück auf dem Weidenstieg führt der letzte Teil der Tour in südliche Richtung am Feuerwehrhaus und einem Großparkplatz vorbei und am Rand einer Siedlung entlang ca. 800 m bis zur Kleingartenanlage, vor der wir nach rechts abbiegen und die letzten 500 m auf dem bekannten (Hin-)weg zum Ausgangspunkt unserer Tour zurückkehren.

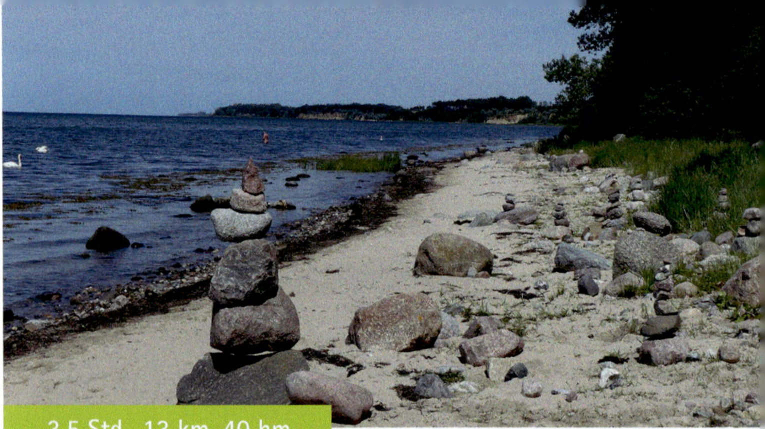

3,5 Std., 13 km, 40 hm

30. An der Wohlenberger Wiek

Wunderschöne Strand- und Kliffwanderung an einer ausgedehnten Flachwasserzone

Die Wohlenberger Wiek ist ein außergewöhnlicher Küstenabschnitt Westmecklenburgs. Die halbrunde Bucht mit ihrer teils hunderte Meter breiten Flachwasserzone ist bei Wasservögeln über das ganze Jahr ebenso beliebt wie bei Sommerurlaubern, und so empfiehlt es sich, die Tour keinesfalls in der Badesaison bei schönem Wetter zu gehen. Am Scheitelpunkt der Wanderung wartet eine Marina mit maritimem Flair und italienischen Leckerbissen und auf dem Rückweg ein überraschender Ausblick von einem kleinen Kraftort.

Ausgangspunkt:
Parkplatz an der Landesstraße L01 von Wohlenberg kommend in Richtung Wismar auf der rechten Seite vor der Kurve am Zeltplatz „Liebeslaube"
Gehzeiten: 3,5 Std., 13 km, 40 hm

Anforderungen:
Moderate Wanderung auf unterschiedlichen Untergründen am Strand (Sand, Schlick, Steine) und auf einem hügeligen und bei feuchtem Wetter etwas rutschigen Pfad im Küstenwald.
Je nach Wind- und Strömungsverhältnissen führt der Wasserstand der Ostsee zu unterschiedlichen Strandbreiten. Nach Stürmen kann der Zustand des Strandes durch abgerutschte Kliffs und umgestürzte Bäume schwer begehbar sein. Vor allem in den Wintermonaten ist gutes Schuhwerk empfohlen. Nicht bei Hochwasser gehen.

Einkehr:

Ⓐ *Rimini, kleines italienisches Strandrestaurant mit Meerblick, Wohlenberger Wiek 1, 23968 Hohenkirchen, Tel.: 038428 627709*

Ⓑ *Little Italy, italienische Speisen und Getränke direkt auf dem Anleger der Marina Hohen Wieschendorf, Zum Anleger 2, 23968 Hohenkirchen, Tel.: 038428 639435*

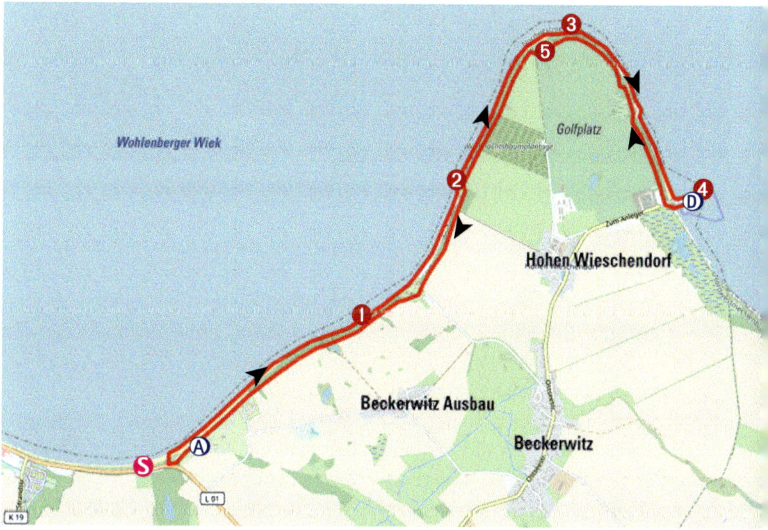

Am Parkplatz Ⓢ wird zunächst die Landesstraße überquert, auf der gegenüberliegenden Seite befindet sich bereits der weite Sandstrand. Wir gehen zum Spülsaum hinab und wenden uns nach rechts. Es geht zunächst zwischen Ostsee und dem langgezogenen Zeltplatz entlang. An dessen Ende beginnt ein schmaler Küstenwald aus Hecken und Bäumen, der bald darauf auf ein kleines Kliff ansteigt.

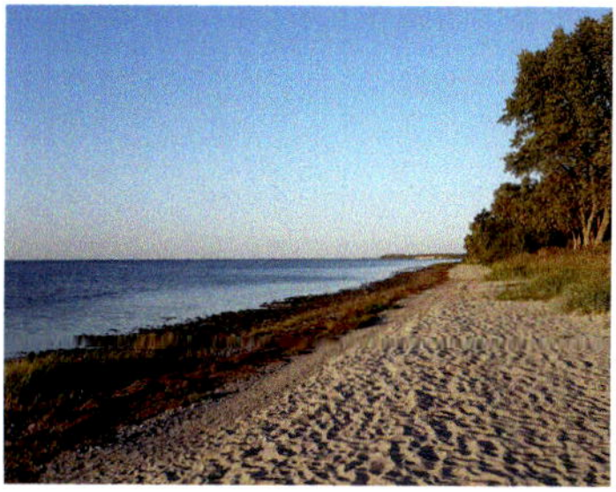

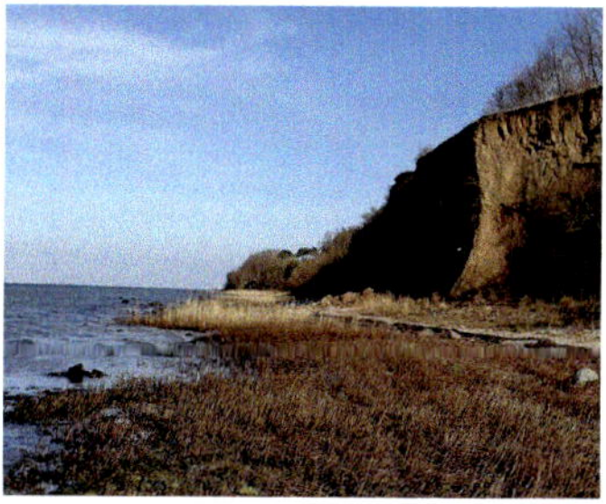

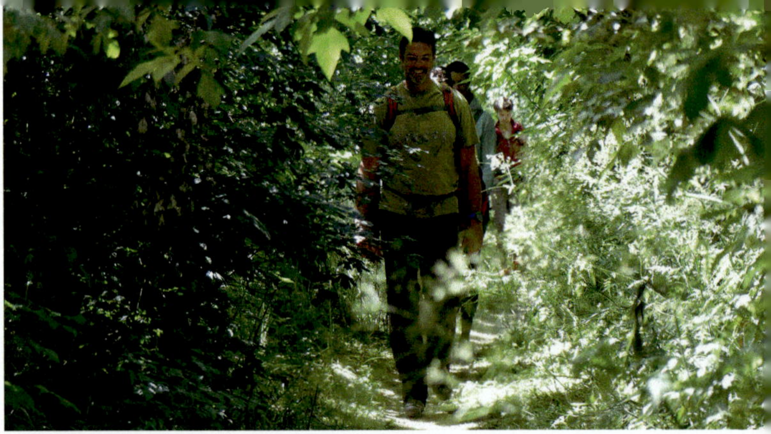

Alles im grünen Bereich: Im Gänsemarsch zur nächsten Überraschung ...

Wir bleiben weiter am Ufer, der Sandstrand ist mittlerweile in steiniges und lehmiges Terrain übergegangen. In weniger trockenen Zeiten sprudelt hier das eine oder andere Rinnsal und fließt in die Ostsee. Hinter einer leichten Biegung wird in einer kleinen Bucht der (im Winter verwaiste) Campingplatz Beckerwitz ❶ sichtbar, der nach einer guten halben Stunde erreicht wird. Hier laufen wir auch wieder auf überwiegend sandigem Boden.

Hinter dem kleinen Campingplatz steigt der Uferwald wieder an und es geht unter einem schönen Kliff entlang. Oben wird ein Kiefernwäldchen ❷ sichtbar. Es geht teilweise durch dicht mit Salzröhricht bewachsenes Ufer unterhalb der Steilküste. Nach einer weiteren halben Stunde macht die Küstenlinie eine kräftige Biegung ❸, die bereits teilweise sichtbare Insel Poel rückt näher in das Blickfeld, ebenso fällt die Hansestadt Wismar ins Auge. Nach insgesamt 6,5 km bzw. 1 ½ Stunden ist der Anleger der Marina Hohen Wieschendorf erreicht, hinter dem sich der kleine Sportboothafen befindet ❹.

Nach einem Bummel auf dem Anleger lädt ein italienisches Restaurant Ⓓ mit Traumblick auf Strand und Meer zum Verweilen ein. Für den Rückweg steuern wir zunächst auf einem eingezäunten Sandweg auf den großen Parkplatz der Marina zu, gehen an dessen meerzugewandter Seite nach Norden entlang und

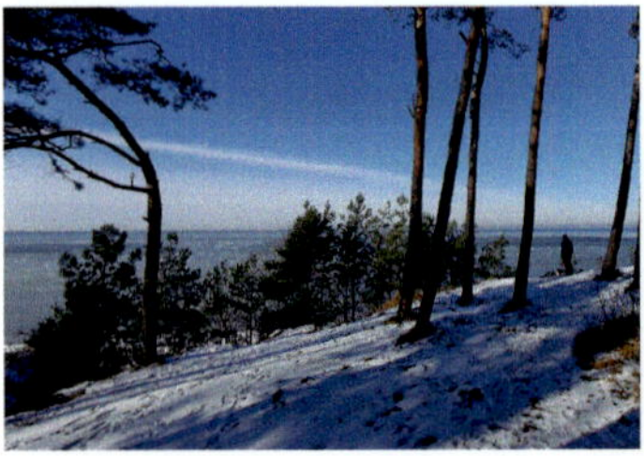

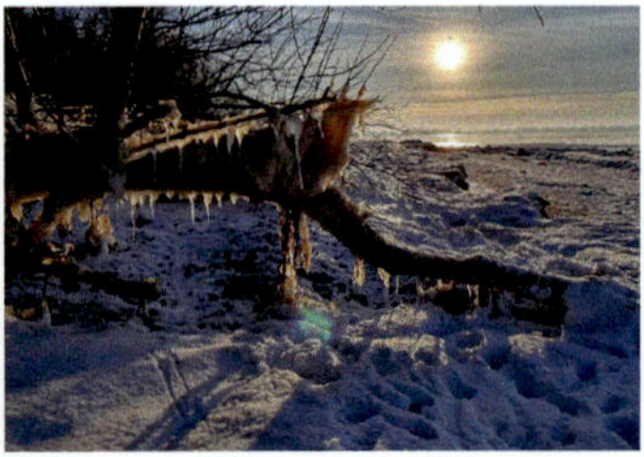

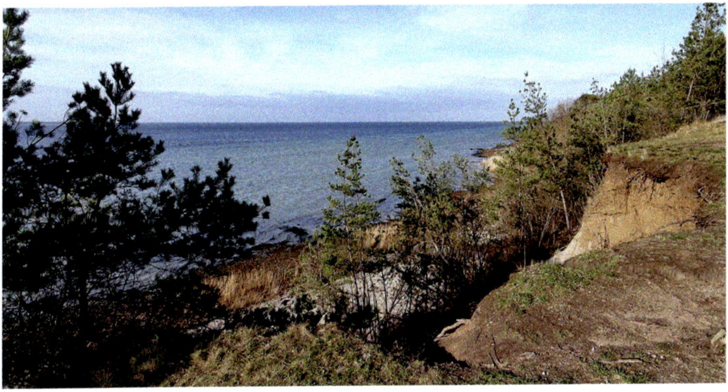

Und immer wieder eröffnen sich traumhafte Blicke aufs Meer ...

anschließend auf einem Pfad in den Küstenwald hinein. Hier halten wir uns an der nächsten Gabelung links und wandern durch Hecken und Bäume immer parallel zur Küstenlinie.

Auf der gegenüberliegenden Seite ist ein Golfplatz zu erkennen. Es geht immer weiter durch den Küstenwald, der schmale Weg steigt immer wieder an und bietet somit schöne Fernblicke über die Ostsee. Nach gut 2 Stunden wird auf dem Scheitel der Halbinsel ein großes Seezeichen umrundet, kurz darauf mündet von links ein Weg (Schranke) ein ❺.

Wir gehen gerade aus weiter, passieren auf einem Aussichtspunkt mit Strandabstieg eine Bank und folgen weiter in nun recht lebhaftem Auf und Ab dem Pfad durch den Uferwald. Nach 10 km und 2 ½ Stunden Gesamtgehzeit wird ein kleines Kiefernwäldchen ❷ erreicht. Hier sei auf jeden Fall eine Rast empfohlen. Der Blick vom Kliff über die hier bei Sonne oft türkis schimmernde Ostsee lässt tief durchatmen und Kraft schöpfen. Das Grün des moos- und grasbewachsenen Bodens steht in schönem Kontrast zum leuchtenden Ocker der Steilküste und den Blau- und Grüntönen des Wassers. Mit diesen Eindrücken geht es auf dem Pfad parallel zur Küste weiter, der nach einer weiteren Viertelstunde auf die Zufahrtsstraße des Campingplatzes Beckerwitz trifft. Hier kurz nach rechts in Richtung Strand, dann wieder links, 200 m direkt über den Platz und gegenüber wieder in den schmalen Waldstreifen hinein. Nach weiteren 20 Minuten ist der Campingplatz „Liebeslaube" erreicht.

Der Weg führt nun oberhalb des Strandes an den Unterkünften vorbei und geht dann in eine kleine Fahrstraße über. An der Zufahrt zum Campingplatz mit der Surfschule schließlich weiter zur Landesstraße, diese (mit Vorsicht!) queren und auf dem Radweg nach rechts ca. 100 m zurück zum Parkplatz. Für die Rückfahrt sei für Naschkatzen noch ein Stopp an der Eisdiele „Island 15/6" in Wohlenberg mit hausgemachtem Eis in ständig wechselnden Sorten ans Herz gelegt.

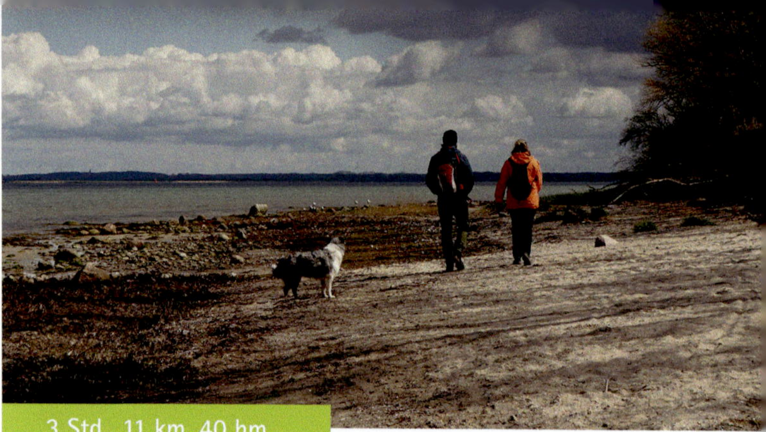

3 Std., 11 km, 40 hm

31. Von Zierow nach Hoben

Abwechslungsreiche Strandwanderung vor den Toren der Hansestadt Wismar zu einem ehemaligen Fischerdorf

Das alte Fischerdorf Hoben mit seinen typischen reetgedeckten norddeutschen Hallenhäusern steht als Dorfensemble komplett unter Denkmalschutz. Zu jeder Jahreszeit und bei fast jedem Wetter bieten sich hier alte Gärten, eine geschichtsträchtige Bausubstanz, Himmel und Meer als traumhafte Fotokulisse an. Doch auch schon der Weg dorthin ist landschaftlich abwechslungsreicher, als so manch einer erwartet. Während der Hinweg direkt am Wasser entlangführt, geht es auf dem Küstenweg oberhalb der Steilküste und an einer Lagune zurück.

S Vom Parkplatz geht es über die Straße und rechts vom Reiterhof auf einem schmalen Fußweg bis zu einer Einfamilienhaussiedlung. Hier auf der Straße links halten und nach knapp 200 m auf einen Feldweg abbiegen, der auf eine Ferienhaussiedlung mit reetgedeckten Häusern zuführt. Die Siedlung rechts liegen lassen und an einem Feldrand geradewegs zum Strand wandern.
Dort gehen wir unmittelbar am Wasser nach Osten, also rechts weiter. Mit Blick auf die Wismarbucht, die Marina Hohen Wieschendorf auf der westlichen Seite und die Insel Poel im Norden wandern wir unterhalb einer flachen Steilküste entlang.

Ausgangspunkt:
Zierow, Parkplatz an der Strandstraße gegenüber dem „Zierower Hof"
Gehzeiten: 3 Std., 11 km; 40 hm
Wer bei einer Strandwanderung gern auf die Suche nach Bernsteinen, Donnerkeilen, Hühnergöttern oder anderem Strandgut geht, sollte definitiv mehr Zeit einplanen...
Anforderungen:
Die Tour führt flach ohne Steigungen am Strand über Sand, Steine und Schlick, zurück über einen Pfad über Wiesen und durch Küstenwald, in der kühleren Jahreszeit sind daher feste und wasserdichte Schuhe empfohlen; im Sommer Bademöglichkeit.
Einkehr:
Ⓐ Restaurant Oase, Strandstraße 19c, 23968 Zierow, Tel.: 038428 61243
Ⓑ Restaurant Zierower Hof, Strandstraße 3, 23968 Zierow, Tel.: 038428 631111,
Ⓒ Gaststätte Sonneneck, Strandstraße 19e, 23968 Zierow, Tel.: 038428 60299

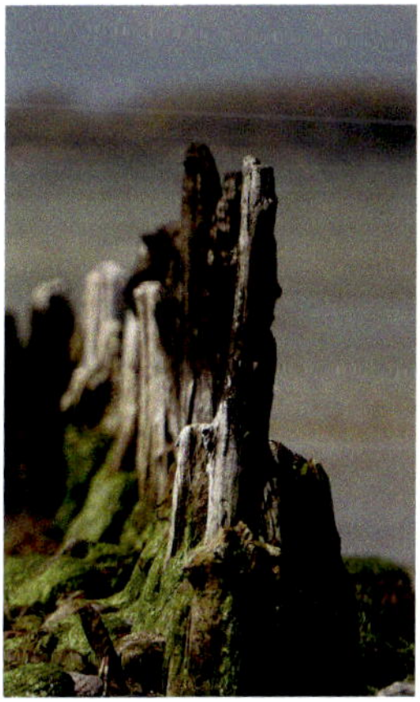

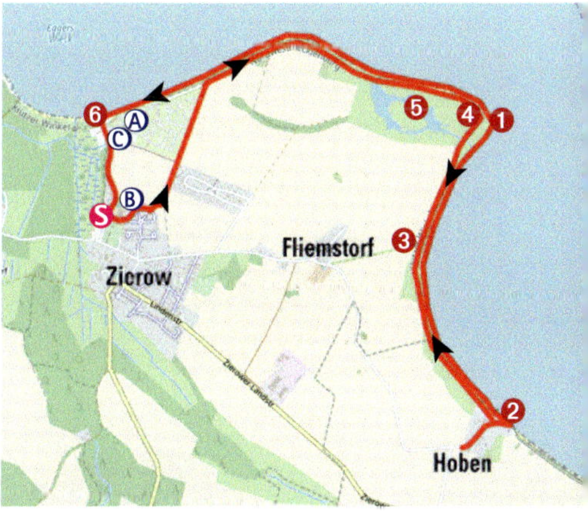

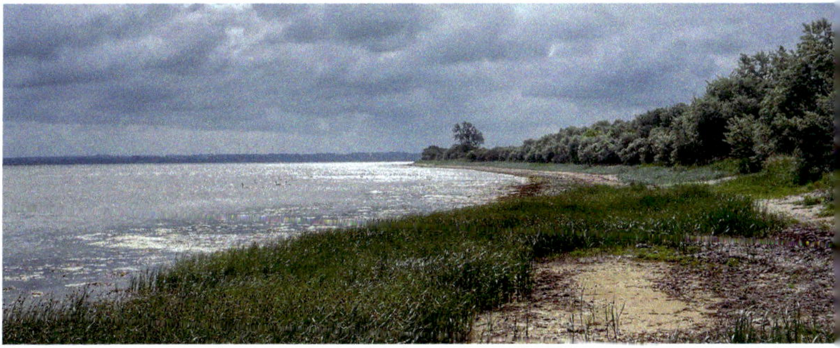

Es folgt ein flacherer Abschnitt, anschließend wieder Steilküste. Ebenso abwechslungsreich ist der Untergrund, auf dem wir laufen: von weichem Sand geht es über steinige Abschnitte und später über grüne Salzwiesen unterhalb der Steilküste. Bei unserer letzten Wanderung war hier im Rahmen einer Renaturierungsmaßnahme ein bisher verrohrter Abfluss als offener Bach wiederhergestellt, der nun in die Ostsee fließt. Bislang (Stand Dez. 2024) gibt es hier noch keine Brücke. Der Bach lässt sich jedoch mit kleinen Sprüngen über ein paar größere Steine überqueren. Hinter einer Biegung blicken wir auf die der Insel Poel vorgelagerte kleine Insel Walfisch. Nach einer 3/4 Stunde Gesamtgehzeit erreichen wir den Flimstorfer Huk, einen markanten „Haken", der in die Ostsee hineinzuragen scheint ❶. Hier rückt die Hansestadt Wismar mit der historischen Altstadt und der großen Werfthalle in unser Blickfeld, etwas später erkennen wir auch die reetgedeckten Häuser des Fischerdorfes Hoben auf der gegenüberliegenden Seite einer Bucht, die wir in einem großen Bogen ausgehen.

Der Strand wechselt nun immer wieder sein Gesicht. Dort, wo das Schilf bis an das Wasser heranreicht, führt der Weg auch ab und zu etwas oberhalb der Küstenlinie entlang. Nach 1 Std. 20 min erreichen wir Hoben ❷. Wir drehen eine Runde durch das sehenswerte Dorf und gehen zunächst auf gleichem Weg zurück, jedoch nicht direkt am Wasser entlang, sondern halten uns auf dem Pfad etwas oberhalb.

An einem Tor aus Betonschwellen können fußmüde Wanderer den kürzeren Weg über Flimstorf auf einer kleinen Straße direkt nach Zierow nehmen ❸. Die weitaus schönere und hier empfohlene Variante geht aber über den Pfad geradeaus oberhalb der Küste weiter, mit schönem Blick über die Ostsee, Wiesen, das Hinterland und eine Lagune. Diese ist auf einigen Karten als „Riten" eingezeichnet und ein kleiner, in hügeliges Gelände eingesenkter Strandsee ❺. Er dient

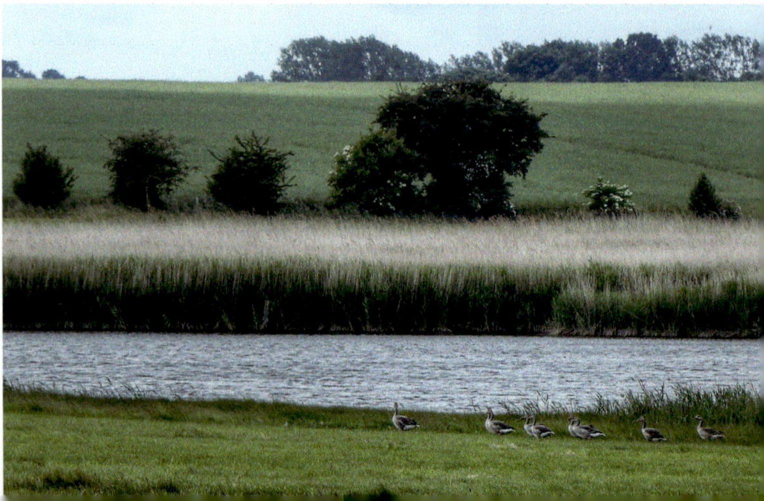

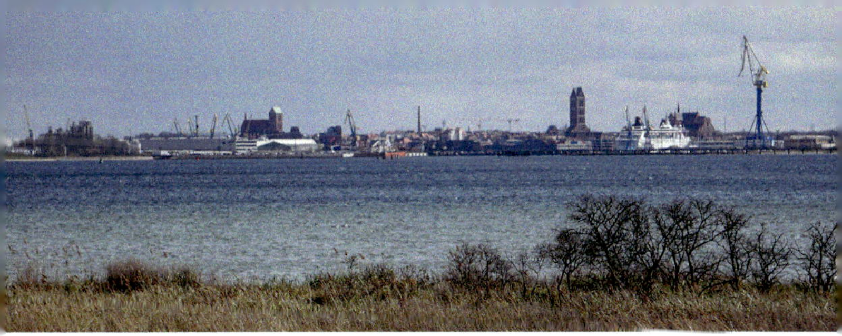

Entschleunigung beim Wandern: Nur wenige hundert Meter weiter pulsiert das Leben.

vielen Seevögeln als Rastplatz. Um die Tiere nicht zu stören, sollte hier der Abschnitt am Strand genutzt werden. Ansonsten führt der schmale Weg zunächst unter dem Blätterdach des Küstenwaldes entlang, trifft kurz auf das Ufer, um sich anschließend wieder zwischen Wiesen und Hecken entlang zu schlängeln. An der Spitze des Flimstorfer Huk wechselt der Weg auf ein Feld, an dessen Rand wir entlang gehen und dabei den weithin als deutliche Landmarke sichtbaren „Flimstorfer Baum" ❹, eine alte Pappel, passieren. Wir gehen an der langgestreckten Lagune auf dem Wiesenweg entlang, am Ende der Wiese führt der Pfad wieder in den Küstenwald hinein. Wer genau hinschaut, erkennt unter anderem Ölweiden, die Olivenbäumen hinsichtlich der Blätter und Früchte sehr ähnlich sehen.

Der Weg führt uns direkt zum Campingplatz Zierow. Hier kann wahlweise der Weg über den Platz oder unterhalb am Strand genutzt werden. Wir treffen wieder auf einen breiten Strandzugang ❻. Hier am Kiosk vorbei und parallel zur Zufahrtsstraße (Sandstraße) auf dem unbefestigten Weg am Rande eines Feuchtgebietes zum Ausgangspunkt zurück.

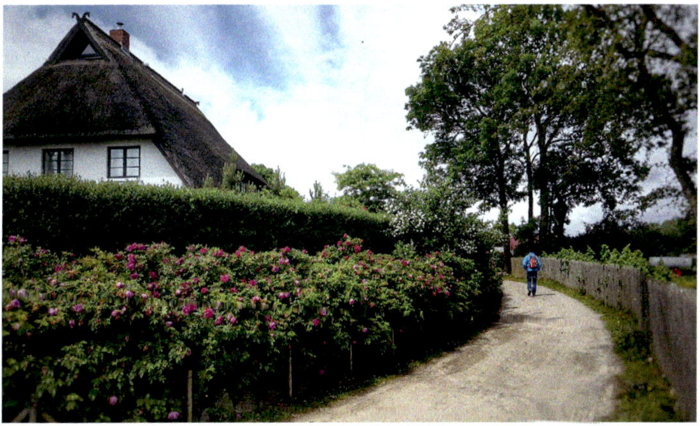

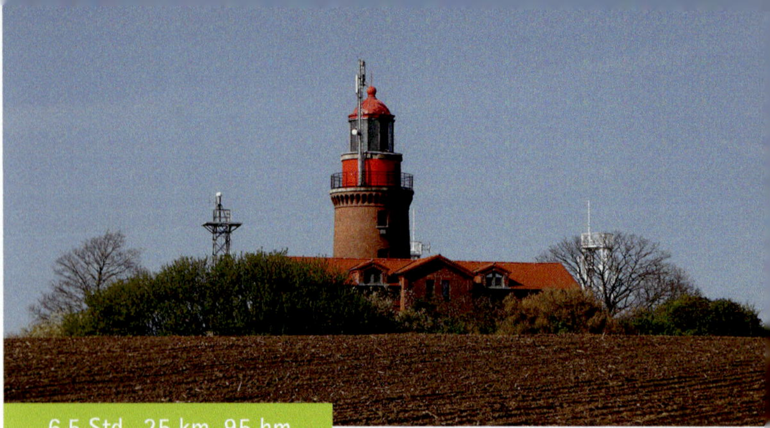

6,5 Std., 25 km, 95 hm

32. Vom Salzhaff zum Leuchtturm Bastorf

Von Rerik an der Küste zum höchstgelegenen Leuchtturm Deutschlands

Gleich mehrere landschaftliche Besonderheiten machen diese Rundwanderung zu einem spannenden Streifzug durch den äußersten östlichen Bereich der Region, die genau genommen schon im Landkreis Rostock liegt. Der Strandabschnitt zwischen Rerik und Kühlungsborn ist mit seiner Steilküste, seinen Naturstränden und dem besonderen Kleinod „Riedensee" einer der abwechslungsreichsten an der mecklenburgischen Küste. Der anschließende „Aufstieg" zum historischen Bastorfer Leuchtturm lässt den Blick weit zurück über die schöne Küstenlinie streifen.

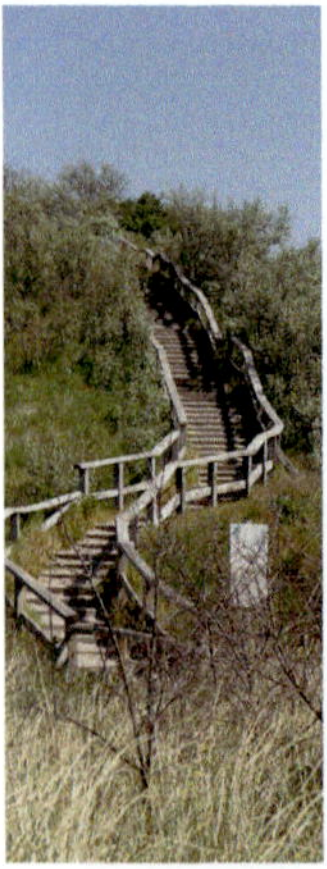

Der Weg durch das Hinterland wartet mit viel Natur und kleinen beschaulichen Dörfern, einschließlich Herrenhaus und Park auf. Und die letzten drei km führen schließlich am Salzhaff entlang. Reizvoll eingebettet in eine eiszeitliche Hügelkette zeigt sich hier ein völlig anderes Gesicht der mecklenburgischen Ostseeküste als in den bisher vorgestellten Touren. Das Salzhaff gehört seit 1990 zum Landschaftsschutzgebiet "Küstenlandschaft Wismar-Bucht".
Durch die Halbinseln Wustrow und Boiensdorfer Werder ist dieser Teil der Mecklenburger Bucht nahezu abgetrennt, wird aber durch regelmäßige Überflutungen von der Ostsee mit Salzwasser versorgt. Dadurch und durch die wenigen Süßwasserzuflüsse ist der Salzgehalt dieses inneren Seegewässers mit 1,2 % vergleichsweise hoch.

Ausgangspunkt:
kostenpflichtiger Parkplatz, Dünenstraße am westlichen Ortsrand von Rerik in der Nähe der Seebrücke
Gehzeiten: 6,5 Std., 25 km, 95 hm
Anforderungen:
relativ lange Tour und von Allem etwas: im ersten Drittel am Strand und auf dem Hochuferweg, anschließend Wald- und Feldwege, Geh- und Radwege, wenig befahrene Straßen

Einkehr:
Ⓐ Baltic Sea Dreams, mobiler Strandimbiss am Strandparkplatz Kägstorf, Am Strande, 18230 Rerik, „Restaurant mit Essen zum Mitnehmen", Tel.: 01522 6339326
Ⓑ „Valentins" Das Café am Bastorfer Leuchtturm, selbst gemachte Kuchen, Torten und Eis, Zum Leuchtturm 8, 18230 Bastorf, Tel.: 038293 410270

• Diverse Restaurants und Cafés am Ausgangs- und Endpunkt der Wanderung in Rerik

• Öffnungszeiten Leuchtturm Bastorf: täglich 11-16, in den Sommermonaten bis 17 Uhr, Eintritt 2,50 Euro

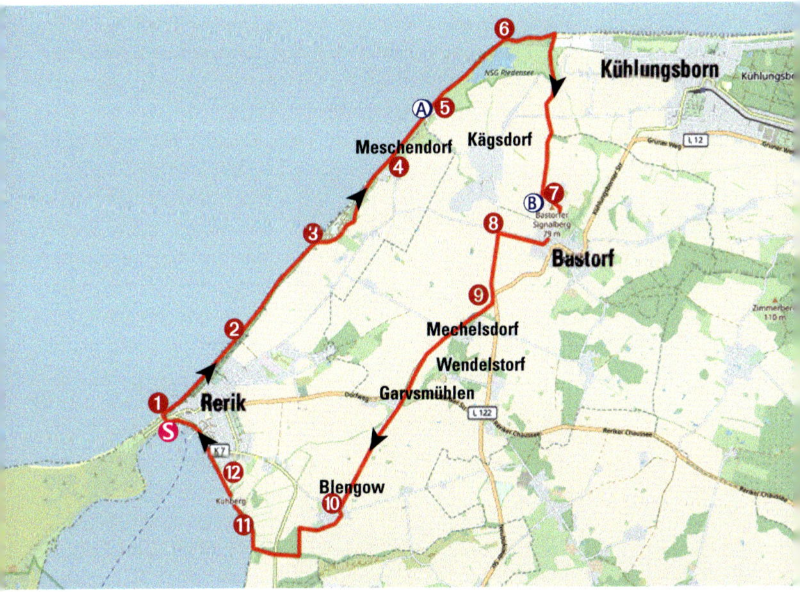

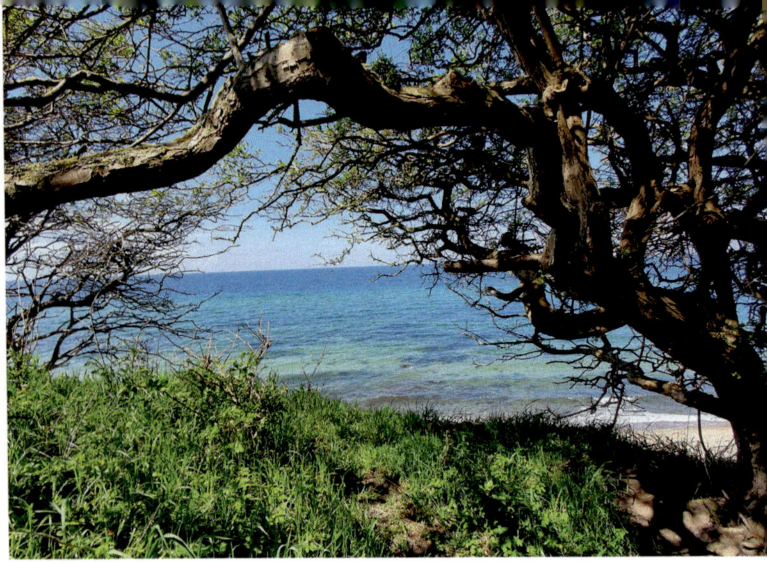

S Die Tour startet an der schmalsten Stelle zwischen Salzhaff und Ostsee am nordwestlichen Ortsrand der kleinen Stadt Rerik. Vom Parkplatz geht es auf der Dünenstraße rund 150 m zurück Richtung Ortskern und am Strandzugang zur Seebrücke hinab. Rechts lohnt sich ein Abstecher auf den Schmiedeberg ❶. Zu den Resten einer slawischen Burg mit einem schönen Rundumblick führen bequem ein paar Stufen hinauf. Der eigentliche Weg führt nun in nordöstliche Richtung gut 1,3 km am Strand unterhalb des Küstenwaldes entlang. Dann geht es hinter ein paar alten Stahlfundamenten ❷ über Treppen steil zu einem Platz im Küstenwald hinauf, an dem sich mehrere Wege kreuzen. Nun geht es für weitere 2 km direkt auf dem Weg oberhalb des Steilufers weiter, dabei werden mehrere tiefe Einschnitte umgangen. Immer wieder bieten sich schöne Ausblicke über die Küste und die Ostsee.

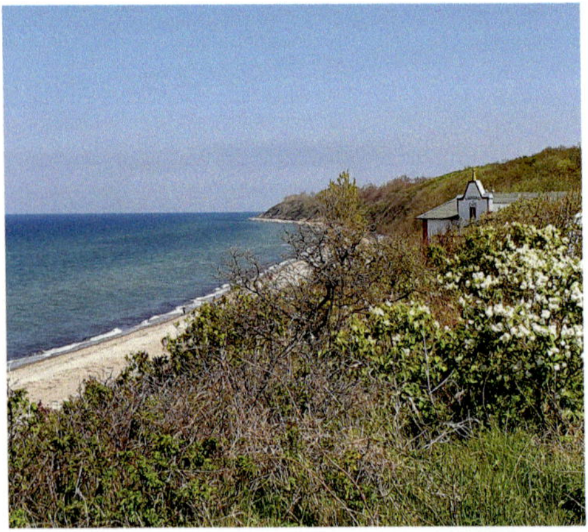

Ein großer Campingplatz ❸ wird entlang eines Zaunes auf seiner Landseite passiert, hinter diesem geht es nochmals einen halben km durch den Küstenwald und durch eine Naturdünenlandschaft nach Meschendorf ❹. In dem kleinen Ort führt eine Straße zunächst landeinwärts und anschließend in einem weiten Bogen zur Uferlinie zurück. Hinter einem stufenförmigen Küstenabschnitt wird ein großer Parkplatz überquert, an dessen anderem Ende das streng geschützte Naturschutzgebiet „Riedensee" ❺ beginnt. Dieses darf zwar nicht betreten werden, aber bereits wenige 100 m weiter am Strand entlang sorgt eine weithin sichtbare Aussichtsplattform am Zufluss zur Lagune für einen freien Blick über das NSG. Im Hintergrund ‚posiert' bereits das Zwischenziel, der Bastorfer Leuchtturm ‚Buk' auf seiner repräsentativen Anhöhe.

Es geht weitere 500 m am Strand bis zu einem Zwilling der Aussichtsplattform, nach weiteren 700 m, geradeaus ist bereits das Ostseebad Kühlungsborn zu erkennen, geht es einen Strandaufgang ❻ hinauf und auf einem unbefestigten Weg geradewegs ins Binnenland hinein. Hinter einem kreuzenden Radweg weiter dem Wegweiser „Leuchtturm" folgen, der schmale Weg führt parallel an einem Bach entlang, kreuzt dann eine schmale Straße (wieder Wegweiser ‚Leuchtturm') und führt nun steiler den Hügel hinauf. Nach knapp 3 km ab Strand ist das über 100 Jahre alte Wahrzeichen der Ostseegemeinde Bastorf erreicht ❼.

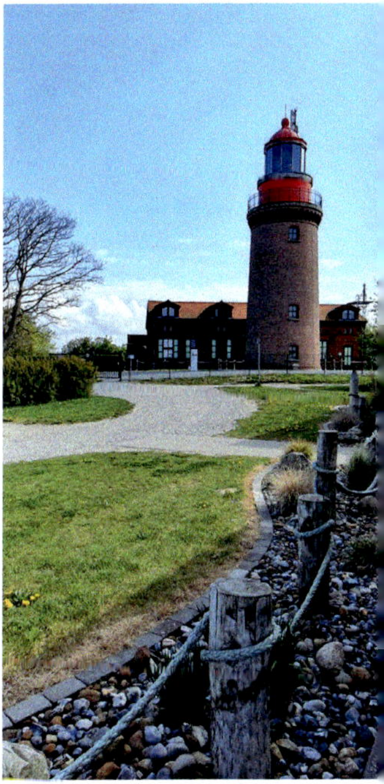

Der Leuchtturm ist der topografisch am höchsten gelegene Deutschlands, auch wenn er mit nur knapp 21 m Turmhöhe nicht gerade zu den Riesen unter den Leuchtfeuern zählt. Seit ein paar Jahren lässt sich der Turm wieder besteigen. Am Leuchtturm geht es noch 100 m weiter bis zu einer Straße, auf deren Gehweg wir nach rechts 250 m bis zu einem Parkplatz weiter laufen, vor dem ein Weg rechts abbiegt und an einer Hecke und an Feldern rund 800 m bis Kägstorf führt.

Auf einer schmalen Straße (rechts ist ein Rastplatz zu sehen) nach links ❽ aufwärts und an einer Linkskurve auf dem Geh- und Radweg, der auf der alten Rübenbahn gebaut wurde, geradeaus weiter gehen (Wegweiser Mechelsdorf 2,5 km). An einem Rasthäuschen bei einer Kreuzung rechts einbiegen (Wegweiser Ostseebad Rerik 5,5 km) ❾ und auf der alten Rübenbahn bequem weiter bis Mechelsdorf. Eine kleine Straße geradeaus queren (nach rechts geht es direkt nach Rerik) und weiter auf einem Spurbahnweg über Felder, bis eine weitere Straße gekreuzt wird. Hinter dieser hat sich auf der linken Seite

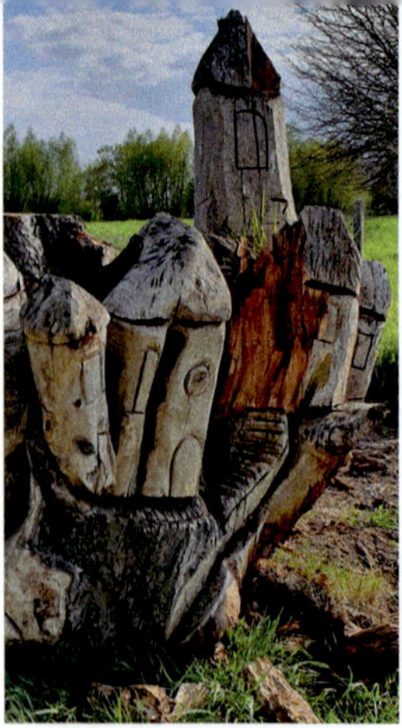

ein kreativer Kopf mit einigen Holz-Kunstwerken verewigt.

Durch die wenigen Häuser des kleinen Ortes Garvsmühlen hindurch und auf der schmalen Straße weitere 2 km über weite Felder nach Blengow. Im Dorf in einem Linksbogen um den Dorfteich herum und dann rechts direkt auf das Herrenhaus ⑩ zu halten. Vor dem schönen klassizistischen Gebäude aus dem 18. Jhd. geht es links durch den Park mit einer Skulpturensammlung (Wegweiser ‚Wanderweg zum Salzhaff').

Am Waldrand stehen ein paar Sitzgelegenheiten mit Tisch für eine Rast. Der Weg führt über Wiesen und Felder zu einem schönen Wald. Hier auf dem Pfad in südliche Richtung geradeaus, über eine Brücke Richtung Waldrand, dann an diesem entlang bis zu einem Parkplatz an einer Straße. Auf der gegenüberliegenden Seite geht es weiter (Wegweiser E9 Rerik-Seebrücke 3 km) in den Wald hinein. Nach 350 m ab Straße ist der Uferweg am Salzhaff erreicht ⑪. Hier auf dem Deich nach rechts in nördliche Richtung mit schönem Blick über das Salzhaff und zur (gesperrten) Halbinsel Wustrow.

Am Salzhaff finden sich artenreiche Salzwiesen, die durch Überflutungen entstehen und Lebensraum für viele spezialisierte Pflanzenarten und Wasservögel sind. Das Salzhaff ist mit seinem flachen und ruhigen Wasser eines der beliebtesten Surf-, Kite- und Segelreviere an der mecklenburgischen Ostseeküste. Nach einem knappen km ist der Kuhberg ⑫ erreicht, unterhalb der kleinen Erhebung befindet sich auch ein überdachtes Rasthäuschen. Es geht weiter am

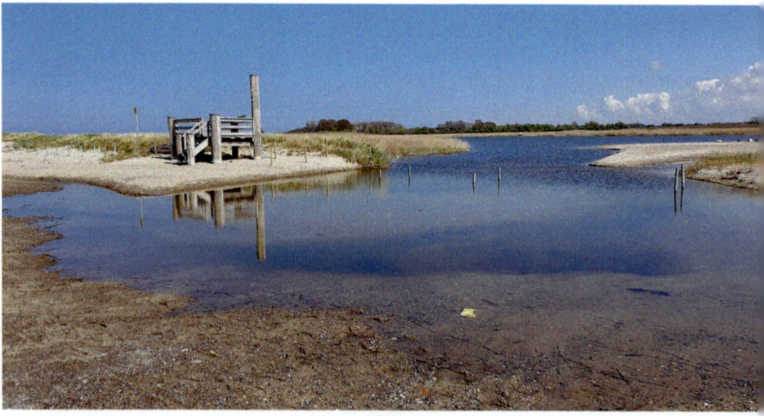

Am Riedensee

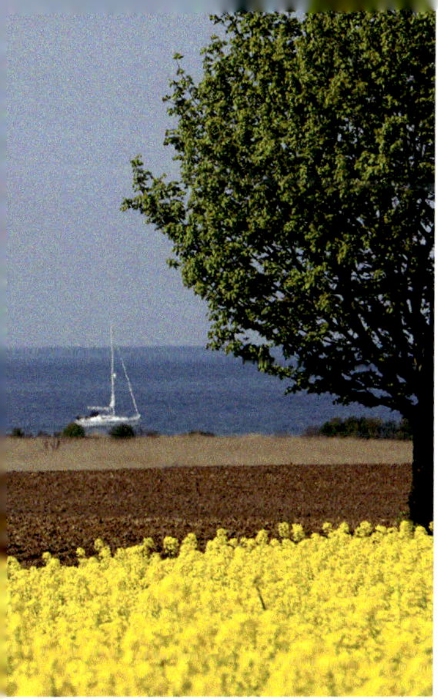

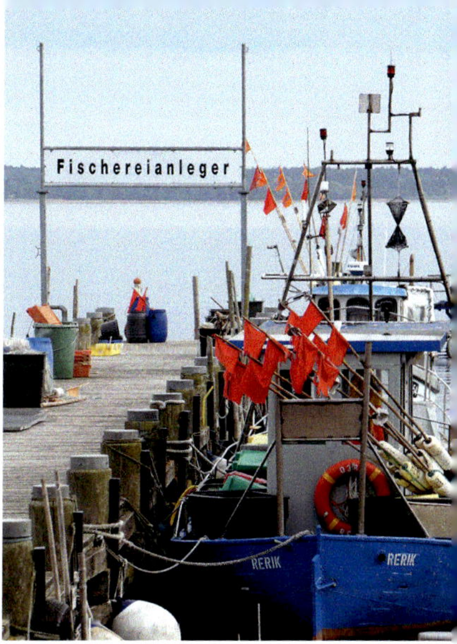

Ufer entlang, bis nach 500 m das Familienferiendorf am Ortsanfang von Rerik erreicht ist. Hier geht der unbefestigte Weg in eine breite gepflasterte Promenade über. Nun an Bootsanlegern und dem kleinen Hafen vorbei immer auf der Promenade bis zum Ausgangspunkt zurück.

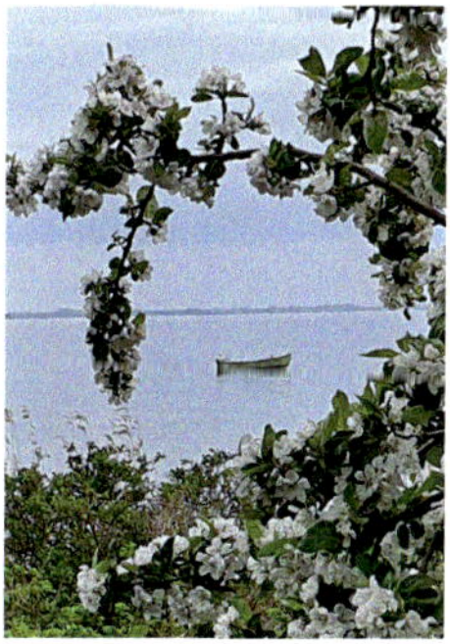

Empfehlung: Im Anschluss oder auch als eigenständige Kurztour bietet sich die Rundwanderung auf der kleinen Halbinsel Boiensdorfer Werder mit weiten Blicken über das Salzhaff, zur Halbinsel Wustrow, zum Naturschutzgebiet Langenwerder und zur Insel Poel an. Von Boiensdorf sind es ca. 3 km bis zum Parkplatz vor dem Zeltplatz Möve auf der Halbinsel. Die ca. 40minütige Wanderung über 3 km beginnt am Eingangstor zum Zeltplatz. Diesen geradeaus durchqueren bis direkt zum schmalen Strand. Am naturbelassenen Strand nach rechts wenden und dem sehr ursprünglichen Ufer, zunächst unter der kleinen Steilküste, dann über Salzwiesen in einem großen Bogen folgen. Nach einer halben Stunde trifft der Weg auf die schmale Zufahrtsstraße, die nach rechts zum Ausgangspunkt führt. Als I-Tüpfelchen für einen perfekten Tag sei der Besuch des kleinen Dorfmuseums in Stove empfohlen. Hier wird neben einer kleinen Ausstellung über das frühere Leben auf dem Lande leckerstes Brot aus dem Lehmbackofen angeboten.

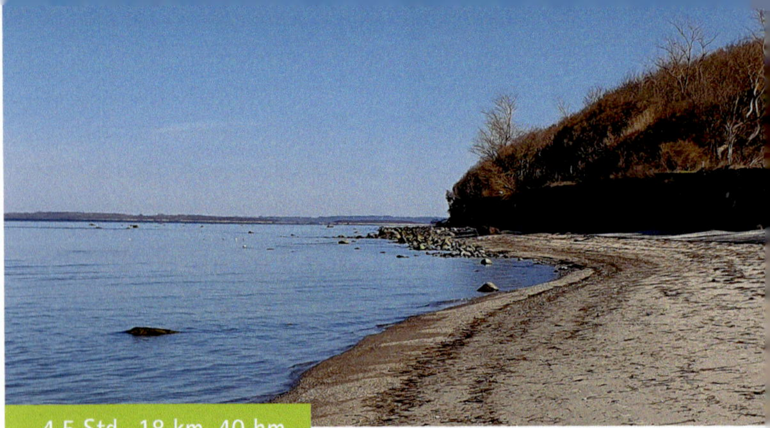

4,5 Std., 18 km, 40 hm

33. Auf der Insel Poel: Rundtour Gollwitz

Strand, Land, Hafen und eine Kirche mit Ausblick – eine Poeler Schnupperrunde

Reif für die Insel? Dann ab nach Poel! Die siebtgrößte deutsche Insel liegt wie ein Bollwerk vor den Toren Wismars inmitten der Wismarbucht. Sie ist über einen künstlichen befahrbaren Damm mit dem Festland verbunden. Die weite und leicht hügelige Landschaft ist fast unverbaut, der überwiegende Teil der Insel wird landwirtschaftlich genutzt. Wegen dieser Ursprünglichkeit, aber auch aufgrund

Ausgangspunkt:
Gebührenpflichtiger Parkplatz am Ortseingang Schwarzer Busch von Kirchdorf kommend.
Gehzeiten: 4,5 Std., 18 km, 40 hm
Anforderungen:
Kombination aus Wanderung am Strand, über Felder und Wiesen und durch die kleinen Orte Kirchdorf und Schwarzer Busch. Keine besonderen Anforderungen.
Einkehr:
Schwarzer Busch:
Ⓐ Traditionshaus Seeblick, deutsche Küche, Fisch, Promenade 1, 23999 Insel Poel, Tel.: 038425 42549
Ⓑ Restaurant Strandperle, deutsche Küche, Fisch, Am Schwarzen Busch 2, 23999 Insel Poel, Tel.: 038425 20712
Kirchdorf:
Ⓒ Gasthaus Zur Insel, Klassische Küche, Fisch, Wismarsche Str. 19, 23999 Insel Poel, Tel.: 038425 42615
Ⓓ Gaststätte Poeler Hafenpavillon, Am Hafen 1, 23999 Insel Poel, Tel.: 038425 20985

der dennoch guten touristischen Erschließung ist die Insel bei Wassersportlern, Radwanderern, Wanderern und Badegästen gleichermaßen beliebt. Für diesen Wanderführer wurden zwei attraktive Touren ausgewählt, die beide als Strandwanderung beginnen. Die hier zuerst vorgestellte Route im Norden der Insel führt anschließend über Felder zur „Inselhauptstadt" Kirchdorf, wunderschön am Kirchsee im Herzen der Insel gelegen, und wiederum über Felder und Wiesen zurück zum Strand.

S Vom Parkplatz geht es in nördliche Richtung zunächst am Cap Arcona-Denkmal ❶ vorbei, dann auf dem schmalen Fußweg neben der Straße „Am Schwarzen Busch" immer geradeaus, bis nach 500 m der Strandabgang erreicht ist. Am schönen breiten Sandstrand geht es nach rechts und nun 4 km am Strand entlang. Der Sandstrand geht bald in steinigeres Terrain unterhalb eines flachen Kliffs über und wechselt dann mehrfach sein Erscheinungsbild. Auch oberhalb des Kliffs führt ein Weg durch den schmalen Küstenwald, der Wechsel zwischen Strand und diesem Weg ist problemlos mehrfach möglich.
Nach einer Std. nähern wir uns der vorgelagerten kleinen unbewohnten Insel Langenwerder ❷, die unter Naturschutz steht. Hier befindet sich auch an einem flacheren Strandabschnitt der Aufgang zum kleinen Ort Gollwitz. Durch eine schöne Kopfweiden-Allee ❸ geht es in den Ort hinein, immer geradeaus, wobei der Dorfteich rechts liegen gelassen wird.

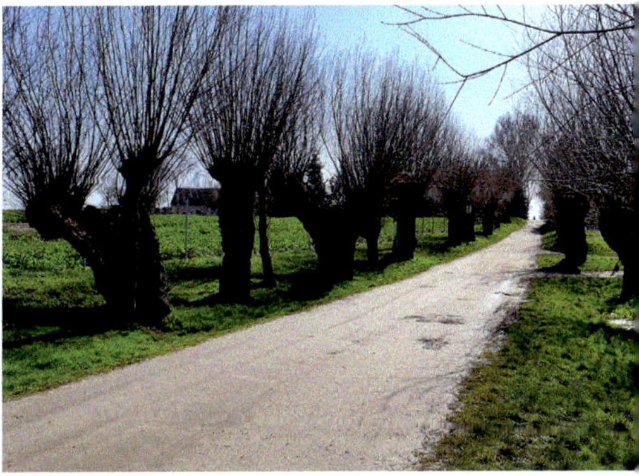

Am Ortsausgang befindet sich auf der rechten Seite ein Parkplatz ❹. Hier (Wegweiser Kaltenhof 2,2 km) rechts auf einen breiten unbefestigten Fahrweg abbiegen, nach 200 m gabelt sich der Weg ❺, an der Bank links dem Wegweiser Richtung Kirchdorf folgen. Es geht nun auf einem grasbewachsenen Feldweg gut 2 km mit weitem Blick schnurgerade aus, bald ist von einer Anhöhe aus auch der fast 50 m hohe Kirchturm von Kirchdorf zu sehen, der uns als Orientierung dient.
An einer Kreuzung mit 4 Wegweisern auf dem Feldweg (Kirchdorf 1,5 km) weiter geradeaus, bis eine schmale Straße erreicht wird. An dieser (Wegweiser Kirchdorf 0,4 km) 100 m nach rechts, anschließend vor der Straße nach links auf den Geh- und Radweg abbiegen ❻. Nach 200 m (Wegweiser Hafen 0,5) über die Straße und in den Feldweg gegenüber einbiegen.

Mit Blick auf den Kirchsee und die Kirche geht es durch einen Schilfgürtel und über eine Holzbrücke ❼ direkt zum kleine Hafen ❽. Beim Kirchsee handelt es sich um einen langgezogenen Meeresarm der Wismarbucht. Im Hafen, an dem sich auch einige Restaurants und Einkehrmöglichkeiten befinden, legen neben den Fischkuttern auch die Ausflugsschiffe von Wismar, Segelboote und Yachten an. Unmittelbar über dem Hafen befinden sich auf einer Anhöhe die Dorfkirche und der Schlosswall. Um dorthin zu gelangen, geht es am Hafen ein Stück ostwärts und hinter der Werft hinauf zur Kirche und weiter zur „Veste Poel".

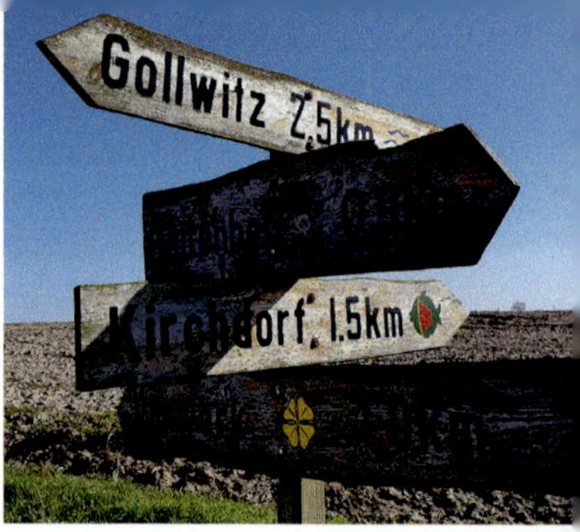

Von der Schlossanlage ❾ aus dem frühen 17. Jhd. sind nach ihrer wechselvollen Geschichte und dem Verfall nach dem 30jährigen Krieg nur noch die Fundamente der Wallanlagen in Form eines fünfzackigen Sternes zu erkennen.
Zurück an der Kirche geht es an deren Westseite vorbei, hinab zur Bootswerft und von hier 200 m bis zu einer Kreuzung. An der Gabelung halb links 500 m auf der Wismarschen Straße weiter, an einer größeren Kreuzung nach links in die Strandstraße, der wir nun für weitere 500 m durch den Ort folgen.
An einem Wegweiser (Schwarzer Busch 1,2 km) ❿ geht es nun halb links in die Straße Oertzenhof, diese führt durch eine Eigenheimsiedlung und geht nach gut 100 m in einen Feldweg über. Dieser führt nun 1 km über Felder und Wiesen direkt hinab Richtung Ostsee.

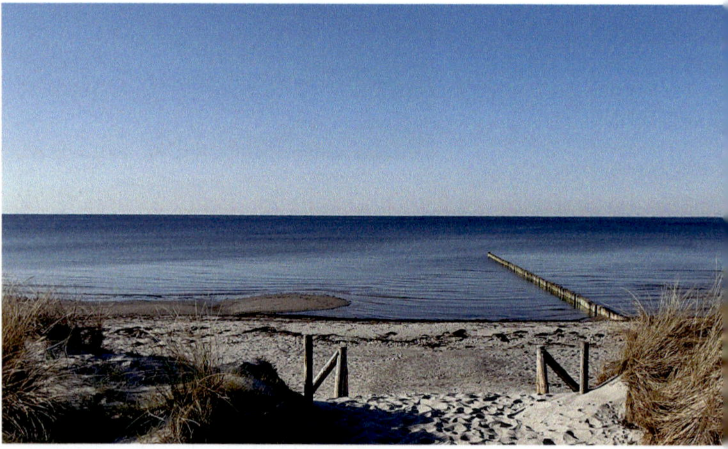

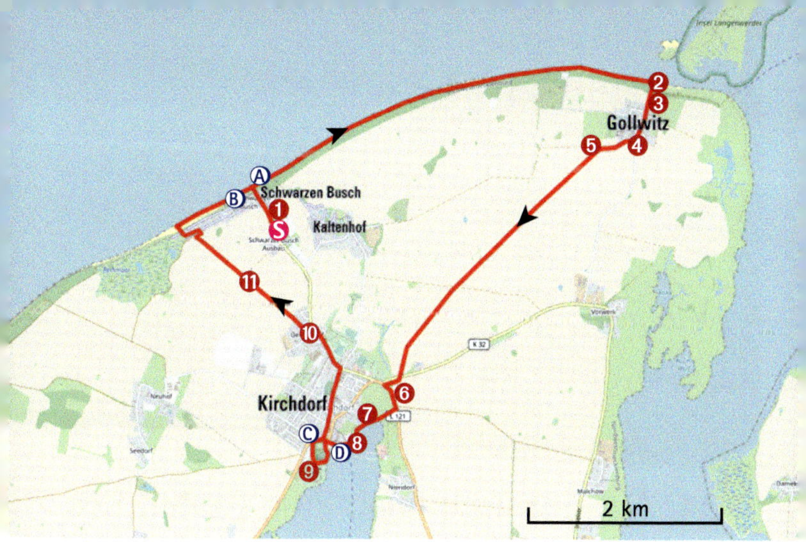

Auf halber Strecke lädt eine Bank mit Traumaussicht ⓫ zu einer Pause ein. Vor einer Häuserreihe treffen wir auf einen Radweg, gehen 25 m auf diesem nach rechts, weitere 20 m nach links und dann 100 m auf der Straße „Zum Reetmoor" nochmals links. Nun geht es noch einmal 50 m nach rechts zur Strandpromenade und direkt zum Strand hinab. Von hier sind es noch 600 m am schönen Sandstrand nach rechts Richtung Osten, bis der Strandaufgang vom Beginn unserer Tour erreicht ist, und es 500 m an der Straße „Am Schwarzen Busch" zurück zum Ausgangspunkt auf dem Parkplatz geht.

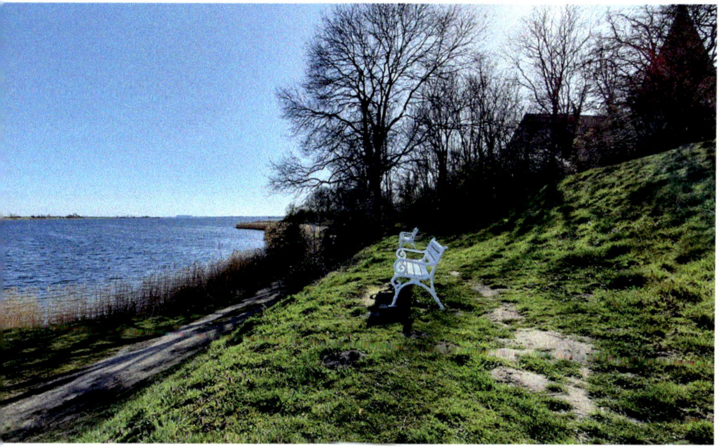

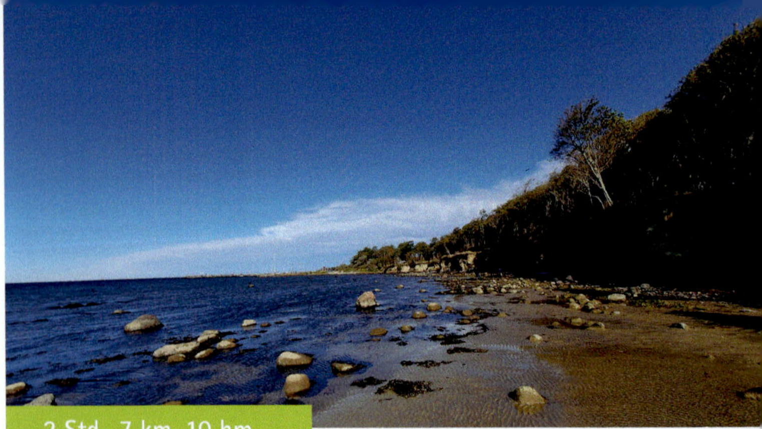

2 Std., 7 km, 10 hm

34. Auf der Insel Poel: Zum Faulen See

Vom idyllischen kleinen Hafen zum Naturschutzgebiet

Die zweite Tour, im Westen der Insel Poel, hat ihren Startpunkt in Timmendorf Strand mit dem weithin sichtbaren Leuchtturm und dem kleinen beschaulichen Hafen, in dem überwiegend Fischereiboote, aber auch Sportboote und ein Lotsenboot anlegen. Von hier geht es unterhalb eines Kliffs Richtung Süden bis zum Naturschutzgebiet Fauler See-Rustwerder, das für die Öffentlichkeit nicht zugänglich ist. Dennoch sind auch vom Wanderweg aus Einblicke und Beobachtungen gut möglich. Der Blick darüber hinweg bis hin nach Wismar lohnt die nicht allzu lange Wanderung unterhalb der schönen Steilküste aber allemal. Der Weg zurück nach Timmendorf (nicht zu verwechseln mit dem schleswig-holsteinischen Timmendorfer Strand) führt eine Etage höher mit weitem Blick übers Meer oberhalb der Steilküste entlang.

Ausgangspunkt:
gebührenpflichtiger Parkplatz am Ortseingang von Timmendorf Strand, von Kirchdorf über Timmendorf kommend auf der linken Seite
Gehzeiten: 2 Std., 7 km, 10 hm
Anforderungen:
Kurze Wanderung auf unterschiedlichen Untergründen am Strand (Sand, Schlick, Steine) und auf einem Pfad hinter und durch den Küstenwald.

Einkehr:
Ⓐ *Kröning's Fischbaud, Frischer und geräucherter Fisch, Lotsenstieg 17b, 23999 Insel Poel, Timmendorf Strand, Tel: 038425 20523*
Ⓑ *Zur Poeler Kogge, Fisch und Meeresfrüchte, Strand 13A, 23999 Insel Poel, Timmendorf Strand, Tel.: 038425 20251*
Ⓒ *Fischverkauf vom Kutter direkt am Anleger im Hafen*

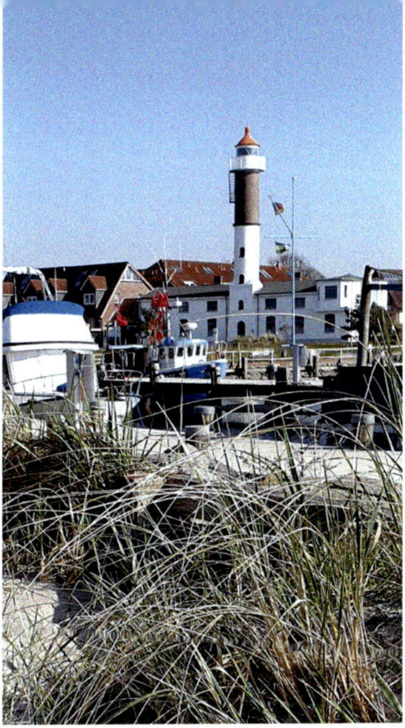

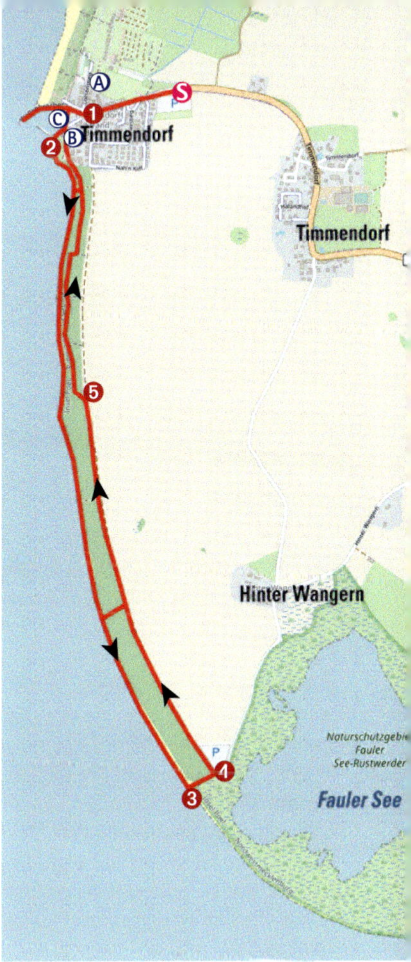

S Vom Parkplatz geht es auf der verkehrsberuhigten Zufahrtsstraße „Tau'n Lüchttorm" (Zum Leuchtturm) **1** direkt auf diesen zu, nach 350 m ist der hübsche kleine Hafen erreicht. Hier wenden wir uns nach links, gehen am Hafen und dem Spielplatz vorbei und stehen kurz darauf nach weiteren 150 m am Ufer einer Bucht **2**. Links leuchtet unter der grünen Decke des Uferwaldes bereits der hellgelbe Streifen der Steilküste.

Wenn der Wasserstand es zulässt, geht es nun 2 ½ km unterhalb der Steilküste am meist steinigen, teilweise auch mit Salzwiesen bewachsenen Strand entlang. Dieser Küstenabschnitt ist sehr ursprünglich und abwechslungsreich, was auch daran liegt, dass das Meer sich immer wieder ins Land hineinfrisst, wodurch Rutschungen und Abbrüche entstehen. Durchschnittlich einen halben Meter Land holt sich hier das Meer pro Jahr. Entsprechende Vorsicht ist geboten, insbesondere nach Regen, Frost und Stürmen. Bäume stehen mit beunruhigender Neigung Richtung Meer direkt über uns am Abgrund und die, die bereits den Halt verloren haben, liegen kreuz und quer am Ufer.

Große Findlinge ragen als willkommener Ansitz für die Kormorane und Möwen

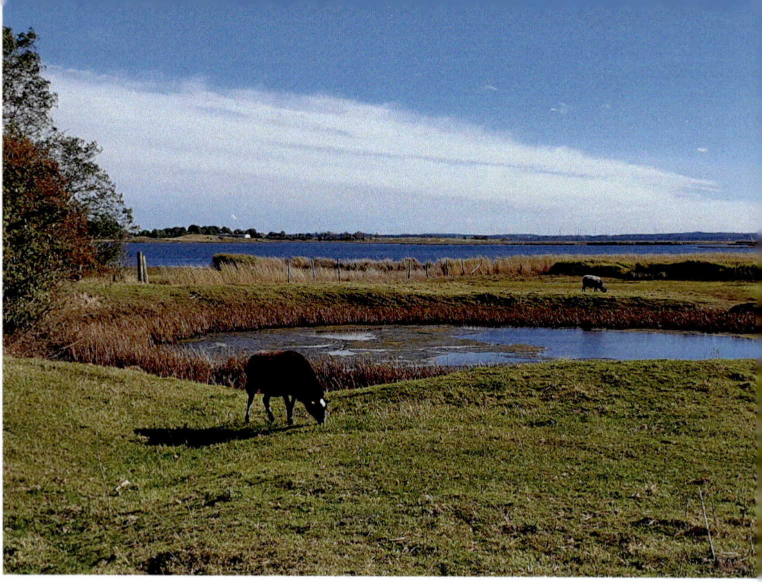

Schaf müsste man sein! Blick auf das Naturschutzgebiet „Fauler See"

aus dem Wasser. Im hinteren Drittel wird die Küste flacher und sandiger, hier wird der Strand oft bis in die kalte Jahreszeit hinein durch Unerschrockene zum Baden genutzt. An einem Zaun endet die Strandwanderung, hier beginnt das Naturschutzgebiet Fauler See ❸.

Der am Kliff abgetragene Sand wird hier im Südwesten wieder angespült und bildet so einen natürlichen Wall, der den Faulen See, eine große Brackwasserlagune, von der Ostsee abtrennt. Das Gebiet wird als Schafweide genutzt. In den Salzwiesen brüten seltene Vögel wie Rotschenkel, Sandregenpfeifer und Austernfischer, im Herbst und Frühjahr ist der Faule See ein wichtiger Rastplatz für Zugvögel.

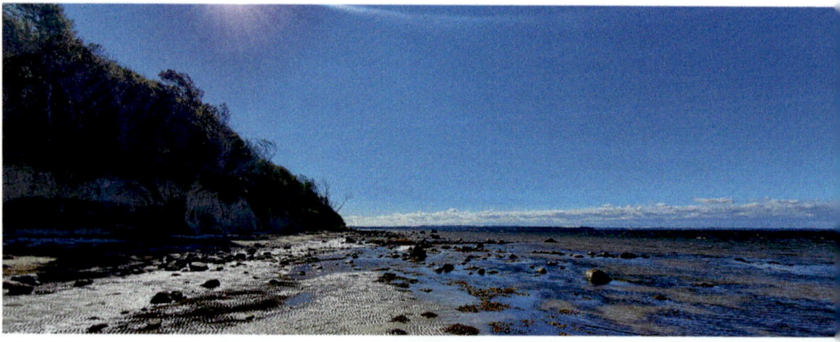

Am Zaun entlang führt ein Weg landeinwärts hinauf in die Dünen. Vor einem Parkplatz zweigt nach 100 m an einem Wegweiser (Timmendorf 1,8 km) ❹ links ein Weg ab, der hinter dem Küstenwäldchen am Feldrand entlangführt. Mehrere Abzweige in den Wald hinein führen zurück ans Ufer, jedoch erst nach ca. 1/4 Std. bzw. 1 km biegt ein Weg in den Wald hinein ❺, der nach 50 m als schmaler Pfad oberhalb der Steilküste weiterführt.

Bis nach Timmendorf bieten sich immer wieder wunderschöne Ausblicke über die Ostsee. Dabei sollte jedoch ein respektvoller Abstand von der Kliffkante gehalten werden, da die gefährlichen unterspülten Überhänge aus dieser Perspektive nicht zu erkennen sind.

Nach insgesamt gut 1,5 Std. ist der hübsche kleine Hafen von Timmendorf Strand mit seinem fotogenen Leuchtturm erreicht, der zum Bummeln einlädt. Das obligatorische Fischbrötchen gibt es direkt vom Kutter dazu. Nördlich des Hafens schließt sich ein recht schöner Sandstrand an, der ebenfalls einen Besuch wert ist. Vom Hafen geht es über die Straße „Tau'n Lüchttorm" wieder zurück zum Ausgangspunkt.

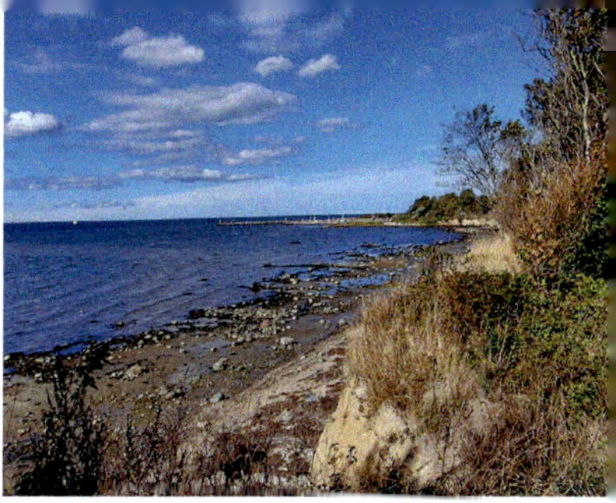

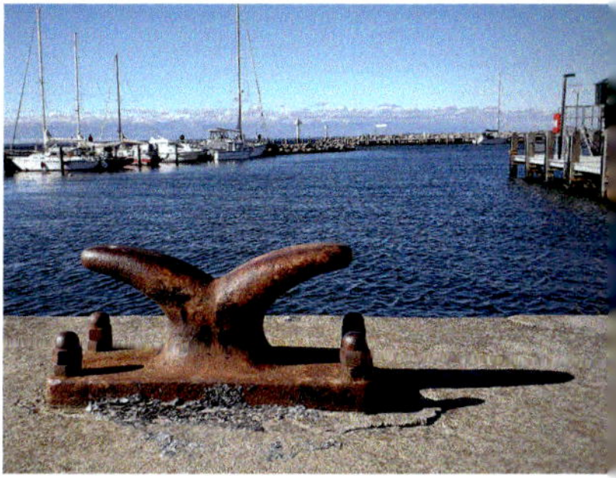

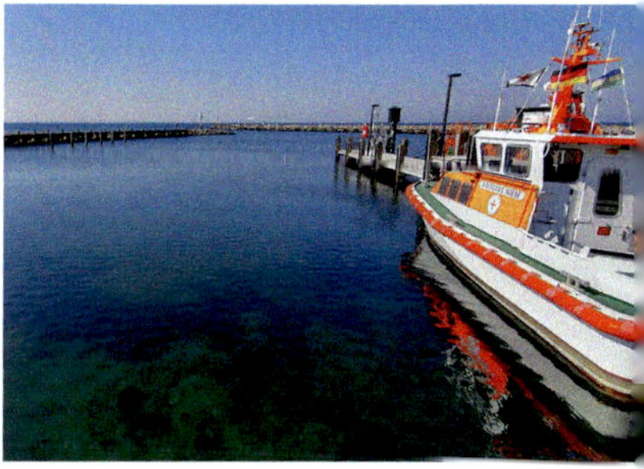

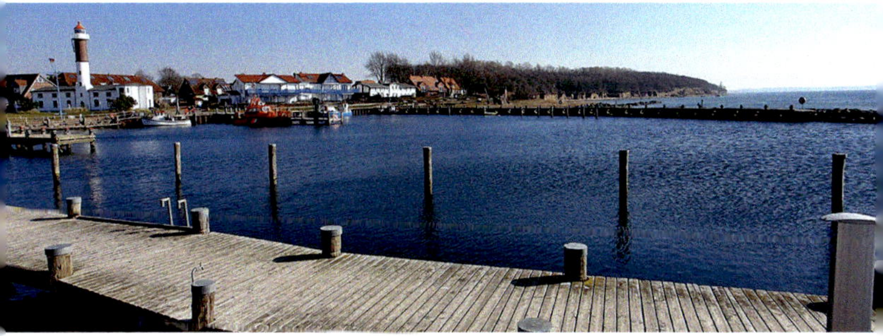

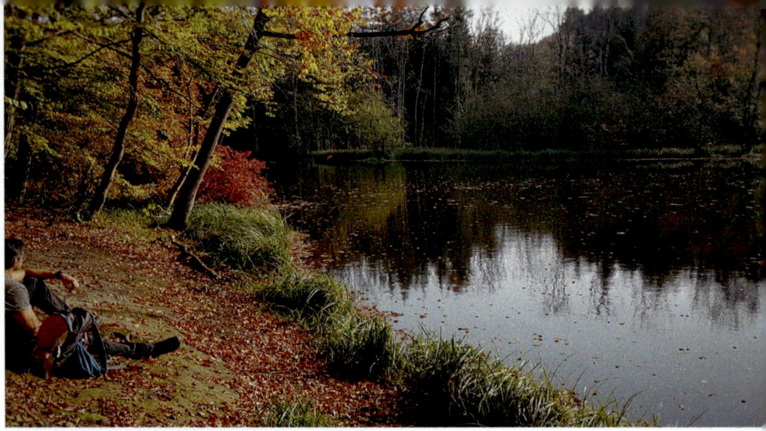

Kein Fluss, kein See, keine Küste oder von allem nur ein bisschen:

Aber viel zu schön, um unerwähnt zu bleiben

Was, wenn eine Tour einfach nicht in eine der drei Schubladen passen will? Darf sich eine Tour wegen eines Wassergrabens um eine barocke Schlossanlage bereits Flusswanderung nennen? Macht ein Waldsee, der auf der Route gestreift wird, eine Tour zur Seenwanderung? Ist eine 17 km lange Tour, die auch einen Kilometer am Strand entlangführt, noch eine Strandwanderung? Ich habe da so meine Zweifel. Aber wenn die Touren doch nun mal einfach zu schön sind, um hinten über zu fallen? Dieser Wanderführer wäre unvollständig ohne sie, zumal zwei von ihnen zu den beliebtesten Wanderungen in der Umgebung gehören.

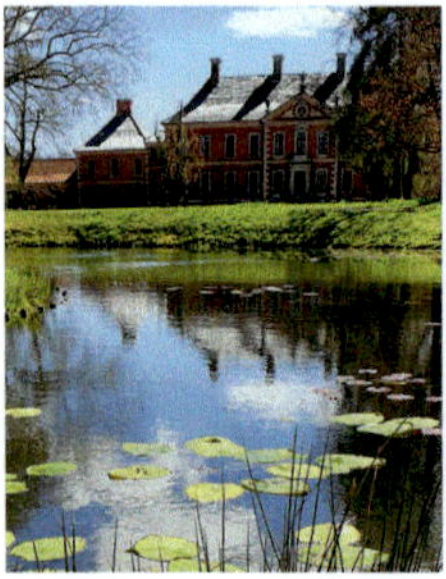

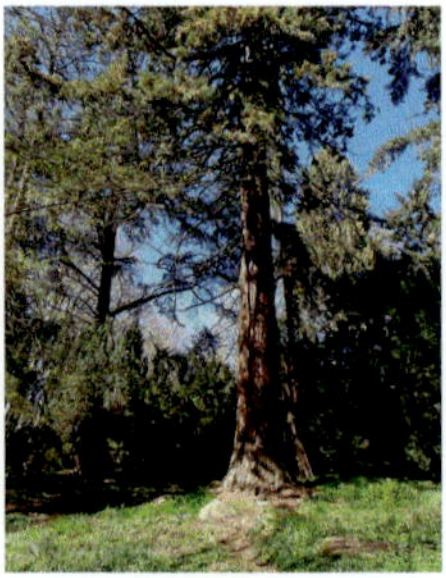

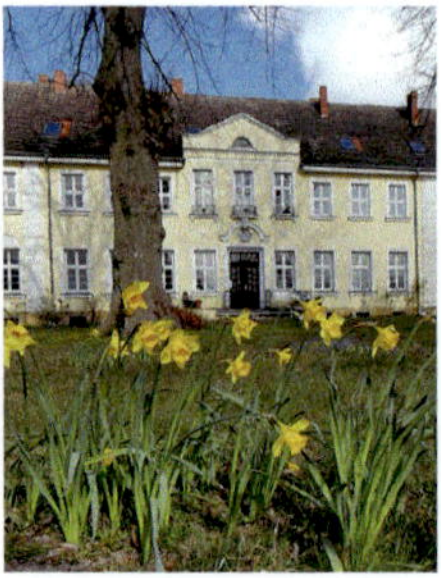

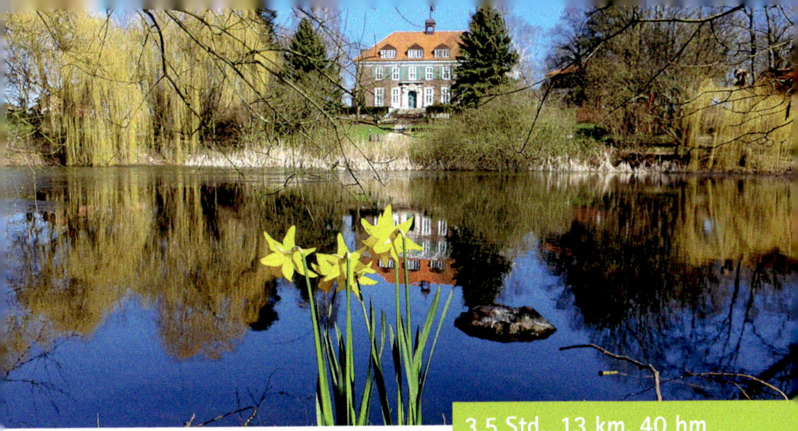

3,5 Std., 13 km, 40 hm

35. Auf der Stellshagener Runde

Ein Gutshaus, ein Turm, ein Schloss und viel ländliche Idylle

Als ob ein geschichtsträchtiges Gutshaus nicht schon genug wäre! Es folgt eine sagenumrankte Turmruine, von deren Fuße sich ein wunderbarer Blick ins Land bietet. Der unumstrittene Höhepunkt der Tour jedoch ist definitiv Schloss Bothmer mit der Festonallee und dem großen Landschaftsgarten. Das mehrflügelige Schloss und seine rechteckige Garteninsel bilden die größte erhaltene Barockanlage in Mecklenburg-Vorpommern. Sie beherbergt auch ein Schlossmuseum, zudem werden Führungen angeboten. Das Schloss, nach unverkennbarem englischem und niederländischem Vorbild zwischen 1726 und 1732 erbaut, sollte der Familie des Reichsgrafen Hans Caspar von Bothmer als Stammsitz seiner Familie dienen. Der Reichsgraf stand in Diensten der englischen Königin und soll sogar einige Zeit in der Londoner Downing Street No. 10 gewohnt haben. Nach dem 2. Weltkrieg wurde die Familie enteignet und das Schloss zu DDR-Zeiten zum Altenheim umfunktioniert. Nach der politischen Wende wurde das Schloss privatisiert. Weil der Eigentümer jedoch sein Sanierungs- und Nutzungskonzept nicht umsetzte, erwarb und sanierte das Land schließlich den denkmalgeschützten Komplex. Das Schloss diente bereits als Filmkulisse („Die Flucht" mit Maria Furtwängler) und im Sommer als Aufführungsort der Festspiele Mecklenburg-Vorpommern. Und nach soviel Kultur kommt mit dem zweiten Teil der Runde ganz viel Natur.

<u>Ausgangspunkt:</u>
Parkplatz am Hotel „Gutshaus Stellshagen", Zufahrt von der Landesstraße von Grevesmühlen kommend in Richtung Klütz, Abzweig in Damshagen nach Stellshagen
<u>Gehzeiten:</u> mit Abstecher in die Festonallee und den Schlosspark 3,5 Std., 13 km, 40 hm
<u>Anforderungen:</u>
Einfache Wanderung auf Feld- und Waldwegen, bei anhaltend feuchter Witterung zwischen Gutshaus und Schloss stellenweise morastig
<u>Einkehr:</u>
Ⓐ *Hotel Gutshaus Stellshagen, vegetarische Küche in 100 % Bio-Qualität, Lindenstraße 1, 23948 Stellshagen, Tel.: 038825 44136*
Ⓑ *Schloss Bothmer, Orangerie und Restaurant, hausgemachte Kuchen und Torten, Am Park 1, 23948 Klütz, Tel.: 038825 266733*

Ⓢ Hinter dem Gutshaus führt ein Weg am kleinen Parkplatz für den An- und Abreiseverkehr durch eine Baumreihe und hinter dieser wenige Meter nach rechts. Hier beginnt der eigentliche Wanderweg, der von Obstbäumen gesäumt durch die Gemüse-Felder des Gutshauses hindurch und dann relativ steil zu einem Wäldchen hinab führt. Es geht weiter zwischen Wiesen und Feldern hindurch. Auf der rechten Seite führt ein schmaler Pfad zum sogenannten „Mäuseturm" ❶, der auf einer Anhöhe steht. Den Turm ließ die Gräfin Bertha von Bothmer im 19. Jhd. bauen. Die Turmruine kann zwar nicht betreten werden, zumindest aber bietet sich auch vom Fuße aus ein toller Ausblick.

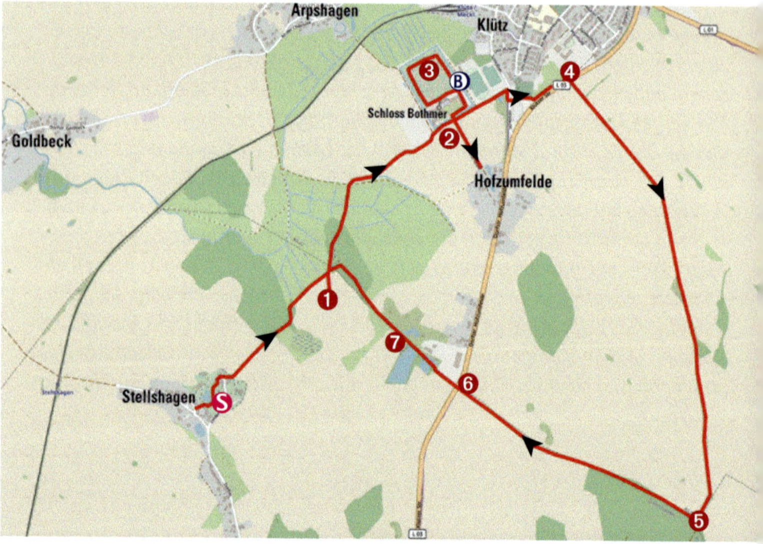

Zurück auf dem Hauptweg gehen wir weiter bis zu einem Wald und ignorieren hier die Abzweige nach rechts. Hinter dem Wäldchen führt der teils mit Kopfweiden gesäumte Weg über weite Wiesen und trifft dann auf den Zufahrtsweg zum Schloss Bothmer, das vollständig von einem Wassergraben umgeben ist. Direkt vor dem Haupteingang des Schlosses führt von rechts die in Norddeutschland einzigartige Festonallee ❷, ein weithin bekanntes Fotomotiv, herab. Es lohnt daher, diese Allee ein Stück hinauf zu laufen. Es handelt sich hierbei um spezielle Linden, die bereits im 18. Jhd. gepflanzt wurden und alle 3 Jahre beschnitten und in ihre spezielle Girlanden-Form gebracht werden. Auf jeden Fall zu empfehlen ist ein Besuch des Schlossparks ❸, der zu jeder Jahreszeit seinen eigenen Reiz hat. Zu diesem führt der Weg durch das Haupttor und dann rechts um das Hauptgebäude herum. Im weitläufigen Landschaftsgarten finden sich einige exotische Solitärgehölze und großflächige Blühwiesen.

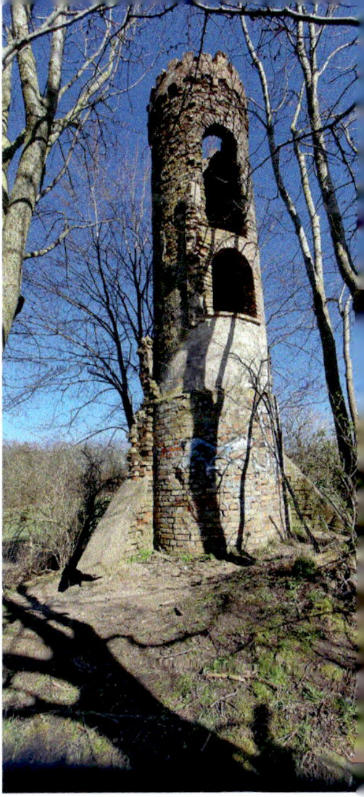

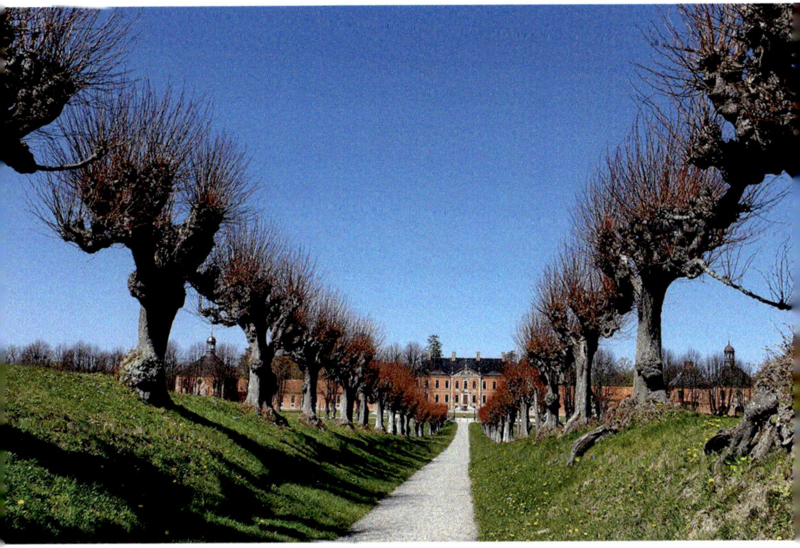

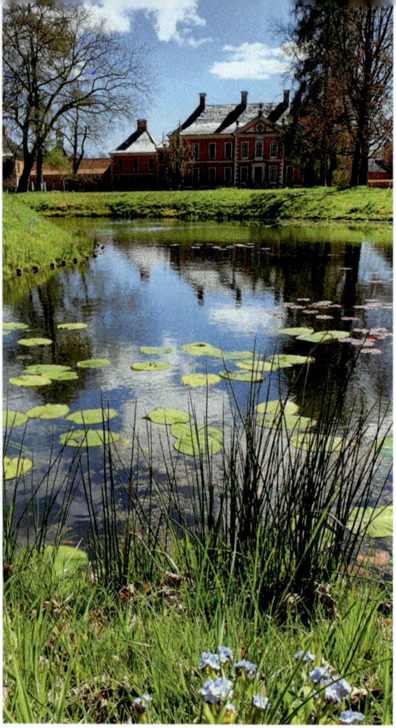

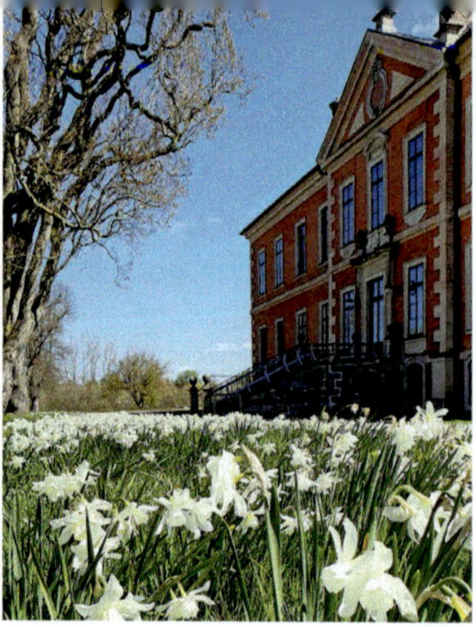

Blütenpracht trifft Architektur: Immer ein Foto wert.

Zurück am Eingangsportal folgen wir 300 m der unbefestigten Zufahrtsstraße in Richtung Nordosten, treffen auf die Schlossstraße, gehen 50 m nach rechts und überqueren dann an einer großen Hinweistafel die Straße, um auf dem gegenüberliegenden Rad- und Gehweg zwischen Friedhof und Parkplatz in Richtung Landesstraße zu laufen. Hier geht es 200 m an der Landesstraße nach links entlang, auf einer Anhöhe wird dann die Landesstraße überquert, um in den gegenüber liegenden Feldweg ❹ einzubiegen. Der Weg führt über 2 ½ km zwischen Hecken und über Felder zunächst in südöstliche, dann in südliche Richtung. An einem Wald gabelt sich der Weg ❺, links ist eine Schranke. Wir biegen hier nach rechts und laufen weitere 1 ½ km am Waldrand des sogenannten „Wolfsbruchs" und anschließend über Felder entlang, bis wir auf die Landesstraße stoßen (Wegweiser Stellshagen 1,5) ❻. Die Straße queren und auf dem gegenüber liegenden Feldweg weitergehen. Wir treffen auf mehrere schöne Fischteiche und gehen zwischen diesen hindurch ❼.

Allmählich wird der Weg zu einem Pfad, der sich durch die alten Bäume windet. Auf einer Lichtung öffnet sich der Blick nach rechts auf Schloss Bothmer und den Kirchturm von Klütz. Es geht durch einen Wald, dann trifft der Weg auf den uns bereits bekannten Hinweg. Wir wenden uns nach links und gehen am Mäuseturm vorbei zum Gutshaus Stellshagen hinauf, wo es sich am besten bei einem Getränk und selbstgebackenen Leckereien aus der hauseigenen Backstube entspannen lässt.

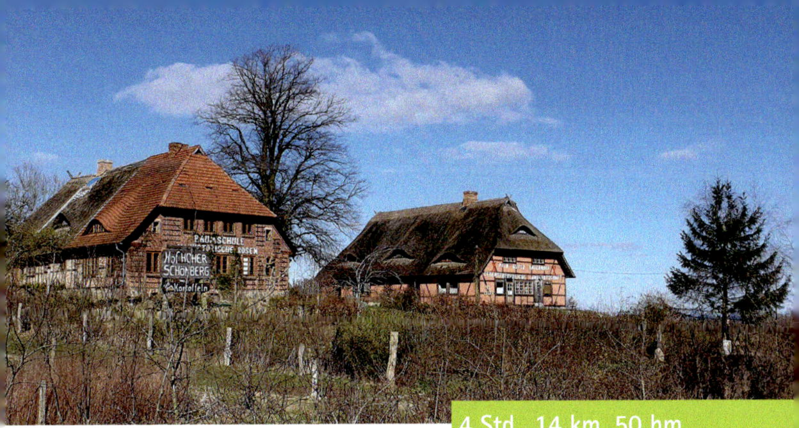

4 Std., 14 km, 50 hm

36. Kreuz und quer durch den Lenorenwald

Ein Biobauernhof, ein Schloss mit Park, Mammutbäume, ein winziges verträumtes Dorf, ganz viel Wald und ein finaler traumhafter Zwei-Hansestädte-Blick

Lenoren- oder Leonorenwald? Die Karten sind sich da wohl nicht ganz einig. Egal. Dieser wunderschöne Wald verdankt seine Existenz vor allem den vielen Sumpfgebieten, die eine landwirtschaftliche Nutzung, wie sonst in weiten Teilen des fruchtbaren Klutzer Winkels, unmöglich machten und somit eine Abholzung verhinderten. Und so kann man mit etwas Glück Kraniche und Moorfrösche entdecken. Dazu bietet sich Schloss Kalkhorst mit seinem märchenhaften Schlosspark, einer Vielfalt an seltenen Bäumen und der wunderschönen kleinen Kapelle für eine kleine Auszeit an. Am Ausgangs- und Endpunkt wartet ein Biobauernhof mit einer Rosenzucht auf und ein origineller Aussichtspunkt lässt bei klarem Wetter den Blick zwischen den alten Hansestädten Wismar im Osten und Lübeck im Westen schweifen.

Ausgangspunkt:
Biohof Hoher Schönberg (Parkplatz) an der Straße L 01 zwischen Klütz und Kalkhorst
Gehzeiten: 4 Std., 14 km, 50 hm
Anforderungen:
Einfache Wanderung auf meist guten Waldwegen und kurzzeitig auf einer wenig befahrenen Straße. Auf einem Teilstück hinter Borkenhagen kann der Weg etwas sumpfig sein.

Einkehr:
Ⓐ Hof Hoher Schönberg, Kalkhorster Straße 37, 23948 Kalkhorst, Ortsteil Hohen Schönberg, Tel.: 038827 888233, (Hofladen mit Produkten aus eigener Produktion)

Ⓢ Vor dem Biohof geht es wenige Schritte nach Westen an der Straße entlang, ein paar Stufen hinauf und über die Straße (Wegweiser Klütz über Goldbeck). Gegenüber führt ein breiter Weg in den Lenorenwald hinein. Nun einen guten km geradeaus (ein Abzweig nach rechts wird ignoriert), dann geht es in einem Bogen nach rechts. Nach 1,5 km ist an einer Kreuzung eine Senke erreicht, an der auch eine Schautafel zum Thema Erlenbruch steht ❶. Weiter geradeaus, bald darauf wird ein breiter Weg ❷ überquert, links befindet sich ein überdachter Rastplatz.

Nach einer ausgedehnten Linkskurve geht der Waldweg in einen Betonspurweg über ❸. 200 m weiter zweigt auf einer Anhöhe rechts ein unbefestigter Weg ab ❹, diesem folgen, bis sich links der Blick über eine Wiese öffnet. Es geht noch einen weiteren km weiter, dann nach rechts auf die wenig befahrene Straße einbiegen (geradeaus geht es zum Preßenhof; Wegweiser ❺) und nach einem halben km vor einer Linkskurve rechts in den Waldweg (Achtung:

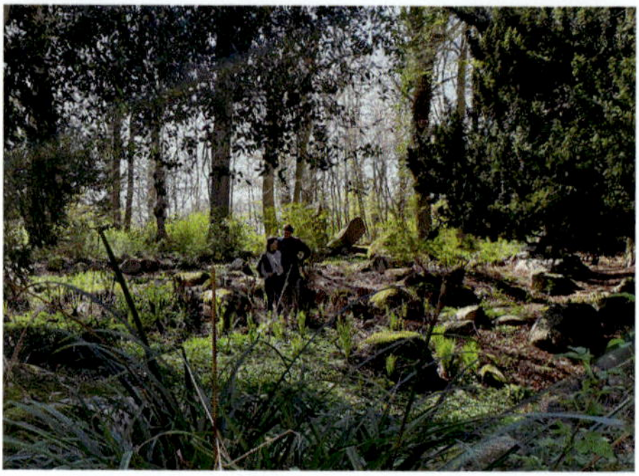

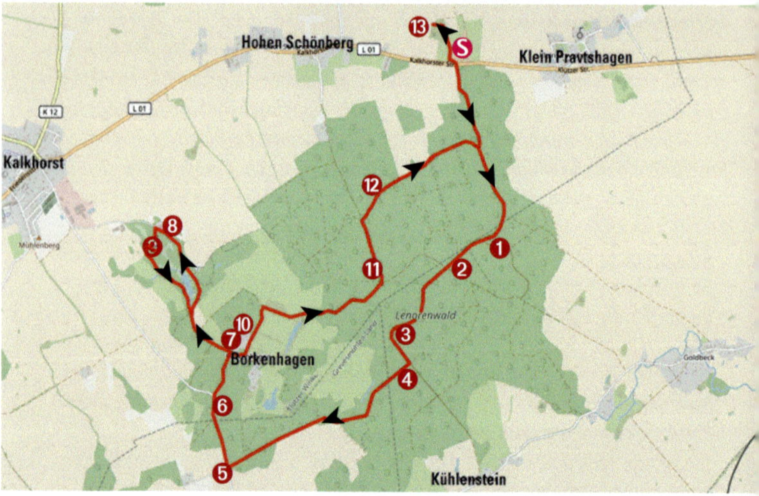

Der Weg ist nicht immer deutlich erkennbar 6). Dieser endet an einem breiten Fahrweg (roter Briefkasten 7), hier nach links gehen.
Den Wegweisern zum Schloss Kalkhorst folgen, es geht für 500 m geradeaus, dann vor einem kleinen Teich rechts. Wenige Schritte später fällt der Blick über einen größeren Teich auf das Schloss. Der Weg führt rechts um den Teich herum, bald darauf ist der Eingang zum Schlosspark auf der linken Seite erreicht. Der Schlosspark 8 ist seit kurzem wieder für Besucher geöffnet. Er beinhaltet ein umfangreiches Arboretum mit exotischen Bäumen. Das Schloss aus dem 19. Jhd. beherbergt eine kleine Kunstgalerie.
Wer links am Schloss vorbei geht, gelangt durch eine kleine Skulpturensammlung zu einem Aussichtspunkt zwischen alten Bäumen auf einer An-

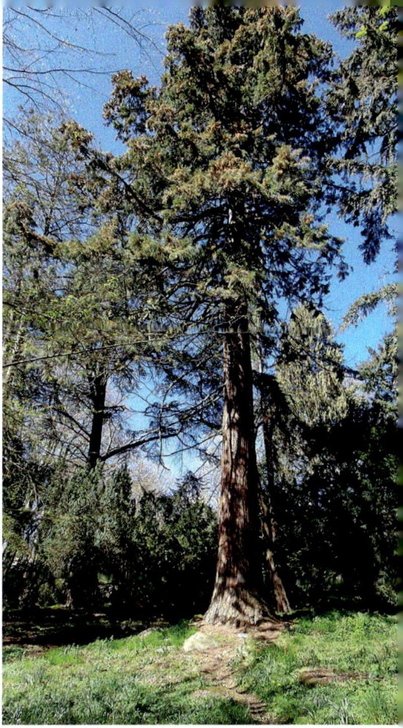

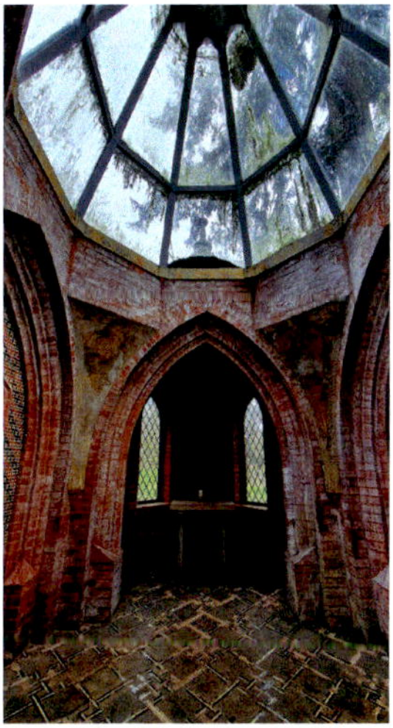

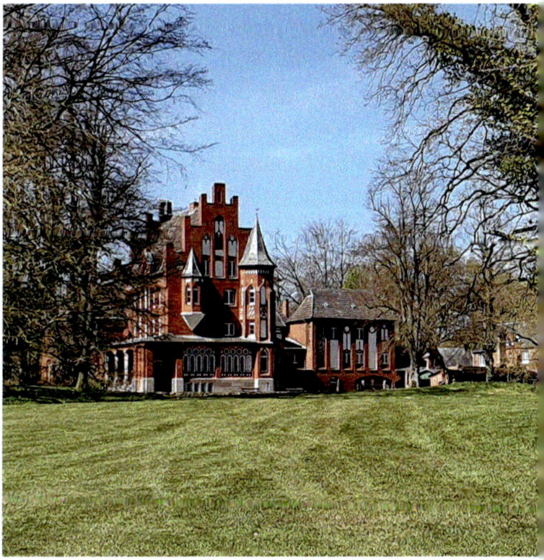

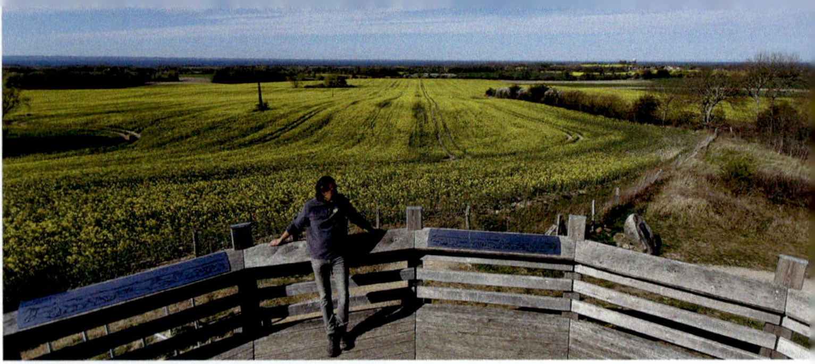

Weitblick haben: Wie schön ist doch dieses Fleckchen Erde ...

höhe, von dort aus geht es hinab in einen Felsengarten. In der Nähe eines stattlichen Mammutbaumes steht eine kleine Kapelle ❾, deren gläsernes Dach eine wundervolle Atmosphäre in den Andachtsraum zaubert, unter dem sich eine Familiengruft befindet.

Es geht nun auf der anderen Seite der Teichanlage durch den Wald zurück. Der Weg trifft an einer Schranke wieder auf die Zufahrtsstraße, hier geradeaus, am roten Briefkasten ❼ vorbei, bis das aus nur wenigen Häusern bestehende Dorf Borkenhagen erreicht ist. Hier links (Wegweiser Hohen Schönberg 4,1) und an einem reetgedeckten Haus mit Bio-Imkerei ❿ vorbei.

Gut 200 m weiter gabelt sich der Weg, hier nach rechts zunächst zwischen Wiesen, anschließend in einen moorigen Grund und später durch Wald. Dieser Abschnitt des Weges kann vor allem nach längeren Regenperioden aufgeweicht sein. Nach 1 km ab Gabelung trifft der Waldweg auf einen breiteren Fahrweg ⓫. Hier wenige Schritte links und dann wieder geradeaus gehen. Dann nach 500 m an einem Stein mit einem eingravierten Spruch rechts abbiegen ⓬. Nach einem weiteren km links abbiegen und zum Ausgangspunkt zurück. Nach Querung der Straße vor dem Biohof allerdings kurz links halten und dann dem Wegweiser zur Aussichtsplattform folgen.

Es geht 250 m durch die Felder und Weiden des Biohofes über zwei Gitterroste, dann folgt ein kurzer Aufstieg zur Aussichtsplattform ⓭. Bei klarer Sicht ist in einer Höhe von 93 m im Westen die markante Silhouette der Hansestadt Lübeck, im Osten die der Hansestadt Wismar zu erkennen. In nördlicher Richtung blickt man über die Lübecker Bucht zur schleswig-holsteinischen Küste. Schilder an der Brüstung helfen bei der Orientierung.

Auf dem kurzen Rückweg sei ein Besuch des Biohofes empfohlen. Der Weg zu den Häusern zweigt am 2. Viehrost links ab. Von hier aus ist der Parkplatz direkt zu erreichen.

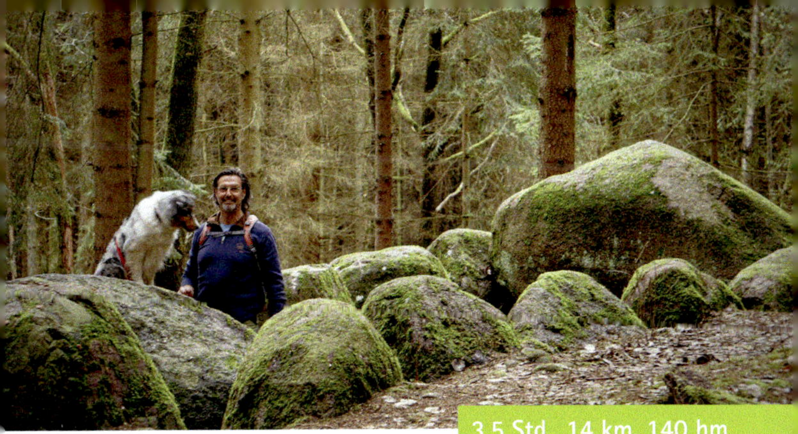

3,5 Std., 14 km, 140 hm

37. Durch den Everstorfer Forst

Zurück in die Steinzeit

Diese Wald- und Wiesentour durch die hügelige eiszeitlich geprägte Landschaft bietet neben zwei kleinen verträumten Dörfern, einem schönen Waldgebiet mit einem verzauberten Waldsee, einer weiten Sicht hinab zur wenige km entfernten Ostsee und einem mittelalterlichen Sühnestein auch einen Blick rund 5000 Jahre zurück. Zu der Zeit, in der wohl auch Ötzi über die Alpen ging, wurden hier beeindruckende Großsteingräber errichtet. Wie diese tonnenschweren Findlinge in ihre Position gebracht wurden, bleibt wohl ein Rätsel. Sie waren seit jeher Quelle für Sagen und Geschichten, denn nur Hünen (Riesen) oder Teufel konnten hier ihre Hand im Spiel gehabt haben. Und so wird noch heute von Hühnengräbern oder Teufelsbacköfen gesprochen. Wer mehr zu diesen Megalithanlagen wissen möchte, dem sei ein Besuch des städtischen Museums am Kirchplatz im nahegelegenen Grevesmühlen empfohlen. Hier findet sich unter anderem eine Ausstellung zur Ur- und Frühgeschichte, zu der auch ein Nachbau eines Großsteingrabes gehört.

<u>Ausgangspunkt:</u>
großer Parkplatz an der Bundesstraße 105 am Abzweig Barendorf zwischen Grevesmühlen und Wismar
<u>Gehzeiten:</u> 3,5 Std., 14 km, 140 hm
<u>Anforderungen:</u>
Schöne Rundwanderung fast ausschließlich auf Wald- und Wiesenwegen in einer hügeligen Landschaft, keine besonderen Anforderungen
<u>Einkehr:</u>
keine Einkehrmöglichkeiten am Weg, Proviant und ausreichend Wasser mitnehmen

Ⓢ Vom Parkplatz führt auf der gegenüberliegenden Seite der Bundesstraße ein Forstweg in südliche Richtung. Bereits nach wenigen Metern auf diesem Weg zweigt rechts ein Pfad ab, der direkt zu einem imposanten steinzeitlichen Großsteingrab ❶ führt. Es handelt sich um ein fast 45 m langes und mehr als 10 m breites Ganggrab mit 50 übermannshohen aufgerichteten Findlingen. Diese Grabanlage wurde in der Jungsteinzeit errichtet und ist somit um die 5000 Jahre alt. Es ist eines von 5 Gräbern der sogenannten Südgruppe, die sich beidseitig der B105 befinden. Die Anlagen der Nordgruppe befinden sich nordwestlich von Barendorf.

Vom Ganggrab geht es zurück auf den Forstweg – an der Mittelschneise, 100 m links, finden wir den imposanten „Teufelsbackofen". Wir gehen zur Kreuzung zurück und südlich zur Waldgrenze. Hier fällt der Blick über ein weites Kiesabbaugebiet ❷. Nach links wenden und gut 500 m am Waldrand entlang, bis an einer Rastbank ein Querweg ❸ erreicht wird. Hier dem Wegweiser „Zierow, Alt Jassewitz" nach links folgen. Nach 400 m wird nochmals die Bundesstraße überquert. Der Forstweg führt durch den sogenannten Everstorfer Forst, ein großes Waldgebiet im Osten Grevesmühlens. Auf dem Hauptweg bleiben, der nach ca. 800 m kurz aus dem Wald herausführt.

Hinter einer Rechtskurve und einem kleinen Teich geht es aber wieder in diesen hinein. 100 m weiter, noch vor dem Ort Jamel ❹, links abbiegen. Der schmale Waldweg führt an einer moorigen Teichlandschaft vorbei und steigt

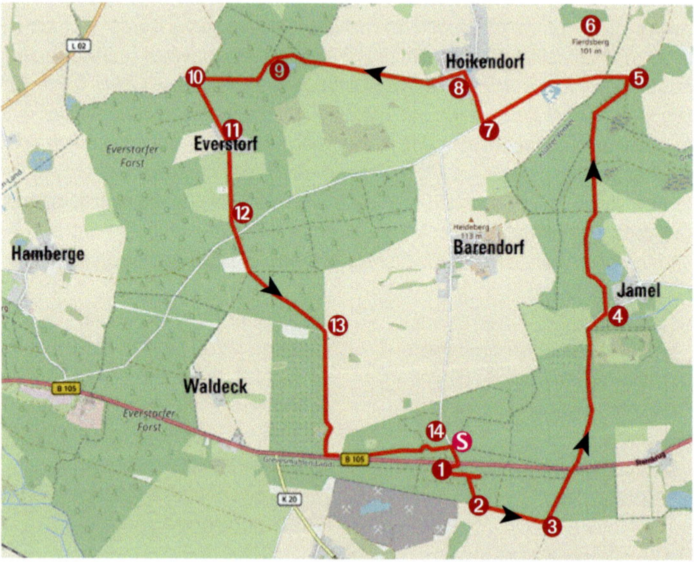

dann erstaunlich steil an. Am Querweg kurz nach rechts und noch vor dem Waldrand wieder nach links abbiegen. Nach weiteren 800 m durch eine Reihe großer Steine hindurch und leicht rechts halten. Nach weiteren 200 m führt der Weg links durch zwei große Findlinge aus dem Wald auf ein Feld heraus ❺. Die wenige Meter gegenüberliegende Erhebung, die aber in der Regel wegen der landwirtschaftlichen Nutzung nicht betreten werden kann, ist der 101 m hohe Fierdsberg ❻. Aber auch vom Weg aus bietet sich bei halbwegs klarem Wetter ein fantastischer Ausblick bis hin zur Ostsee.

Auf dem Feldweg nach links gehen, an einem kleinen Teich vorbei und auf einen Funkturm zuhalten. Noch vor diesem an einem großen Hochbehälter ❼ nach rechts auf die schmale Straße einbiegen und 500 m bis nach Hoikendorf hinab laufen.

Am Dorfteich, noch vor dem schicken Gutshaus ❽, links in den Birkenweg einbiegen und immer gerade aus gehen. Die ungepflasterte Straße geht an den letzten Häusern in einen Wiesenweg über, der zwischen einer Hecke und einem Fahrweg entlang und nach 1 km an einem großen Stein mit Inschrift in den Wald hineinführt. Ca. 150 m hinter dem Stein (der Weg biegt hier etwas nach rechts) zweigt links ein kaum sichtbarer Pfad ab, der zu einem kleinen verträumten Waldsee ❾ hinab führt. Dies ist ein idealer Ort für eine Rast.

Vom See geht es auf einem wenig erkennbarem Weg nach Südwesten hinauf und dann weiter westlich, bis ein breiter Forstweg ❿ erreicht wird. Auf diesem nach links geradewegs in den hübschen Ort

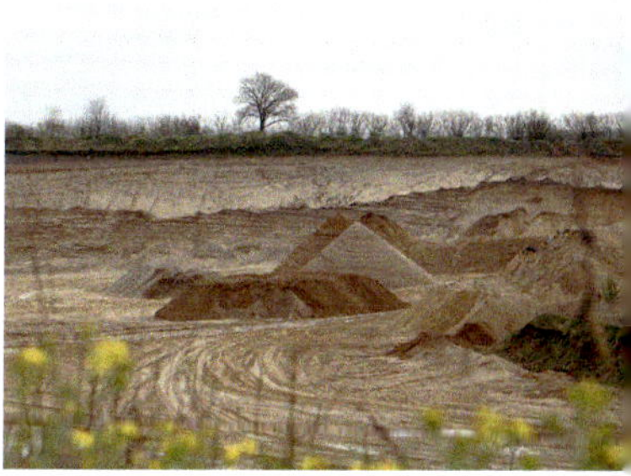

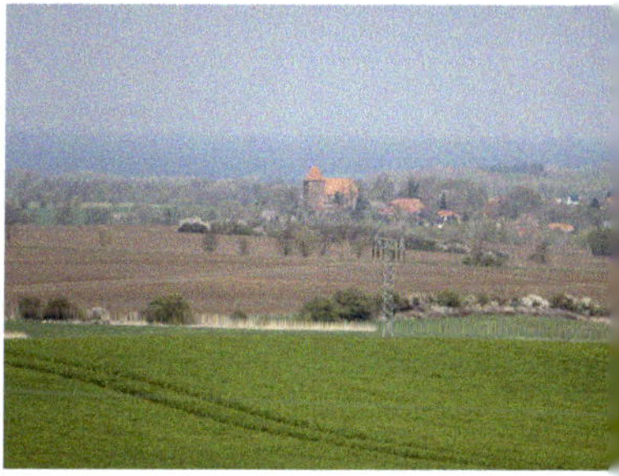

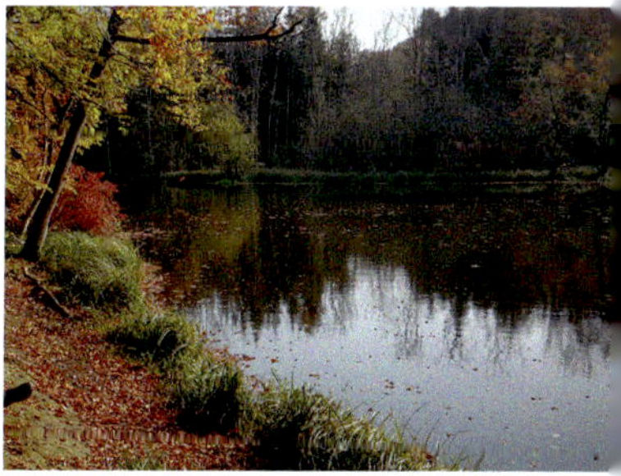

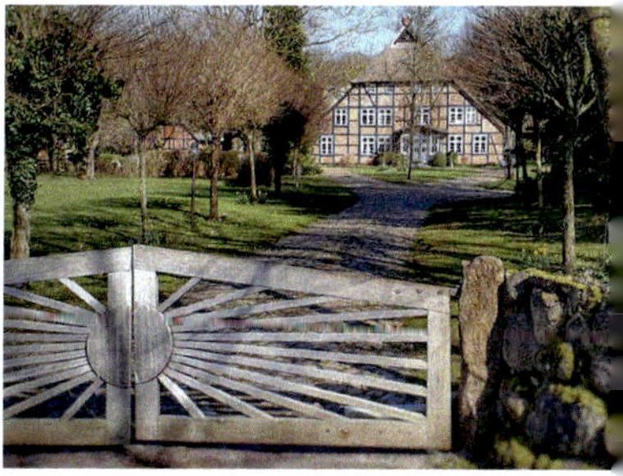

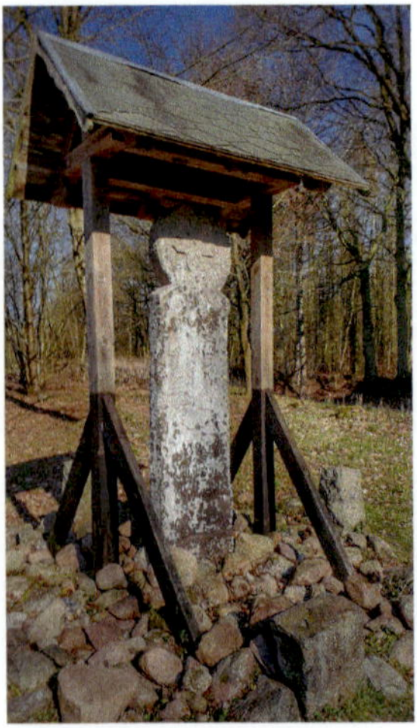

Everstorf ⓫ mit seinen wenigen reetgedeckten Fachwerkhäusern. Hier führt eine schmale Straße in südliche Richtung aus dem Dorf heraus, die bald auf eine weitere Straße trifft.
An dieser Kreuzung stehen links ein Rasthäuschen und ein großer Sühnestein ⓬. Dieser auch Mordwange genannte und gut erhaltene, fast 2 ½ m hohe Gedenkstein aus dem Mittelalter wurde wohl an der Stelle errichtet, an dem am 22.06.1391 der Mord an einem Kaufmann aus Wismar geschah, der auf der alten Handelsstraße unterwegs gewesen ist.
Gegenüber führt ein breiter Forstweg in den Wald hinein, an einer Kreuzung halb links halten. Wo der Weg aus dem Wald heraustritt ⓭, nach halb rechts gehen und zwischen Feld und einer ehemaligen Apfelplantage entlang. An einem kleinen Weiher mit einem einzelnen Baum vorbei und hinab zu zwei Teichen, durch die der Weg mit einem Schlenker hindurchführt.
An der Bundesstraße möglichst am Feldrand weglos (hier soll in Kürze ein Radweg entstehen) gut 100 m nach links bis zum Wald und in diesen hinein. Hier führt ein Waldweg etwas abseits der Straße bis zum Ausgangspunkt zurück. Wenige Meter vor dem Parkplatz liegt etwas versteckt im Nadelwald ein weiteres neolithisches Großsteingrab ⓮.

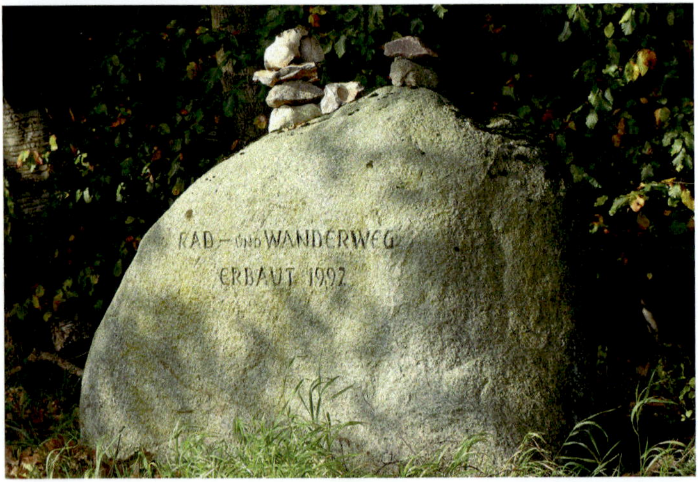

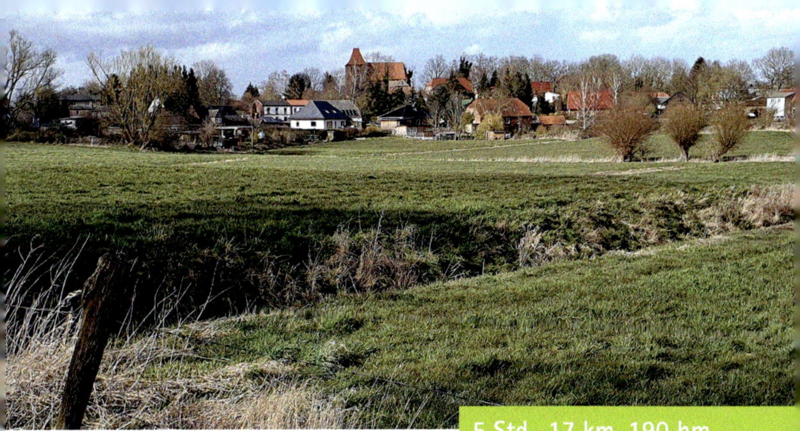

5 Std., 17 km, 190 hm

38. Auf der Hohenkirchener Runde

Ganz gemütlich von Null auf Hundert

Es geht bergauf! Was als Strandwanderung und somit auf Höhe des Meeresspiegels beginnt, steigert sich ganz allmählich auf für mecklenburgische Verhältnisse schon beinahe extreme 102 Meter am zwischen Hoikendorf und Manderow gelegenen Fierdsberg. Ob sich dessen „Gipfel" besteigen lässt, hängt in erster Linie von der jeweiligen landwirtschaftlichen Nutzung ab, er ist nämlich ein Acker. Aber auch vom nur wenige Meter tiefer gelegenen Wanderweg bietet sich ein großartiger Panoramablick. Zu verdanken sind diese Aussichten der letzten Eiszeit. Der große bogenförmige Endmoränenzug nordwestlich der Stadt Grevesmühlen ist eine Randzone der letzten Inlandsvereisung, die vor rund 20.000 Jahren die Landschaft formte. Dies erklärt auch die große Anzahl von Findlingen, die immer wieder am Weg zu sehen sind. Und zum Finale bietet sich von der Dorfkirche in Hohenkirchen, die aufgrund ihrer aussichtsreichen Lage auf einer Anhöhe auch als Seezeichen und Landmarke diente, nochmals ein traumhafter 360-Grad-Rundumblick mit Fernsicht über die Ostsee. Am Ende schlägt die Runde jedenfalls mit stattlichen 190 Höhenmetern zu Buche. Und natürlich kommt auf dieser Runde das Wasser nicht zu kurz. Einen Kilometer geht es gleich zu Beginn am flachen Sandstrand der Wohlenberger Wiek entlang. Auf gut der Hälfte der Runde bietet sich ein romantischer Waldsee für eine Rast an. Und auf dem sprichwörtlichen Höhepunkt, dem Fierdsberg, schweift der Blick bei gutem Wetter weit über die Wohlenberger Wiek und die Wismarbucht bis zur Insel Poel.

Ausgangspunkt:
Parkplatz an der Landesstraße L 01 von Wohlenberg kommend in Richtung Wismar auf der rechten Seite vor der Kurve am Zeltplatz „Liebeslaube“

Gehzeiten: *5 Std., 17 km, 190 hm*

Anforderungen:
Relativ lange Rundwanderung auf Wald- und Feldwegen, einem Strandabschnitt und einigen Passagen an Straßen. Mäßige Steigungen.

Einkehr:
Nur an der Wohlenberger Wiek, unterwegs keine

Ⓐ *Tamila Beach Club, Am Seeufer 3, Burger-Spezialitäten und Cocktails in direkter Strandnähe, 23968 Hohenkirchen, OT Niendorf, Tel.: 0173 3139453*

Ⓑ *Bella Italia, Pasta, Pizza und Grillgerichte, Strandstraße 23, 23968 Hohenkirchen, OT Niendorf, auf dem Campingplatz Ostseequelle, Tel.: 01525 1074376*

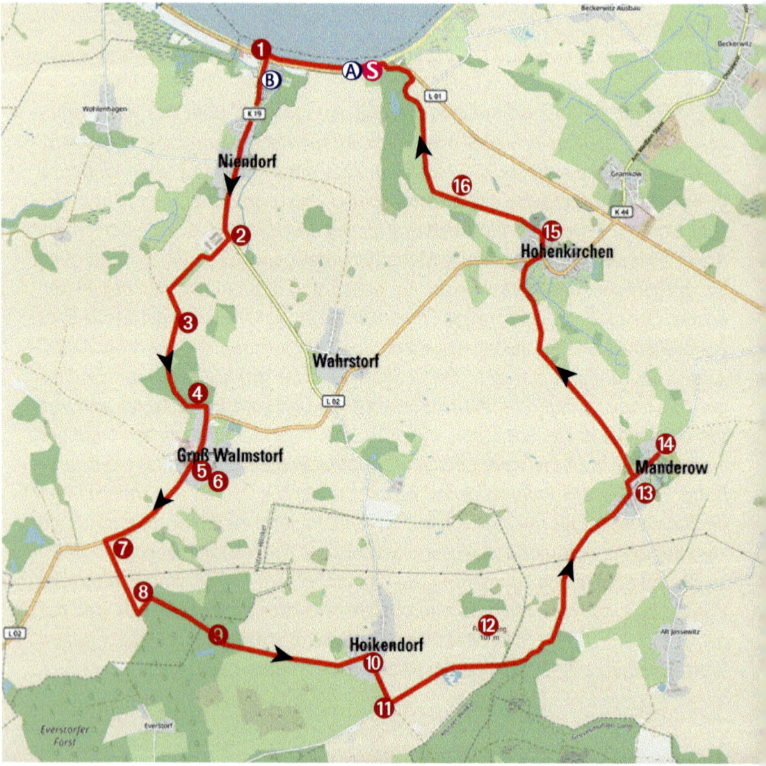

S Vom Parkplatz geht es über die meist vielbefahrene Küstenstraße in wenigen Schritten direkt hinunter zum Strand. Hier wenden wir uns nach links und laufen ca. 1 km am flachen Sandstrand mit Blick über die Wohlenberger Wiek entlang. Nach gut 15 min sind an der oberhalb verlaufenden Küstenstraße gelbe Richtungswegweiser zu erkennen. Hier verlassen wir den Strand ❶ und queren die Straße an einer Kreuzung, um auf dem Gehweg der ins Landesinnere führenden Strandstraße weiter zu laufen.
Links befindet sich ein Campingplatz. Wir durchqueren den kleinen Ferienort Niendorf. Am Ortsausgang endet der Fußweg und wir gehen auf dem Grünstreifen noch 300 m weiter, bis nach insgesamt 40 min in einer langgezogenen Kurve auf der rechten Seite ein Weg zum Gut Niendorf abzweigt ❷. Wir gehen zwischen zwei gemauerten Pfeilern hindurch und biegen noch vor dem eigentlichen Eingangstor des Gehöftes nach links auf den Fahrweg ein, der um das Gut herumführt. Bald geht es zwischen Reitplätzen hindurch und kurz darauf an diesen entlang.
Der Landweg führt zunächst über Felder in südwestliche Richtung und biegt dann nach Süden ab. Es geht durch eine schöne alte Kastanienallee ❸ und bald darauf durch einen kleinen Wald. Wenig später sind auf der rechten Seite einige Kleingärten zu erkennen, kurz darauf ist Groß Walmstorf erreicht. Am Waldrand gegenüber dem Wohnblock steht eine Bank mit einer Schutzhütte ❹. Der Weg führt in einem Rechtsbogen um die Wohnhäuser herum und trifft auf die Landesstraße. Wir folgen dieser auf dem Gehweg durch den Ort mit seinen geduckten Backsteinhäusern.

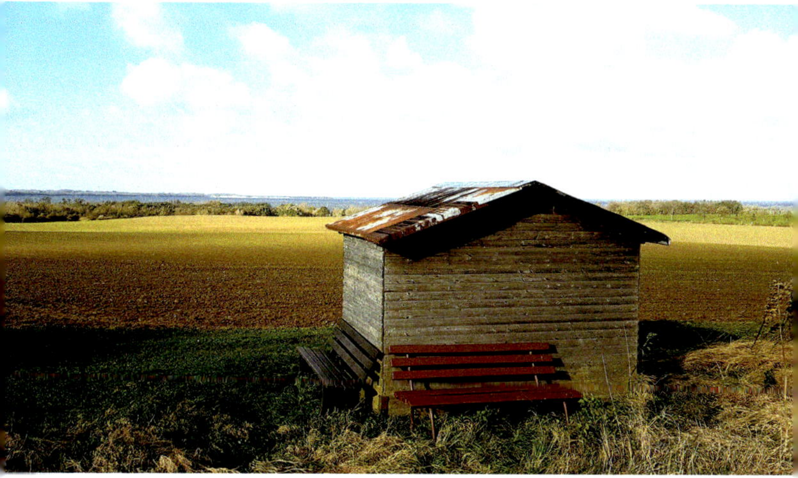

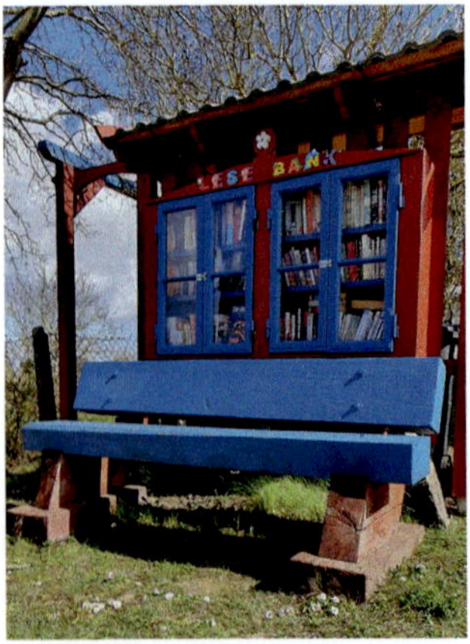

Auf der linken Straßenseite findet sich mitten im Dorf eine originelle „Lesebank“ ❺ mit Bücherschrank. Ein paar Häuser weiter fällt der Blick auf die Zufahrt zum Gutshaus ❻. Noch vor dem Ortsausgang endet der Fußweg, jetzt geht es für ca. 800 m möglichst achtsam auf dem Seitenstreifen der viel befahrenen Allee weiter, bis wir nach gut 1,5 Std. Gesamtgehzeit auf einen Feldweg nach links abbiegen können.

Der Feldweg führt spürbar aufwärts bis zu einem Wäldchen, in das wir nach links einbiegen ❼. Es geht kurz hinauf zu einer Bank ❽ mit schöner Aussicht. Der Weg führt nun im rechten Winkel in den Wald hinein. Wir folgen immer dem Hauptweg, der teilweise mit Findlingen gesäumt ist. Nach ca. 2 Std. Gesamtgehzeit sehen wir rechts in einer Senke einen schönen Waldsee ❾. Hier bietet sich ein Abstecher für eine kleine Pause an.

Wir gehen zurück zum Hauptweg, dieser tritt an einem großen beschrifteten Findling aus dem Wald heraus und führt nun geradlinig an einer Hecke als Wiesenweg zwischen Feldern nach Hoikendorf hinauf.

In Hoikendorf haben wir bereits 80 Höhenmeter überschritten. Im Ort trifft der Weg auf eine schmale Asphaltstraße, der wir nach rechts aus dem Ort heraus

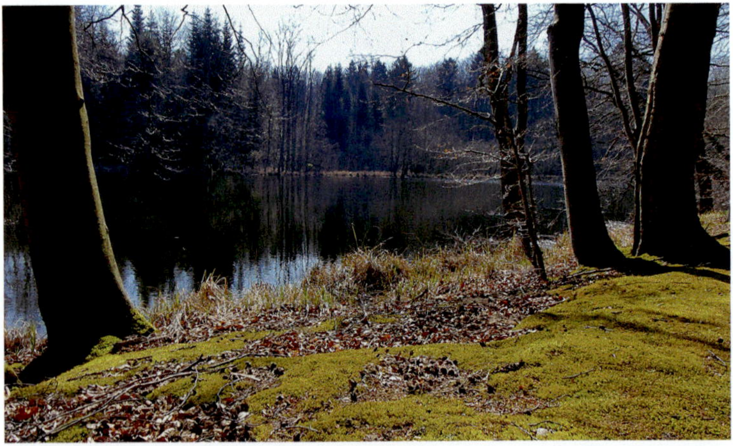

Schon gehört? Hier schreit ein idyllisches Plätzchen nach „PAUSE“...

aufwärts folgen. An einer Kreuzung biegt die Straße ⑩ nach rechts ab, wir nehmen den Landweg nach links an einem großen Hochbehälter ⑪ vorbei. Der Feldweg führt weiter sacht aufwärts, an einem kleinen Teich vorbei und trifft dann auf einen Wald. Wir ignorieren den Abzweig nach rechts in den Wald, sondern bleiben immer auf dem Weg am Waldrand.

Die Erhebung auf der linken Seite des Wegs (dahinter befindet sich ein kleines Kiefernwäldchen) ist mit 102 m Höhe der Fierdsberg ⑫. Soweit es die Vegetation zulässt (und mit Rücksicht auf die landwirtschaftliche Nutzung) lohnt sich der kleine Anstieg, denn von hier aus bietet sich ein weiter Ausblick. Aber auch auf dem folgenden Wegabschnitt hinab nach Manderow kann man den Blick weit schweifen lassen.

Am Ende des Waldes windet sich der kopfsteingepflasterte Weg in nordöstliche Richtung durch die Felder. In Manderow (Gesamtgehzeit 3 Std.) halten wir uns an einer Gabelung links ⑬ und biegen an einer weiteren ebenfalls nach links in eine schöne Kopfsteinpflaster-Allee ein. Am nächsten Abzweig geht es geradeaus. Hier bietet sich jedoch ein kurzer Abstecher nach rechts zum Gutshaus an. Auf dem Fundament eines Schlosses aus dem 16. Jahrhundert entstand 1925 ein neobarockes Herrenhaus ⑭, das sich als Fotomotiv anbietet.

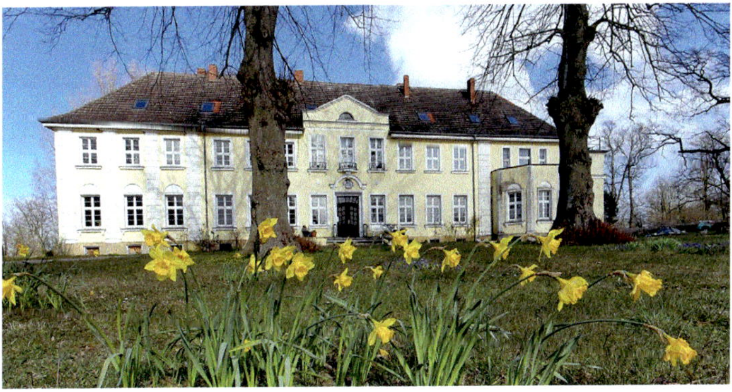

Wieder zurück auf dem Hauptweg geht es in sanftem Auf und Ab über Felder und an einem Wäldchen vorbei. Bald erblicken wir einen Kirchturm, auf den wir nun zuhalten. Nach 3h 45 Min. ist Hohenkirchen erreicht. Wir gehen 70 Meter an der Hauptstraße nach rechts, überqueren diese und biegen an einem Schild (Offene Kirche) gegenüber in die kopfsteingepflasterte Straße ein.

Es geht 250 m aufwärts, bis wir vor einem Backstein-Torbogen stehen. Hier hindurch geht es über den Friedhof zur Dorfkirche ⑮ aus dem 15. Jahrhundert. Es lohnt sich wegen der Ausblicke ein Rundgang um die Kirche, aber auch ein Besuch der backsteingotischen Kirche mit ihren mittelalterlichen und nachmittel-

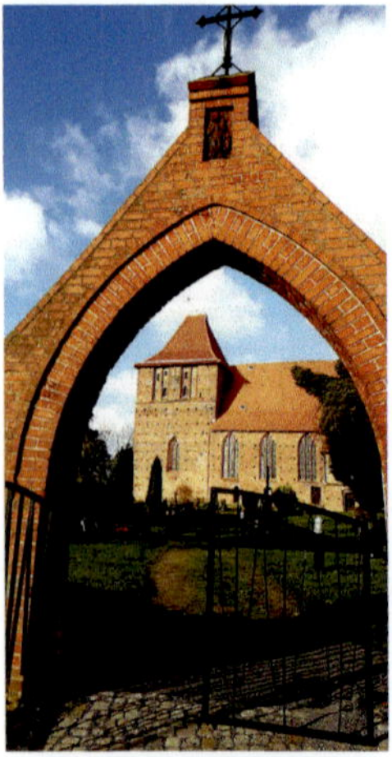

alterlichen Kunstwerken (Kanzel, Altar, Triumphkreuz, Orgel, Taufstein und mehren Grabplatten) ist sehr zu empfehlen.

Zurück am Tor geht es in einem Linksbogen um die Kirche herum. Ein Wiesenweg führt zunächst leicht abwärts, um dann bis zu einem Aussichtspunkt mit Bänken und einer Schutzhütte anzusteigen. Hier lässt sich ein letztes Mal eine fantastische Rundsicht über die Küste und das Hinterland genießen. Von nun an geht es ausschließlich abwärts, der Weg führt an einer Hecke und später am Rande eines Sumpfgebietes entlang, um dann am Geh- und Radweg zu enden, dem wir nach links noch 400 m bis zum Ausgangspunkt am Parkplatz folgen.

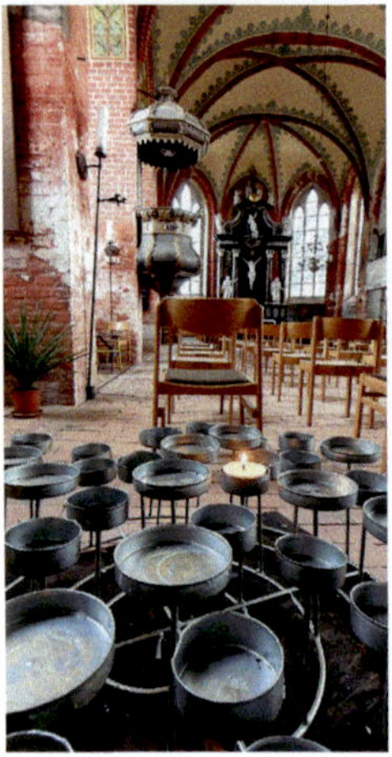

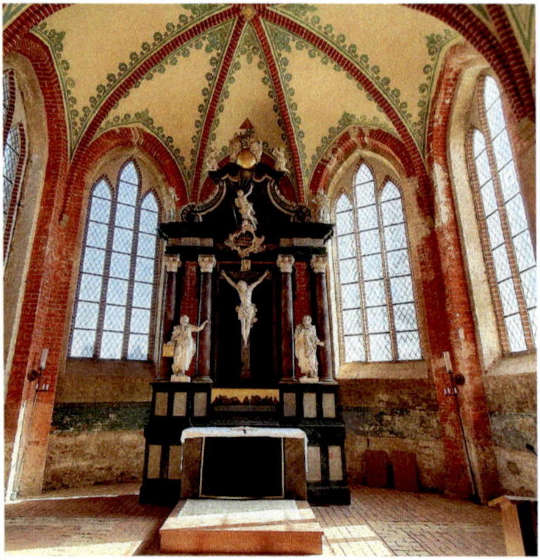

Kirche Hohenkirchen: Ein Besuch sollte undedingt eingeplant werden.

Liebe Leserin, lieber Leser,

ich freue mich sehr, dass Sie sich für den Wanderführer „Wandern im Nordwesten Mecklenburgs" entschieden und eine oder mehrere Touren nach meinen persönlichen Empfehlungen „erwandert" haben. Ich hoffe, Sie hatten dabei viel Freude, haben Spannendes entdeckt und schöne Erlebnisse gehabt.
Natürlich kann es auch vorkommen, dass der ein oder andere Hinweis im Laufe der Monate seine Gültigkeit verliert, Restaurants schließen oder neue öffnen, Wanderwege gesperrt oder neu eingerichtet werden.

Ich bin Ihnen für jeden Hinweis dankbar und werde diese in einer nachfolgenden neuen Ausgabe berücksichtigen.
Sie erreichen mich per E-Mail unter: lenschowkristine@gmail.com
Ich bitte deshalb jeden Nutzer dieses Büchleins den nachfolgenden Haftungsausschluss zu berücksichtigen.

Viel Spaß beim Wandern wünscht Ihnen
Kristine Lenschow

Haftungsauschluss:
Sehr geehrte Leserinnenund Leser,
Autorin und Verlag haben die in diesem Wanderführer dargestellten Wanderrouten nach bestem Wissen und Gewissern erstellt. Die Wanderkarten wurden der öffentlich zugänglichen Kartendatenbank www.openstreetmap.de entnommen und um die Routenführung inkl. Hinweispunkte ergänzt. Im Laufe der Zeit kann es hier zu Änderungen kommen, die im Druck nicht mehr berücksichtigt werden konnten (Wegsperrungen, Geschäftsschließungen etc.). Autorin und Verlag übernehmen somit keine Haftung aus Ansprüchen, die sich aus der Nutzung dieses Wanderführers ergeben.

Notizen